Knowledge House & Walnut Tree Publishing

Knowledge House & Walnut Tree Publishing

# 全球治理的中國角色

辛本健／著

# 序一

## 全球治理需要中國的新思想

何亞非

這些年，國際對全球治理和中國在其中的作用非常關注。辛本健博士從全球治理涉及的諸多領域著手，深入剖析了全球治理的來龍去脈，看法有不少獨到之處。

習近平新時代是中國走進世界舞台中央，站在新的歷史起點上，深入參與和引領全球治理，推動國際秩序向更加公正、公平方向發展的新時代。中國特色社會主義思想包含了中國對全球治理新思想、新理念的重大歷史性貢獻。

當前國際環境日益錯綜複雜，正在經歷前所未有的巨大變化。中共中央總書記習近平說，從歷史維度看，人類社會正處在一個大發展大變革大調整時代。這是對當今世界全球治理大環境的精闢總結。用基辛格的話來講，「當今的國際體系正在經歷四百年來未有之大變局」。

「美國世紀」的終結已經開始，世界進入「後美國時代」，國際秩序和全球治理都在經歷艱難的「過渡期」，地緣政治跌宕起伏，全球經濟努力尋求增長新動力，挑戰巨大。

而國際社會應對各類週期性挑戰疊加的困難，無論從指導思想、思維方式，還是機制模式都明顯不足，跟不上時代的需要。

世界把目光轉向中國，特別是「習近平新時代中國特色社會主義思想」，尋求答案。

習近平新時代中國外交思想對全球治理有全新的認識和把握。「中國以後要變成一個強國，各方面都要強」。中國在國內成功治理的基礎上，面對國際秩序和全球治理的巨大變革，世界不確定性、不穩定性的急劇增加，全球化與「逆全球化」博弈的加劇，在習近平新時代外交新思想指引下，中國通過G20、聯合國、達沃斯世界經濟論壇等各種平台，提出了「一帶一路」倡議，培育全球夥伴關係，建設人類命運共同體等根植於中華文化深厚底蘊的中國思想、中國方案，為解決這些世界性難題給出了清晰的指導思想和解決方案，答案已經擺在桌面。

習近平新時代中國特色社會主義思想，包括中國外交的新思想、新理念，以其廣闊的全球化視野、超凡的人類命運共同體意識和卓越的戰略智慧，令世人矚目，讓世界看到：

## 中國堅持走和平發展的道路，凸顯中國新的大國觀和強國道路。

習近平倡導的建設人類命運共同體思想和以「共商、共建、共享」精神推進「一帶一路」倡議是新時代中國外交思想的結晶。中國走的強國道路不搞侵略、不稱霸、和平發展、合作共贏，支持以聯合國為核心的多邊主義，主張世界的事情大家商量著辦，不能由一兩個國家說了算，國家無論大小、貧富，一律平等。

「和而不同」、「天人合一」。我們生活在相互依存日益緊密的地球村，建設「美美與共」的人類命運共同體是歷史的必然。中國外交新思想包含的全球夥伴關係建設，則體現了中國的「天下觀」。

人類命運共同體建設是人類發展的大思路，它不以意識形態或經濟水平劃線，講的是，每個人、每個國家都有「球籍」，利益相通、命運相同，需要建立互利共贏、開放包容的夥伴關係，而不再依賴對立對抗、相互排斥的叢林規則。

中國堅持國際關係民主化，推動建立各國平等相待的新型國際關係，結伴不結盟、合作不對抗。習近平總書記對新型國際關係的定義是，「相互尊重、公平正義、合作共贏」，這既是對新時代中國外交的要求，繼承了中華文明的優良傳統，又符合絕大多數國家願望，順應世界發展的歷史潮流。

習近平新時代與全球化新時代同步，中國特色社會主義思想中的外交新思想，對全球化戰勝「逆全球化」，對全球治理改革沿著正確方向發展具有世界性指導意義。

中國推動全球化和全球治理改革向普惠、公平、合理的方向發展，讓廣大老百姓有充分的獲得感和幸福感。中國在國內治理中這麼做，在全球治理中也將這麼做。中國到二〇二〇年實現第一個百年目標，徹底消除絕對貧困，與聯合國二〇三〇年可持續發展目標（SDGs）方向一致。中國提出的「一帶一路」倡議包含政策溝通、設施聯通、貿易暢通、資金融通、民心相通五個要素，為相關國家的共同發展、共同富裕提供了有效平台。

中國需要世界，世界需要中國。中國將更加積極進取，自覺承擔其作為全球性大國的責任，「達而兼濟天下」，為世界和平與發展大業做出新貢獻。

（作者為外交部前副部長，國務院僑務辦公室前副主任，中國人民大學重陽金融研究院高級研究員、全球治理研究中心主任）

# 序二

## 全球治理亟需「中國方案」

賈慶國

中共中央總書記習近平在慶祝中國共產黨成立九十五週年大會上的講話中強調：「中國將積極參與全球治理體系建設，努力為完善全球治理貢獻中國智慧，同世界各國人民一道，推動國際秩序和全球治理體系朝著更加公正合理方向發展。」

二〇一五年十月的中共中央政治局第二十七次集體學習時，習近平就明確指出，全球治理體制變革正處在歷史轉折點上。國際力量對比發生深刻變化，新興市場國家和一大批發展中國家快速發展，國際影響力不斷增強，是近代以來國際力量對比中最具革命性的變化。

全球治理體系事關國際秩序和國際規則，是各國處理國際事務的準繩和框架。中國是聯合國安理會常任理事國和二十國集團核心成員，並且已成為世界第二大經濟體，有責任推動全球治理體系的完善、參與制定全球治理規則、影響全球治理發展方向。

中國在經歷了三十餘年快速發展的背景下，融入和塑造全球治理體系的進程正在不斷加速和深化。近年來，中國每年對世界經濟增長貢獻率均超過百分之三十。與此同時，二〇〇七至二〇〇九年的國際金融危機使西方國家軟硬實力嚴重受損，全球經濟仍未恢復到危機之前的水平。全球貿易增長緩慢，國際恐怖主義肆虐全球，歐洲難民潮和英國脫歐等一系列事件，既暴露了現有全球治理機制的「先天不足」，也突顯了提升全球治理水平和改革全球治理體系的必要性和緊迫性。

作為國際合作的倡導者和國際多邊主義的積極踐行者，中國堅定不移奉行互利共贏的開放戰略，一直致力於為完善全球治理體系貢獻中國智慧和中國力量。在維護全球治理框架的基礎上，推動全球治理體制、機制進行「增量」改革，貢獻中國思想和中國方案。

例如，在全球氣候變化治理方面，在中國積極參與其中之前，相關談判舉步維艱，取得實質性成果更是奢望。中美兩國在二〇一四年年底北京亞太經濟合作組織領導人非正式會議期間就氣候變化問題發表聯合聲明，做出有力的承諾。二〇一五年九月，中國國家主席習近平訪美期間，中美兩國再次重申將就氣候變化加強合作，為巴黎聯合國氣候變化大會取得成功做出努力。此後，法國總統奧朗德訪華，中法兩國元首就巴黎氣候變化大會達成共識。當地時間二〇一五年十二月十二日，有關二〇二〇年後全球應對氣候變化行動安排的《巴黎協定》終於達成。作為全球應對氣候變化事業的積極參與者，中國方案、中國行動與中國智慧為大會成功做出了不可替代的貢獻。

與此同時，中國積極推動「一帶一路」倡議，倡導成立亞洲基礎設施投資銀行和金磚國家新開發銀行，增加在國際貨幣基金組織中的份額等，就是在「增量」改革上所做的中國貢獻。

二〇一六年九月，中國作為二十國集團主席國在杭州舉辦主題為「構建創新、活力、聯動、包容的世界經濟」的第十一次二十國集團峰會。二十國集團杭州峰會成為中國為推動世界經濟增長、改善全球治理體系提供「中國方案」和中國貢獻的新起點。

在這一時代趨勢和背景下，辛本健著的這本《全球治理的中國角色》系統梳理了中國在經濟、金融、貨幣、能源、氣候變化、糧食、發展援助機制、網絡空間安全、應對恐怖主義、打擊跨國犯罪等十二個領域對全球治理體系的作用與貢獻，並進一步提出了增強和深化中國作用與貢獻的對策建議，不失為一本研究中國參與全球治理歷史、現狀與未來的上乘之作。

是為序。

（作者為北京大學國際關係學院院長）

# 前言

## 全球治理與「北京共識」：中國貢獻的突顯

二〇一五年十月召開的中共十八屆五中全會強調，「堅持開放發展，必須順應中國經濟深度融入世界經濟的趨勢，奉行互利共贏的開放戰略，發展更高層次的開放型經濟，積極參與全球經濟治理和公共產品（Public good，公共財）供給，提高中國在全球經濟治理中的制度性話語權，構建廣泛的利益共同體」。這表達了中國積極提供國際公共產品，同時也要在全球經濟治理中爭取更大的制度性話語權的強烈意願。

實際上，在全球治理中的制度改革和新制度的塑造上，大國競爭目前已進入白熱化階段。

在全球治理權爭奪和國際經濟制度的塑造方面，二〇一五年有兩個標誌性事件：一是中國倡導的亞洲基礎設施投資銀行（Asian Infrastructure Investment Bank, AIIB，簡稱「亞投行」）於十二月成立，二是跨太平洋夥伴關係協定（Trans-Pacific Partnership Agreement, TPP）於十月達成。前者出人意料地獲得了主要歐洲國家的積極響應，後者則超出預期地在短期內達成了一致。前者標誌著發展中（開發中）大國主導的首個國際多邊開發金融機構的誕生，後者意味著傳統大國正加快引領經貿新規則的形成。

與此同時，美國國會二〇一五年年底通過了拖延五年之久的國際貨幣基金組織（International

Monetary Fund, IMF）改革方案，中國的投票權由此前的第六位升至第三位，新興市場國家的話語權得到了提升。隨後，世界貿易組織（World Trade Organization, WTO）多哈回合（Doha Round；這是一個談判回合，在卡塔爾首都多哈）內羅畢（Nairobi）部長級會議經過艱難磋商，首次獲得成員方全面取消農產品出口補貼，並就出口融資支持、棉花、國際糧食援助等方面達成新的多邊紀律的承諾，為挽救多邊貿易治理機制的頹勢注入了一劑強心針。

但是，這些絕不意味著中國在全球治理制度性權力的博弈上就一帆風順，也不意味著美國會放棄以區域自由貿易協定（Free Trade Agreement, FTA）談判重塑全球經貿話語權的戰略。美國不願意也不允許中國等國家來主導全球經濟的規則。

## 以「北京共識」和中國理念引領全球治理新格局

二〇〇九年五月，美國《時代》（*Time*）週刊高級編輯、美國高盛公司（Goldman Sachs）資深顧問喬舒亞·庫珀·雷默（Joshua Cooper Ramo），在英國倫敦外交政策中心網站發表了題為《北京共識》（*The Beijing Consensus*）的調查論文，指出中國通過艱苦努力、主動創新和大膽實踐，摸索出一個適合本國國情的發展模式。他把這一模式稱為「北京共識」。

「北京共識」簡單地說就是如何使一個發展中國家在世界立足的三個原理：其一，把創新的價值重新定位，創新是中國經濟發展的發動機和持續進步的手段。創新和技術給一些部門帶來的超快速變化使中國能夠解決改革所帶來的各種問題。創新帶來的變化之快，以至於這種變化造成的問題還沒來得及出現，新的變化又產生了。用物理學術語來表達就是：用創新減少改革中的摩擦損耗。其二，由於不可能從頂端實現對動亂的控制，就需要一整套新的工具。要讓眼光超越諸如人均國內生產總值（Gross Domestic Product, GDP）的衡量尺度。這是處理中國發展過程中出現的大量矛盾的唯一途徑。其三，使用影響力把想要踩踏自己腳趾的霸權大國挪開，這是一種十分重要的安全理論。

「北京共識」是在中國綜合實力不斷增強、參與全球治理的深度和廣度不斷升級，以及美國主導的現行全球治理體系弊端日益暴露的背景下應運而生的。

由於現行全球治理體系高頻失靈，缺乏公正性、公平性和代表性，不能有效管理全球事務，不能應對全球性挑戰，致使全球性難題不斷產生和積累。

## 中國完善全球治理體系的理念與實踐

近幾年來，中國外交的主線是深度參與全球治理，以中國理念和實踐引領全球治理機制的改革與完善。二〇一五年十月，中共總書記習近平在主持召開中央政治局第二十七次集體學習時，提出了中國的全球治理觀和完善全球治理機制的實踐方向：要審時度勢，努力抓住機遇，妥善應對挑戰，統籌國內、國際兩個大局，推動全球治理體制向著更加公正合理方向發展，為中國發展和世界和平創造更加有利的條件。

中共總書記習近平提出，要推動全球治理理念創新發展，發掘中華文化中積極的處世之道和治理理念同當今時代的共鳴點，繼續豐富打造人類命運共同體等主張，弘揚共商、共建、共享的全球治理理念。在中國所構想的全球治理體系中，沒有任何一國可以主導或掌控全球治理話語權，任何規則的制定、秩序的建立，都必須由所有治理參與方共同協商和建設，而治理的成果則由所有參與者公正地共享。

中共中央總書記習近平強調，要推動變革全球治理體制中不公正、不合理的安排，推動國際貨幣基金組織、世界銀行（World Bank, WB）等國際經濟金融組織切實反映國際格局的變化，推動各國在國際經濟合作中權利平等、機會平等、規則平等，努力使全球治理體制更加平衡地反映大多數國家的意願和利益，努力創造一個各盡所能、合作共贏、奉行法治、公平正義、包容互鑑、共同發展的未來。

作為一個負責任的大國，中國不僅僅向世界貢獻了治理理念，還以踏實穩健的步伐推動著全球治理更加健康、公平、有序地發展。

第一，鞏固二十國集團（G 20）作為國際經濟合作首要平台的地位，推動全球經濟治理更加公平、包容、高效。二〇一五年，中國繼續強化二十國集團作為國際經濟合作首要平台的地位。當年十一月，中國國家主席習近平在安塔利亞（Antalya）二十國集團領導人第十次峰會上提出加強宏觀經濟政策溝通和協調、推動改革創新、構建開放型世界經濟和落實二〇三〇年可持續發展議程四點具體建議。此外，習近平還首次把中國國內「十三五」發展規劃中提出的創新、協調、綠色、開放、共享五大發展理念，帶入國際峰會舞台亮相，引領全球經濟治理改革完善，為解決國際經濟問題提供中國方案。

第二，「一帶一路」為全球經濟提供新方案。通過「一帶一路」深化互利共贏格局，為全球經濟治理提供新思路、新方案。中國國家主席習近平提出「一帶一路」倡議，是中國統籌國內、國外兩個大局，構建開放型經濟體制的偉大戰略構想，也是中國參與和完善全球治理體系的主動作為。中國國家主席習近平在博鰲論壇上提出：「一帶一路」建設秉持的是共商、共建、共享原則，不是封閉的，而是開放包容的；不是中國一家的獨奏，而是沿線國家的合唱。「一帶一路」建設不是要替代現有地區合作機制和倡議，而是要在已有基礎上，推動沿線國家實現發展戰略相互對接、優勢互補。中國國家主席習近平的講話，體現了中國在處理國家間關係過程中堅持聚同化異，擴大合作交集面和利益匯集點的外交努力。「一帶一路」合作、開放、包容和互利共贏的性質，將會促進國際經貿規則制定朝著更加公正合理的方向發展。

第三，以「鐵腕」承諾推進全球氣候治理機制建設。以中國責任和中國理念引領全球氣候治理機制建設。

二〇一五年六月，中國如期向聯合國提交二〇二〇年後應對氣候變化的「國家自主貢獻」（Intended Nationally Determined Contributions, INDCs），計劃於二〇一七年啟動中國碳排放交易體系，並且明確了於二〇三〇年左右達到碳排放峰值。而且，中國把應對氣候變化的行動列入「十三五」發展規劃中，做出「鐵腕」治理環境的國內外承諾。此外，中國還倡導共同但有區別的責任原則、公平原則和各自能力原則，推動各國在全球氣候治理的理念和原則問題上達成一致。

二〇一五年十一月，中國國家主席習近平在氣候變化巴黎大會開幕式上，進一步向國際社會傳遞了中國積極應對氣候變化、擔當發展中國家責任的積極信號。

中國國家主席習近平表示，我們要創造一個各盡所能、合作共贏、奉行法治、公平正義、包容互鑑、共同發展的未來，並號召各國達成一個全面、均衡、有力度、有約束力的氣候變化協議，為推進全球氣候治理貢獻了中國理念和智慧。

第四，建立亞投行和金磚國家新開發銀行（New Development Bank, BRICS，簡稱「金磚銀行」）。在推動國際金融治理機制改革的努力過程中，中國加強金磚國家內部更緊密、更全面、更牢固的夥伴關係。中國國家主席習近平提出，中國要鞏固金磚國家在完善全球治理、加強多邊主義等方面的重要作用。金磚銀行平分股權的制度設計就是中國促進國際關係民主化和以合作共贏理念完善現存全球經濟治理體制的重要體現。同時，為了補充和完善既有國際金融體系，中國還倡建了亞投行。從亞投行的醞釀到籌備，中國一直遵循公開、透明、高效的原則，努力構建一個真正體現合作共贏理念的多邊開發機構。中國以不刻意追求「一票否決權」和吸取既有國際組織的經驗教訓和私營機構經驗，構建二十一世紀先進治理理念的國際多邊機構的實際行動贏得了國際信任。

## 中國在全球治理體系中增強制度性話語權的途徑

全球治理中制度性話語權的現實格局如何？中國在全球治理中話語權佔有如何？本書重點論述了中國在安全與和平、經濟、金融、貨幣、貿易、糧食、能源、氣候變化、發展援助機制、網絡（網路）空間安全、打擊跨國犯罪、應對恐怖主義共十二個領域對全球治理體系的作用與貢獻，並提出進一步增強中國作用與貢獻的途徑和建議。

本書梳理了全球治理的理論框架、歷史沿革，提出了中國在國際貨幣基金組織、世界銀行、亞洲開發銀行（Asian Development Bank, ADB）、亞洲基礎設施投資銀行、二十國集團等傳統機制及創新機制中提升貨幣、金融話語權的具體對策。在國際貿易方面，針對中國在世界貿易組織下的既有話語權，探討其補充性話語權實現的可行性，並關注中國在區域貿易與投資安排中，如「一帶一路」建設、雙邊投資協定（Bilateral Investment Treaty, BIT）談判、區域自由貿易協定談判中提升創新性話語權，反制美國的兩洋戰略——跨太平洋夥伴關係協定與跨大西洋貿易與投資夥伴協定（Transatlantic Trade and Investment Partnership, TTIP）的具體對策。

本書建議，對中國在全球治理中鞏固既有話語權、創新話語權以及反制西方區域主義的話語侵蝕效應，需構建具體的制度安排。具體建議包括三個方面：一是對如何進一步推動傳統貨幣金融組織——國際貨幣基金組織及世界銀行的改革，以及在創新的區域貨幣金融組織亞洲基礎設施投資銀行、亞洲開發銀行、二十國集團等機制中補充既有話語權提出具體的制度安排建議；二是對如何在多邊貿易機制——世界貿易組織中推動新議題談判，談判機制改革，以鞏固中國在多邊貿易機制中的既有話語權提供方案，並為增進中國在區域自由貿易協定談判中的制度輸出能力及話語權提升提供區域自由貿易協定文本、規則和標準；三是為提升中國在全球投資制度安排中的影響力，反制美國北美自由貿易協定（North American Free Trade Agreement, NAFTA）投資文本的泛多邊化影響提出方案，包括更新中國雙邊投資協定及區域自由貿易協定投資章節，建立中式範本，依托「一帶一路」建設形成中國式投資治理模式及中式投資文本的輸出等。

# 目錄
Contents

Contents

Contents

# Contents

Chapter

Chapter 11

Contents

Contents

第一章

# 全球治理：含義、歷史、現狀與機制

## 一、全球治理的基本概念

冷戰結束後，全球化迅速發展，國際交流日益頻繁，國家間相互依賴程度大大加深。全球化一方面帶來了人類生產力的大發展，另一方面也使得人類社會作為一個整體看清了共同面臨的巨大挑戰。戰爭、貧困、糧食短缺、環境污染、資源枯竭，一系列關乎人類生存發展的重大問題亟待解決。

在國家間政治、經濟、安全等方方面面高度聯動的時代，主權國家在其領土範圍內的統治與管理已無法隔絕全球性問題的威脅。第二次世界大戰後建立的聯合國體系與布雷頓森林體系（Bretton Woods system）更在實踐中突顯出了其局限性，越來越多的人對原有的以國家為主體建構的國際機制失去了信心。這就促使國際社會產生了以新的合作行動應對共同挑戰的需要，呼喚在主權國家層次之上更有效的協調應對機制。與此同時，國際非政府組織、跨國公司等跨國行為體在全球化的浪潮中壯大了影響力，成為諸多國際事務中不可忽視的角色。於是，吸納多元行為主體，涵蓋多領域事務協調管理的「全球治理」理論應運而生，日漸成為世界政治的重大議程。

一九九二年，美國學者羅西瑙（James N. Rosenau）出版了《沒有政府的治理》（*Governance without Government*）一書，將「治理」的含義引入世界政治中，對全球治理展開系統的討論。同年，全球治理委員會成立。一九九五年，羅西瑙在新創刊的《全球治理》（*Global Governance*）雜誌撰文寫道：「全球治理可以視為包括從家庭到國際組織的各種人類活動層面上的規則系統，這些規則系統通過控制以實現目標，產生跨國的影響。」實際上，對於全球治理這一概念，被認為最權威及有代表性的定義來自全球治理委員會在一九九五年發佈的報告《天涯成比鄰》（*Our Global Neighborhood*）。報告中解釋：「治理是各種公共或私人的個人和機構管理其共同事務的諸多方式的總和。它是一個持續的過程，這個過程使得互相衝突的、多樣的利益得以調和，並且促使不同利益相關方採取聯合行動。它既包括有權強迫人們服從的正式制度與機制，也包括各種人們或機構已同意的或感覺符合其利益的非正式的制度安排。」這份報告指出，全球層面的治理先前只被視為政府間的關係，但它如今必須被理解為已經涵蓋了非政府組織、公民運動、跨國公司以及全球資本市場等多方主體。與此同時，全球的大眾媒體也在其中發揮著巨大影響力。

在中國，學者俞可平對全球治理所做的定義也不斷被後來的研究者所引述：「全球治理是各國政府、國際組織、各國公民為最大限度地增加共同利益而進行的民主協商與合作，其核心內容應當是健全和發展一整套維護全人類安全、和平、發展、福利、平等和人權的新的國際政治經濟秩序，包括處理國際政治經濟問題的全球規則和制度。」

在圍繞「全球治理」概念的討論中，關於「治理」這一核心詞的意義界定極為必要。在羅西瑙看來，「治理」與「統治」應該加以區分。二者有共通之處，都是目標導向的行為，都有著規則體系的含義。但是，統治意味著是由正式的強制力支持的活動，統治者能夠迫使別人服從；而支撐著治理過程的並非強制力，是共同接受或共同持有的目標。比如當今在應對氣候變化的舉措上，國際社會並不存在絕對的強制力來約束各國國內行動，但各行為體仍採取行動以減輕對環境的壓力。在這當中，可持續發展的共識以及保護地球環境的共同目標有力地促進了全球各地、各主體的環保行動。

治理與統治的區分也體現在主體的一元或多元。我們說到統治，在國家層面通常是指主權政府所採取的職權與行動；在國際層面，正是因為缺乏一個可凌駕於主權之上的「大政府」來實施統治，國際社會才被認為是處於無政府狀態。

由此可見，統治所涉及的主體較為單一，強制力和一定範圍內的獨佔性是統治主體的特徵；治理則更具有開放性，就全球針對某一事務的治理而言，往往是多主體同時開展行動。關於具體有哪些主體參與全球治理，不同學者有各自的歸類界定，但通常都會包括超國家組織（supranational organisation）、主權國家、非政府組織、公民運動、跨國公司等。羅西瑙對於這些主體的劃分較為簡明，他將全球治理體系分為兩部分：一是支配事件進程的國家間體系，二是由國家以外的其他行為體組成的多元中心體系。其中，作為國際關係中傳統的主要行為體，主權國家仍被許多學者認為是諸多主體的核心。全球治理領域的著名學者麥克格魯（Anthony McGrew）則強調，這些主體並非都在同一個層次上，全球治理其實是一種多層次的治理。他指出，多層全球治理體系有著複雜結構，由各種在功能或空間上管轄權重疊的機構與網絡組成，治理活動在橫向的不同領域和垂直的不同治理層級這兩個方面同步協作。

## 二、全球治理的歷史

雖然全球治理的概念直到二十世紀九〇年代才得到較為系統的闡述，但關於全球治理的實踐早已有之。自國際關係發軔之初，歐洲長期佔據世界舞台的中心。全球治理被認為起源於十七世紀的歐洲，但其實一直到第二次世界大戰以後，國際上都鮮少出現確切符合我們今日所界定的全球治理概念的實踐。國際關係史邁入近現代以來，國家間關係日益密切、複雜，其對於人類生存發展的重要性也急劇突顯。在一次次戰爭災難之後，國家間的行動協調與利益協調機制不斷地被完善，正是幾次大戰之後國際格局的調整變幻為今日的全球治理奠定了基礎，提供了經驗，樹立了一些當代國際社會仍奉為基礎的價值原則。因此，探究全球治理的歷史，就有必要溯其起源，梳理近現代的國際格局演變史。

十七世紀，歐洲經歷了具有劃時代意義的三十年戰爭，戰後於一六四八年召開的威斯特伐利亞和會（Peace of Westphalia）就被一些學者認為是全球治理的起源。這次和會所建立起來的威斯特伐利亞體系確認了國家主權原則，標誌著以國家為主體、以國際法為國家行為規範的國際體系的形成，而主權平等也成為之後國家間來往與國際制度創設變更的重要原則，一直影響到當今的全球治理體系。三十年戰爭主要在新教勢力與天主教勢力兩大聯盟之間展開，但聯盟內部涉及諸多交戰方，各方的利益與野心又各異。威斯特伐利亞和會經歷了艱難的談判協商，已經厭倦戰爭的各方終於達成共識，暫時恢復了歐洲的和平，得以終結這場極其複雜的大戰。威斯特伐利亞體系不僅為後來的全球治理奠定了體系基礎，也提供了在國際上以簽訂合約協調各方利益的寶貴治理經驗，成為國際關係邁入現代的開端。

但是威斯特伐利亞和會並未使歐洲邁入長久的和平時期，大大小小的戰爭不斷地改變著歐洲秩序，威斯特伐利亞和會以後的多國均勢逐漸發展成了英、法、俄、普、奧五國多極均衡格局。十九世紀初，拿破侖戰爭將歐洲秩序徹底攪亂，又一次使得歐洲各國走到一起，召開維也納會議並簽定一系列條約來協調利益。

與會的君主與外交大臣們有著共同的目標，即防止拿破侖這樣的反封建革命者再次出現，恢復歐洲舊秩序。雖然會議規模空前巨大，所有參戰國均參與，但實際上由大國主導，重新劃分了各國疆界，創建了大國之間新的政治軍事均衡。維也納會議進一步奠定了之後國家間處理爭端、協調利益的機制基礎。會議主席梅特涅（Klemens Wenzel von Metternich）提出的「歐洲協調」（Concert of Europe）原則成為維也納體系設計中的突出特點。一八一八至一八二二年，神聖同盟召開的四次會議分別討論了法國戰後問題、意大利革命以及西班牙革命的問題，協調了大國行動，是對歐洲協調機制的積極探索。可以說，當今的七國集團、二十國集團等國家代表定期會晤協商的機制就是對十九世紀歐洲協調機制的沿襲。

維也納體系建立後，在近一百年的時間裡，歐洲總體上處於和平的時期，雖然局部戰爭仍在持續，但已沒有席捲全歐的大戰爭。在俾斯麥（Otto Eduard Leopold von Bismarck）帶領德國實現統一之後，歐洲舊有均勢再次被打破。威廉二世（Wilhelm II）主導的德國擴張政策嚴重威脅英、法等國的利益，同盟國與協約國兩大陣營逐漸形成，列強劍拔弩張。在這種情況下，歐洲召開兩次海牙和平會議，再一次想要以國家間協調的和會與條約來穩固和平，卻終告失敗。耗時四年多的第一次世界大戰對歐洲造成極其慘重的創傷：大量新式武器的投入使戰爭破壞性空前巨大，戰時死亡一千萬人，相當於過去一千年間歐洲因戰爭而死亡的總人數；戰爭消耗了三千三百二十一億美元的物資，相當於一七九三至一九〇七年歐洲所有戰爭消耗物資價值總和的十一倍。

這一次大戰之後，在和平會議上發揮重要作用的就不僅僅是歐洲國家，美國以及日本都成為重要角色，享有參加一切戰後和會的資格。巴黎和會上，各國簽訂了《凡爾賽和約》，其中一個主要內容是戰勝國對德國的懲罰性掠奪，這相當於列強對於全球殖民地的一次再分贓。對於全球治理進程意義更為重大的是和約的另一部分——《國際聯盟盟約》。國際聯盟據此盟約創立，標誌著歷史上第一個世界性國際組織的誕生。國際聯盟（簡稱「國聯」）的宗旨在於增進國際合作，維持和平，防止戰爭，並維護各國間基本公正與榮譽的外交。國聯內部通過秘書處、行政院以及成員國大會等機構來制定並實施有關世界和平的決議，又設有國際法庭、國際勞工組織、裁軍委員會、衛生組織、託管委員會、難民委員會等機構來協調諸多領域的國際事項。雖然之後的歷史表明，國聯實際上無力阻止侵略，其維護和平的努力被第二次世界大戰的砲火一擊而敗，但它的設立與運作機制無疑是全球治理歷史上的一個里程碑。國際組織自此開始進入全球治理的中心舞台，第二次世界大戰後建立的聯合國也是吸取了國聯的失敗教訓而建立的。此外，諸多附屬機構及委員會的設立意味著更開闊的治理視野，即在國際層面的治理不再僅僅局限於戰爭與和平問題，而是擴展到其他領域。

巴黎和會僅處理了列強在歐洲的利益分配問題，而美、英、日等國在亞太地區的控制權爭奪並未得到解決。這三國對於遠東權益的爭奪使得亞太地區形勢緊張，於是在國際輿論的壓力下，華盛頓會議召開，以條約限制了列強在亞太開展海軍軍備競賽，進行了勢力劃分。由此，凡爾賽—華盛頓體系形成，第一次世界大戰後國際秩序得到新的調整安排。但這個體系的建立過程帶有強烈的列強分贓性質，幾大條約體現的均是美、英、日等大國利益爭鬥與暫時妥協的結果。再看當代的全球治理實踐，雖然大國博弈的影響仍然不可小覷，各國對於採取共同政策面對全球問題都還有所保留，但行為體已無法只以自身利益為出發點，而更多地受到國際規範與國際機制的約束。並且，各行為體在諸多議題中的利益已無法切割，行為體間交往的「零和」性質大大減弱，當今的國際會議或國際條約不再是幾個國家之間的爭鬥場。

一九四六年，國聯解散，而在前一年正式成立的聯合國成為全球治理的重要力量。聯合國旨在成為協調各國行動的中心，以維護國際和平與安全，增進國際友好關係，促成合作解決國際問題，推動人權與自由保護❶。除了聯合國大會、安全理事會、經濟及社會理事會、秘書處、國際法院和已結束其歷史使命的託管理事會這六大機構之外，聯合國系統內還有若干個專門機構，以處理特定領域的國際事務，涉及領域包括糧食與農業、原子能、衛生、教科文、民用航空、國際海事、工業發展、知識產權等。在

❶ 參見聯合國網站，http://www.un.org/zh/sections/un-charter/chapter-i/index.html。

戰後的半個多世紀裡，聯合國始終是規模最大、最具權威性的國際組織。國際社會各行為體在聯合國的協調下，共同應對戰爭、疾病、貧困、氣候變化等威脅。隨著聯合國架構的不斷完善，全球治理也大步向前邁進。同為第二次世界大戰後全球治理重要實踐的是布雷頓森林體系的運行。

戰爭對世界經濟造成巨大衝擊，戰後重建也需要新的經濟制度安排來支持。一九四四年，四十四個國家在美國布雷頓森林召開會議，建立了以美元為中心的國際貨幣體系，以國際貨幣基金組織和世界銀行為兩大執行機構。雖然到了二十世紀七〇年代，美元危機使得布雷頓森林體系宣告崩潰，但這一體系無疑為戰後經濟增長創造了有利條件，並且這兩大組織（尤其是國際貨幣基金組織）至今仍是全球經濟治理的核心機構。無論是聯合國系統還是國際貨幣體系，第二次世界大戰後的全球治理框架都烙著深刻的美國印記。

在相當長的一段時期內，國際關係中的行為體僅限於國家。二十世紀九〇年代興起的全球治理理論便指出，在全球內，公共事務的治理已經不僅僅局限於權威政府，而是出現了權力從政府轉移到社會的趨勢。這與冷戰結束後的全球化快速發展是緊密聯繫的。在國家間交往日益密切的新時代，以非政府組織為代表的公民社會不再受限於一國一地，有了更廣闊的活動空間。在同樣背景下，跨國投資或經營的公司也蓬勃發展，並由於廣泛的利益關切而對全球事務保持關注，尋求更多介入治理決策的機會，成為全球治理的活躍行為體。

# 三、全球治理的現狀

當今國際體系正經歷著重大的權力轉移，這種權力轉移的一個突出特徵就在於傳統的西方強國勢力正在衰落，而新興的發展中國家力量不斷壯大。第二次世界大戰之後的國際制度體系以美國為主導，這些制度安排依賴於美國霸權才得以建立，在設計之初嵌入的就是西方國家的利益與價值觀念。當舊有的權力分佈發生變化，新興大國與廣大發展中國家必然要求在國際事務中擁有更大話語權，有更多空間以謀求自身權益。但同時，作為舊有秩序的受益者，以美、歐、日為代表的西方國家抵制新興力量的挑戰，對可能到來的新秩序感到擔憂。國家權力變更呼籲的國際話語權重新分配面臨重重障礙。

國際貨幣基金組織的份額改革就是一個典型的例子。國際貨幣基金組織的宗旨在於促進國際金融穩定和貨幣合作，推動國際貿易發展，促進高水平就業、可持續經濟增長以及減少世界貧困，是當今全球經濟治理中最重要的國際機構之一。但自國際貨幣基金組織設立起，發達（已開發）國家就通過擁有多數份額掌控著這個組織的決策，即使二十國集團公報連續多年呼籲其加快改革，二〇一〇年國際貨幣基金組織也已經通過了將百分之六的份額向發展中國家和新興市場轉移的方案，美國還是再三阻撓新興市場與發展中國家的利益訴求。直到二〇一六年一月，新的份額分配才得以正式生效。此次改革後，中國份額躍升至第三位，而印度、俄羅斯和巴西的份額都將躋身前十位。

至於美國，其投票權略有下降，但依舊保持超過百分之十五的重大決策否決權。在這次國際貨幣基金組織成立七十年來最重要的改革中，雖然發展中國家新得到的份額仍未及預期，但改革還是體現了幾個大的發展中國家在全球治理中話語權逐漸上升，尤其是巴西、俄羅斯、印度、中國、南非這些金磚國家。

在新興經濟體長期的艱難爭取下，國際制度與全球治理架構越來越注重代表權等機制的改革，逐漸提高發展中國家的參與度。以中國為代表的新興經濟體一直向世界傳遞的聲音是：世界需要一個新秩序，這個新秩序不應被發達國家主宰，而應能夠平等地體現發展中國家的意志。發展中國家渴望參與制定全球治理的新規則與新機制，二〇〇九年首屆金磚國家峰會的舉辦第一次向世界展示了一幅「新秩序」的可能圖景。就在金融危機席捲大半個世界之後，金磚四國領導人在俄羅斯葉卡捷琳堡（Yekaterinburg）召開第一屆峰會。會上，四國重點商討了經濟危機的應對，承諾推動國際金融機構改革，合作改善國際貿易與投資環境，呼籲國際社會幫助最貧困國家度過危機，呼籲發達國家兌現援助承諾，進一步向發展中國家提供援助、減免債務、開放市場和轉讓技術。四國還表示將在能源安全、多邊外交以及社會領域，開展進一步的協調合作。這場會議在當年的二十國集團峰會和八國集團（G8）峰會中間舉行，吸引了世界目光，被許多人視為發展中大國的一次造勢，意在表達對八國集團峰會的不滿，借金磚國家峰會的形式來擴大影響力。

金磚國家領導人會晤此後年年舉行，然而這個曾經被寄予厚望的非正式機制並未如一開始那樣再掀起大的討論，國際社會對它的關注與期待在近幾年也慢慢冷卻。不可否認，金磚國家間不斷增進的多邊合作，以及它們針對提高發展中國家在國際體系中話語權的努力確實發揮了積極影響；但另一方面，金磚國家峰會機制逐漸顯得更像是一個主要關涉五國[2]、影響周邊發展中國家的一個「小機制」，而非足以引領全球治理重大進程的關鍵角色。二〇一五年七月八至十日，金磚國家領導人第七次會晤與上海合作組織（The Shanghai Cooperation Organization，簡稱「上合組織」）成員國元首理事會同在俄羅斯烏法（Ufa）舉辦。俄羅斯與中國原本就是上合組織中的重要力量，這次「雙峰會」又將另一金磚國家印度納入上合組織。這樣的議程安排與成員構成表現出金磚會晤的機制與上合組織這個區域性組織在許多方面接近。如果說七年前還有些人認為金磚國家可能會取代八國集團，這種聲音今日已經幾乎聽不見了。相比之下，當今在全球治理中更被寄予厚望的機制是二十國集團的領導人會晤。

在這個國家間對於全球治理權力亟待重新分配的時代，金磚國家領導人會晤機制的影響減弱是由多方面因素造成的。一個因素是這個非正式機制始終未能與既有的重要國際組織建立穩定密切的合作，比如國際貨幣基金組織和世界銀行。

以金磚國家第一年的議題為例，對於國際貨幣體系與貿易體系的關注與改革承諾的兌現不可能離開幾個關鍵的國際組織，而這些國際組織的話語主導權在西方國家手中。雖然金磚國家能夠進行倡議，並以主要國際組織成員國的身份推動必要的改革，但發揮的影響力非常有限，進展緩慢。與之相比，二十國集團與國際貨幣基金組織、世界銀行、國際貨幣清算銀行等都有極大的代表權重疊，二十國集團的公報或者宣言能夠得到這些組織的配合，甚至還能夠成立某些監督機制來推動決策的落實。

另一個因素在於金磚國家整體的經濟增長放緩。「金磚四國」就是因這些國家的高速經濟增長而得名的，二〇〇一年由高盛公司的首席經濟學家提出。高盛公司大膽預測，金磚四國的經濟規模將在不久後超過最大的西方經濟體，重建全球新興市場新秩序。然而近年來，金磚國家（南非於二〇一〇年成為第五個金磚國家）中已有數個面臨一定程度的衰退：巴西在二〇一五年創下二十年來最高的財政預算赤字；俄羅斯在烏克蘭危機後遭受西方國家制裁，經濟下滑；南非的經濟增長也明顯放緩，前景低迷。如今只有中國和印度仍然維持較高的經濟增速，但在西方人看來，這一速度還不夠。高盛公司先前出於對

❷金磚四國（BRIC）原指俄羅斯、中國、巴西和印度。二〇一〇年南非加入，金磚四國改稱為金磚國家（BRICS）。

金磚國家經濟發展的樂觀預期所開設的金磚國家基金也在二〇一五年年底因表現不佳而停止運作。在當今的國際體系中，經濟實力是爭奪話語權的最重要資本，隨著金磚國家作為整體已不再展現強勁的發展勢頭，這個會晤機制對這些國家開展多邊合作、提升共識雖仍有積極作用，但難以再達到其創立之初的影響力。

但這並不意味著發展中國家在全球治理的舞台上前景黯淡。二〇〇九年九月，二十國集團在匹茲堡召開第三次峰會，這次會議發佈的領導人聲明決定，二十國集團成為國際經濟合作的主要論壇[3]。也就是說，二十國集團領導人峰會從一個金融危機中的緊急應對機制過渡為一個長期機制，容納了諸多發展中國家與新興市場的二十國集團（G20）取代了七國集團（G7）這個西方國家俱樂部，居於全球經濟治理的核心地位。隨著二十國集團的機制化建設不斷完善，其影響力也日益增大，關切的議題不再局限於世界經濟，還拓展至氣候變化、能源安全、重大疫情、難民危機、網絡安全以及恐怖主義等領域。與七國集團相比，二十國集團成員國的代表性顯著增強，成員中來自不同地區的發達國家與發展中國家比例都更為平衡，這些國家的人口佔全球的三分之二，國土面積佔百分之六十，GDP總和則高達全球的百分之九十[4]。而與聯合國相比，成員國數量的大大減少又提高了決策效率。同時，作為一個新的多邊治理機制，並不像七十多歲的聯合國那樣，面臨越來越多的質疑，亟待對「古老」的系統進行大刀闊斧的改革。二十國集團領導人峰會機制從創立之初，到之後的制度化建設、規則的完善，都是不同發展程度的國家共同參與的過程。因此，二十國集團峰會機制的進一步發展完善符合當今全球權力轉移的大趨勢，有益於建立一個更加公正的全球秩序。

# 四、全球治理的機制

全球治理的機制，亦即全球治理如何運作，這個問題可以表述為「由誰以怎樣的方式進行治理」。就如麥克格魯所強調的，治理活動在橫向的不同領域和垂直的不同治理層級兩方面同步展開協作。從超國家層次、國家再到國家之外的多元治理主體在全球治理中分別佔據不同地位，又在不同的事務領域中互動，促進行動與利益的協調。這些主體類別繁雜，為數眾多，本節主要圍繞最有代表性的主權國家、國際組織與非政府組織進行討論。

主權國家在相當長的時期內被認為是國際關係中的唯一行為體。在現代還是以國家為基本單元的全球社會中，即使全球化加深、跨國的公私活動頻繁，國家仍然是參與全球治理的最重要主體。當今這個逐漸容納更加多元行為體的治理體系也是在主權國家的主導之下建立的。主權國家具有對內的最高權威，能夠動員國民，動用舉國資源以達成國家目標，因此全球事務中最為關鍵的領域的治理最終都要落腳於主權國家的意願與能力。在與他國或者其他行為體達成共識、做出決策之後，國家發揮著一項其他主體都難以替代的作用，即對於治理行動的貫徹實施。以全球碳減排的規約為例，將減排的額度分派到各個國家之後，只有主權政府有能力領導規劃並採取措施來實現減排目標。但是，就如全球治理現狀所展現的，國家大小、國力強弱影響著主權國家在治理中的話語權，即以美國為代表的西方國家居於更加主導的地位。如何使得發展中國家享有更廣泛的代表權，發揮更大影響力，是全球治

❸《二十國集團匹茲堡峰會領導人聲明》，http://www.g20.org/hywj/lnG20gb/201511/t20151106_1229.html。

❹ 參見二〇一六年二十國集團峰會官網，http://www.g20.org/gyg20/G20jj/201510/t20151027_871.html。

理新秩序的關鍵問題。

主權國家參與國際治理的重要形式是參與國際組織及其他非正式的國際制度安排，如七國集團、二十國集團和金磚國家峰會等。而這些國際組織與非正式制度安排實際上整合了諸多國家的不同聲音，其行動也並不純然是一個個主權國家意志的簡單集合，而是提供了國家間交流互動、協調利益與行動的平台，發出的是國際組織或者制度安排這個整體的聲音。

國際組織有全球性與區域性之分，在全球性國際組織當中，聯合國具有最廣泛的代表性、普遍性與權威性。聯合國的活動覆蓋了全球治理各個領域的事務，包括裁減軍備、核不擴散、環境保護、打擊恐怖主義等。它具有極大的影響力與包容性，與區域性國際組織、非政府組織、國家以及跨國公民社會都建立了密切聯繫。《聯合國憲章》（The Charter of the United Nations）以及聯合國各類會議通過的公約、宣言等，成為國際社會共同遵行的原則與規則，奠定了國際規制的規範基礎。相比全球性的國際組織，區域組織的覆蓋範圍更小，但卻具有獨特優勢。因為成員國在地緣上接近，社會文化可能更為契合，國家間利益關聯度更高，區域組織內部的認同感和凝聚力通常會強於全球組織。再加上成員國的數量較少，治理的決策過程更加容易，有利於治理效率的提高，約束力增強。以歐盟為例，從一九五一年歐洲煤鋼聯營（European Coal and Steel Community, ECSC）建立開始，歐盟的一體化水平穩步提升，直到今天已能對外發出「歐盟的聲音」。作為一個整體的歐洲才得以鞏固並增強其在世界上的影響力，歐洲的方式也成為其他地區區域一體化的典範。

聯合國一向重視與區域組織之間的關係，許多區域組織能夠長期受邀以聯合國觀察員的身份參加聯合國的諸多活動，這些組織包括歐盟、東非共同體（East African Community, EAC）、西非國家經濟共同體（Economic Community of West African States, ECOWAS）和上海合作組織等。二〇一四年，為了更好地維護國際和平與安全，聯合國安理會通過決議，要進一步加強與區域性組織的合作，並就達爾富爾、蘇丹和索馬里等問題與非洲聯盟（African Union）、西非國家經濟共同體、中非國家經濟共同體（Economic Community of Central African States, ECCAS）以及東非政府間發展管理機構開展廣泛的合作。而在區域組織之間，也會基於共同的利益關切建立跨地區的合作機制，比如歐盟與非洲聯盟在安全與發展領域建立了戰略夥伴關係，阿拉伯國家聯盟（League of Arab States）與非洲聯盟也在反恐方面增進交流，加強協調。

主權國家間的治理合作並不僅限於有著正式規章與機構體系的國際組織，還通過諸多的非政治制度安排得以體現，包括一些國家代表定期或不定期的會晤機制等。二十世紀七〇年代後半期誕生的七國首腦定期會晤機制，也就是後來所稱的七國集團就是這種非正式制度安排的開創者。隨後湧現的還有金磚國家峰會以及二十國集團峰會等。這些非正式的制度安排是國家間對話協商的重要平台，決策多是宣言、聲明、公報，約束力較弱，但也因此更為靈活。決策的落實主要依靠各國履行承諾，但隨著非正式集團的制度化建設與影響力擴大，非正式集團逐步建立與完善監督機制，也與關鍵的國際組織建立聯繫，推動治理目標的實現。如二十國集團對於國際貨幣基金組織改革與國際金融安全網建設的推進，便為非政治集團與正式的國際組織之間展開合作提供了有益借鑑。這類的會晤或對話機制通常為應對單獨的議題而建立，比如七國集團與二十國集團成立之初都是為了應對經濟問題，但之後商討治理的議題就逐漸外溢，涉及能源、安全、環保等。這種外溢也使得國家間在非正式制度安排中不斷發現新的共同關切的問題，持續增進協調合作。

在主權國家與國際組織之外，非政府組織（Non-Governmental Organization）在全球治理中的角色也日益突出。非政府組織具有民間性、非營利性、自治性和自願性等特徵，當今已廣泛活躍於全球治理的諸多領域，尤其是以環境保護、動物保護等為代表的低政治領域。非政府組織不具備主權國家或國際組織所擁有的強制力或龐大資源，直接推動問題解決的能力較為有限，往往是起到了推動設置政治議程、施加壓力或動員輿論以影響決策、監督官方行為、提供服務工作等作用。綠色和平組織（Greenpeace）長期以來就通過發佈研究數據、發出倡導、組織示威遊行、進行遊說等方式吸引人們對特定污染議題的關注，數次推動聯合國相關談判的舉行與公約的簽署。在人權保護方面，非政府組織也因為其民間性、自治性而具有獨特優勢，能夠更無顧忌地揭露主權國家內的人權問題，也能夠獲得較為廣泛的社會支持。因此，人權組織和聯合國機構在這一領域的合作比其他領域更為密切。著名的大赦國際則是通過發佈相關國家酷刑報告的形式推動聯合國與國際社會對於廢止酷刑的共識建構。非政府組織的蓬勃發展也顯示了以國家為中心的全球治理機制正逐漸改變，全球社會與公民的力量正日益壯大。

第二章

# 全球治理的角色定位

# 一、全球治理已離不開中國的參與

## （一）全球化的時代少不了中國

經過三十多年的發展，中國在對外開放的大政方針指導下，已經在經濟、政治、文化、安全、科技等各個領域全面踏上國際舞台，和國際社會建立起了前所未有的緊密聯繫。中國正在以全新的深度和廣度融入世界，也正在以令世人矚目的中國速度，實現跨越式發展，中國國內和國際兩個層面的發展正日益成為不可分割的整體，一舉一動都受人關注。

在全球經濟領域中，中國佔有日益龐大的份額，成為世界第二大經濟體、第一大製造業和貨物貿易國。同時，中國的國際化水平不斷提升，在各個領域的國際組織當中常見中國的身影。二十世紀八〇年代以來，中國恢復了在世界銀行的合法席位，陸續加入了亞洲開發銀行和世界貿易組織，參加了東盟「10＋11」和「10＋3」，也參加了亞洲太平洋經濟合作會議（Asia-Pacific Economic Cooperation, APEC，簡稱亞太經合會，亞太經濟合作組織）、亞歐會議（Asia-Europe Meeting, ASEM）這樣的地區性論壇，成為二十國集團財長和央行會議的輪值主席國。進入二十一世紀，中國在「一帶一路」、亞洲基礎設施投資銀行中扮演了主導角色，二〇一六年年初，人民幣進入了國際貨幣基金組織的特別提款權（SDR）[1]籃子，成為二〇一六年二十國集團峰會的主辦方。

中國的國際化水平還體現在貨幣互換機制當中。繼貿易崛起之後，人民幣國際化水平也在崛起，向

「國際貨幣」邁進。二〇〇八年年底，中國開始在國際層面開展積極的貨幣合作，爭取與眾多國家開展貨幣互換、本幣結算、貨幣直接交易、建立貨幣清算機制的合作，並已經初步搭建起包括四十七個國家的多層次貨幣合作夥伴網絡，這些夥伴國家分佈於亞太、歐洲、非洲、拉丁美洲和中東地區，並根據與中國貨幣合作緊密程度的不同而形成了戰略佈局。不難看出，人民幣國際化不僅僅是一個單純的經濟事件，也是一個中國深度加入國際社會、參與國際合作的外交行為。貨幣夥伴網絡的構建不僅成為人民幣崛起的重要政治基礎，為中國全球夥伴網絡關係的構建添磚加瓦，也成為中國深度參與全球化時代的體現。

一方面，通過中國不斷提升的國際化水平可以看出，中國已經成為當今世界不可或缺的重要組成部分，在各個領域擁有難以忽視的影響力和參與度，無論是全球貿易的往來還是國際金融的跌宕，中國的角色都舉足輕重。中國構建貨幣夥伴關係網絡、領銜「一帶一路」和亞投行的行動，不僅意味著中國自身實力的崛起，更帶來了國際政治經濟格局的深刻變化。作為一個發展中國家的代表，中國正在提升自身在國際體系中的結構性位置。另一方面，越來越深度的國際化意味著中國也更多受到國際因素的影響，中國社會、經濟的發展都與世界息息相關。因此，「中國的發展離不開世界，世界的發展與繁榮也離不開中國」，二者的前途與命運前所未有地密切相連。

❶ 一九六九年七月二十八日，根據《國際貨幣基金組織協定》第一次修改內容，設立特別提款權（SDR），它是根據成員國在國際貨幣基金組織繳納份額所佔的比重分配給成員國的一種使用資金的權利，它只是賬面資產或記賬單位，不是真正的貨幣。

## （二）全球性的事務繞不開中國

與此同時，全球化的時代突顯出全球性的問題：日益嚴重的環境污染，威脅世界安全的恐怖主義，二〇〇八年引爆的國際金融危機，無一不是世界性的難題，是國際社會同時面臨的困擾和問題。全球化時代的問題盤根錯節，任何問題都無法依靠一個國家、一個組織單打獨鬥就能夠妥善解決，更沒有誰能夠在全球化的時代獨善其身。因此，全球治理的應運而生不僅僅是全世界的籲求，更是人類社會在二十一世紀的共同主題和趨勢。

作為全球化世界的重要組成部分，中國這一正在崛起的大國，與全球治理的關係正日益受到重視，其在全球治理中的作用也常常引起國際社會的思考和討論。中國積極地參與國際事務，在國際舞台上佔有更加重要的地位，對國際事務和全球問題解決的參與日益深入，參與的國際組織日益增多，已經成為解決區域性、世界性問題都不可或缺的重要角色，越來越多以中國為中心角色的國際組織和機制逐步建立起來，由中國主要創設和組織的國際組織和活動發揮著日益重大的作用。例如，上海合作組織的成立為成員國之間合作交流、增進互信構建平台，為維護地區穩定發揮了建設性的作用，在「上海精神」的指導下，開展多方面的合作，積累了全球治理的寶貴經驗，形成了一套包括反恐在內的協定和法律體系，為成員國之間的穩定安全合作奠定了堅實的法律基礎。

在經濟方面，二〇〇一年上合組織就簽署了經濟合作協議——《上海合作組織成員國政府間關於區域經濟合作的基本目標和方向以及啟動貿易和投資便利化進程的備忘錄》以及其他相關文件，確立了多個領域的一百二十七個合作項目，推動上海合作組織自貿區的創建。另外，在教育、金融、科技等領域也分別開展了一系列的合作項目，形成了有效的磋商機制。

二〇〇八年國際金融危機的發生促使國際社會反思既有的國際體系和目標，從而加固了全球治理不可逆轉的趨勢，推動了向著「善治」發展的治理目標，而二十國集團作為一個升級版的全球宏觀經濟協調機制，不僅是世界經濟的主要平台，更在全球經濟治理中的地位顯著上升，承擔著全面籌劃和付諸實施的重大責任。作為世界上最大的發展中國家和新興經濟體，也是世界第二大經濟體，中國的經濟規模使之成為二十國集團中最重要的主體之一，其在國際金融危機中的優異表現，更使得中國及一批新興國家開始進入全球治理核心決策圈。從G8＋5機制到G20，機制的更替和取代證明全球治理不是發達國家主導、發展中國家「點綴」就可以解決的問題，而是亟待發達國家與發展中國家平等合作、權責相對，探索新路徑。作為新興大國的代表，中國在二十國集團的新平台上可以平等地和其他主要經濟體對話，為中國外交和發展奠定更高的基礎。同時，中國也承擔了更多的國際責任。二〇一三年年底，世界銀行集團下屬的國際開發協會（International Development Association, IDA）第十七次注資談判結束，二〇一四至二〇一六年中國承諾捐資三億美元，而同期西方國家的對外援助呈現下降趨勢，中國的參與為此次捐資任務的圓滿完成做出了重要貢獻。二〇一六年，二十國集團峰會由中國主辦。二〇一一年的《二十國集團戛納峰會公報》中提到：二〇一五年以後二十國集團主席國將由輪值地區選舉產生，首先從亞洲開始。從二〇一五年起，中國作為美國、歐盟和中國「三駕馬車」之一擔任二十國集團的領導工作。作為二〇一六年的主席國，中國在峰會的議程設置上擁有更大的話語權。

二十國集團峰會在短短的六年時間內，成為全球治理中最為重要的協調者和領導機制，其發展軌跡是綜合作用力的推動，中國身影在每一步都清晰可見。除此之外，中國對國際社會的參與日益加深，更在諸多國際組織和機制中成為組織中心，是主要組織者和平台搭建方。對中國來說，改革開放讓中國能夠「引進來」，也能夠「走出去」；而對於世界來說，中國能夠更好地參與到國際社會中，融入國際家庭，深度加入更多的國際組織，在全球治理過程中加入了中國智慧和中國力量。

以中國為中心發起的「一帶一路」設想與二十國集團有很多共同目標，涉及的國家也有重合，二者都是長期、全方位的發展計劃，是涉及人類未來的發展框架。同時，兩者之間也有差異：除側重點和機制差異外，「一帶一路」的焦點在亞歐大陸，是中國歷史上輝煌的絲綢之路的當代呈現，在中國文化的兼容並包基礎上，以中國為主體把絲綢之路沿途六十多個國家聯繫起來，而這六十多個國家大多都是中小發展中國家，多半擁有豐沛的自然資源和人力資源，但缺乏資金、人才、技術，而且面臨基礎設施不足、市場規模小、治理能力欠缺等問題。中國所具備的發展優勢，可以從基礎建設、智力資源和金融三個方面幫助這些國家突破瓶頸，釋放出巨大的生產力，實現自身和廣大發展中國家共贏的目標，承擔國際責任。中國在「一帶一路」的構建和對外援助中，並沒有像西方國家一樣附加民主、人權等意識形態上的前提條件，甚至擾亂發展中國家的秩序，而是按照共商、共建、共享的原則建設「一帶一路」，希望沿線國家的發展能夠和自身的發展同步，打造「命運共同體、責任共同體、利益共同體」，實現「政策溝通、設施聯通、貿易暢通、資金融通、民心相通」，保持自身和周邊國家發展的可持續性。中巴國際走廊電力合作、中國與哈薩克斯坦的產能合作、中國首倡的亞洲基礎設施投資銀行，以及絲路基金的啟動都受到了各個參與國的響應和歡迎，這背後是世界對中國參與、中國貢獻、中國力量的呼喚和需要。因此，「一帶一路」的形成不但加固了中國在國際社會中的影響力，還把中國改革開放以來市場和政府雙管齊下的寶貴發展經驗傳播到其他發展中國家，使之成為中國軟實力實現的契機和平台，標誌著中國逐步邁入了主動引領全球經濟合作和推動全球經濟治理變革的新時期，更是對全球治理理論的重大貢獻。

## （三）全球治理的發展離不開中國智慧

中國共產黨第十八屆中央委員會第三次全體會議提出，「全面深化改革的總目標是完善和發展中國特色社會主義制度，推進國家治理體系和治理能力現代化」，首次提出了「國家治理體系」的概念。二〇一三年，中國國家主席習近平在與金磚國家領導人會晤時提出要積極參與「全球治理體系」，並進一步提出了「一帶一路」設想。「一帶一路」戰略的規劃實施，是中國進一步邁向國際化的重要里程碑，是中國經驗在發展中國家的傳播和借鑑，更是中國積極參與二十一世紀全球治理頂層設計的體現。同時，繼改革開放政策對發達國家的先進經驗開放和引進之後，中國通過不懈奮鬥闖出了自己的一條行之有效的發展途徑，形成了寶貴而獨特的發展經驗。這些經驗不但有利於解決發展中國家的問題，也對發達國家擺脫發展瓶頸、彌補自身制度短處有參照意義，對長期被西方歐美國家主導的全球治理體系有更為重大的啟發，補充了與西方經驗不同的經驗，給全球治理以新的思路和方向。這些被西方政學界稱為「中國模式」的中國經驗，正是中國崛起的力證，也是全球治理對中國智慧的呼喚。

許多國家首先從中國經濟的崛起和對金融危機的出色應對中，關注到中國經濟制度的能力，而中國經濟制度的能力和中國改革開放之後建立的中國經濟模式有緊密的關聯。經濟上的中國模式可以稱之為複合型的經濟模式，包括在對外開放和內部需求之間尋求平衡，政府和市場之間在經濟領域的平衡等，實行混合所有權制度，國有經濟「抓大」，私營經濟「放小」，兩者兼而有之，國有部門成為中國政府強有力的經濟槓桿和應付危機的政策工具。在出口和內需方面，也是二者兼有，內部需求逐步成為地方經濟體的主要導向。與日本和亞洲「四小龍」昔日的道路不同，中國經濟的供需是多種模式並存，呈現競爭、發展和融合的態勢。在政府與市場方面，中國並沒有遵循「市場萬能論」，與新自由主義主張政府全面撤出經濟領域不同，政府在市場規則的建立、市場秩序的穩定方面扮演了主要角色。「看得見的手」和「看不見的手」協同運作，保證了經濟的平穩、健康發展。

與此同時，大多數西方學者往往會迴避中國的政治模式。儘管很多人也意識到中國經濟模式的成功離不開政治模式的支撐，但仍然僅僅關注中國在經濟上的成功，因為從政治上談論中國模式容易挑戰既有的自由主義價值秩序。然而實際上，如果離開了政治改革，經濟改革是難以推動的，當代中國政治與改革開放前有著巨大差異。就中國而言，國家的基本制度建設就是中國過去將近三十年政治改革的核心，作為發展中國家，建立完善的國家制度，構建完整的法治和穩定的社會政治秩序，就是對經濟發展、資本運轉最重大的保護，也是對社會生產最重要的支持。法治是維護社會正義的基礎，也是民主的前提。民主的實質在於實現人民的訴求、解決人民生存發展的問題，如何解決窮人的問題是中國面臨的主要問題，而能夠在法治程序下回應民眾訴求的中國模式，雖然與西方程序民主制度不同，卻顯然以另一種方式實現著民主的題中之意。

事實上，改革開放初期，西方學界對中國的開放持讚揚態度，認為改革開放會引領中國走上「西方道路」，然而當中國沒有成為「西式翻版」時，西方對中國的討論則充滿了不解、擔憂、拒斥，從「中國崩潰論」到「中國威脅論」，對中國道路的懷疑不僅基於對中國未來的懷疑，更基於意識形態價值的差異。然而，中國發展到今天，其發展成就昭示了中國「非西方」的發展途徑有著不可替代的價值，並且，它可能會為深陷西方自由主義泥沼的國家提供出路和解決方案。西方國家也已意識到了這一點，「中國模式」不單單成為除西方現代化理論之外的「第二條可行道路」而被發展中國家所借鑑，更昭告世界，在西方道路之外，依然有其他的、基於實踐的選擇。

國家的發展道路、模式不是意識形態化的「非此即彼、非黑即白」，新自由主義的分權、民主、市場、自由等價值和制度也並非是根治地區性及全球性問題的良方，西式自由主義的目標不應該是唯一的終點和準則，道路抉擇應該是務實的，與歷史、環境相結合的選擇，否則無法根治全球治理體系中的不平等問題，更無法達到良善的治理目標。時至今日，中國模式已經將自身的發展經驗向外傳播，為廣大亞、非、拉丁美洲發展中國家樹立了西方模式之外的發展榜樣。

中國共產黨提出的「國家治理體系和治理能力現代化」，著眼於現代化，不僅僅追求經濟發展速度，更包含「善治」的目標，追求各個領域的可持續發展，實現法治、德治、共治、自治。中國模式對世界經濟的推動、對良善治理的追求，正符合全球治理的發展方向，以中國智慧解答著全球治理中的問題。這種觀念的變化正是中國以其發展成就和經驗模式帶給世界的轉變，它深刻影響了世界各國對自身發展途徑的選擇，更影響了國際社會對既有全球治理的判斷和反思。

## 二、全球經濟治理能力與國家經濟實力

### （一）中國的經濟成績與經濟實力

改革開放三十餘年，中國的經濟發展有目共睹，經濟實力與日俱增。二〇一六年，國際貨幣基金組織對世界各國經濟實力的排名中，在購買力平價條件下，中國的國內生產總值（Gross Domestic Product,

GDP）位居第一，美國、印度、日本緊隨其後。華盛頓的專家將這一排名寫入二〇一六年四月最新的世界經濟報告《世界經濟展望》裡，認為在購買力平價的基礎上，中國是世界上最重要的經濟體，並正在經歷至關重要且複雜的過渡期，正在向以消費和服務為基礎的可持續發展模式轉變。

中國自二〇〇一年加入世界貿易組織以來，在全球化浪潮的客觀條件和改革開放的主觀驅動力作用之下，實現了快速發展，不斷給世界經濟的增長輸入積極的活力。早在二〇〇六年，中國就成了全球最大的外匯儲備國家；二〇〇九年，中國成了全球最大的出口國；二〇一〇年，中國經濟規模首次超越日本，成為世界第二大經濟體。在進出口貿易領域，二〇〇四年，中國貿易總額超越日本；到二〇一三年，又以四兆一千六百億美元的對外進出口貿易總額超越美國，成為全球最大的貨物貿易國；二〇一二年，中國服務進出口額首次進入世界前三位，二〇一四年上升至第二位，二〇一五年中國服務進出口額七千一百三十億美元，繼續保持世界第二位。❷這些數字的變化都在說明近年中國經濟的絕對實力迅猛增長。這三十年來中國的出色表現甚至已經超越了在經濟改革初期制定的經濟增長預測和計劃——改革開放總設計師鄧小平曾預計，一九八一至二〇〇〇年中國的經濟增長規模將達到百分之四百，然而實際增長達到了百分之六百二十三。二〇一四年中國的經濟規模已經較一九八一年增長百分之二千二百，中國經濟的發展速度令世界刮目相看。

進入新世紀以來，世界經濟進入了「新平庸」狀態，尤其二〇〇八年國際金融危機的爆發更令西方國家經濟陷入放緩或停滯的境地，而中國經濟卻在危機中依然表現良好，保持了中高速增長，中國經濟與世界經濟因此出現了某種程度上的反差。

這一方面在客觀上放大了中國經濟的國際影響力，比如中國製造的代表高鐵、核電和水電等已經具有國際競爭力，在高科技領域、農業領域，中國也已經有了自己的獨特探索；另一方面，中國資本也加快了「走出去」的步伐。商務部的數據顯示，二〇一四年中國實現全行業對外直接投資一千一百六十億美元，同比增長百分之十五．五，加上第三地融資再投資，中國對外投資規模應該在一千四百億美元左右，這意味著中國在二〇一四年成為資本淨輸出國，而這在中國經濟與世界經濟的增速比較和發展境遇比較下，更突顯出一種歷史性「新常態」的建立。

## （二）中國參與全球治理的不足：實力增長，參與缺失

然而，在現實的經濟外交實踐中，中國卻面臨著與實力上升不相符的「地位困境」矛盾，即日漸增強的國家實力與既有國際體系中的地位和受到的掣肘之處增多之間的矛盾。根據商務部數據統計，截至二〇一三年，加入世界貿易組織以來中國共遭受國外貿易救濟調查六百九十二起，一九九五至二〇一〇年連續十六年成為全球遭遇反傾銷調查最多的國家，二〇一一至二〇一五年國外對中國發起的貿易救濟調查案件每年涉案的平均金額約為一百一十億美元，國際貿易保護主義對中國出口的負面影響和限制不容忽視。

同時，世界經濟危機和金融危機暴露了當今全球金融體系和經濟秩序的內在缺陷，作為全球治理的重點和中心環節，良善的全球經濟治理已經迫在眉睫，更需要作為新興經濟體代表的中國的參與。雖然中國在世界經濟中的地位越來越高，在世界經濟中的利益比重越來越大，有需要、也有責任保持全球經濟的穩定，並且到目前為止已經參與了一系列全球經濟治理的組織，但是，正如世界貿易組織總幹事帕

❷ 中國貿易救濟信息網，http://www.cacs.gov.cn/cacs/newcommon/details.aspx? navid=A16&articleId=137061。

斯卡爾．拉米（Pascal Lamy）所說：「中國還沒有真正採取一個非常積極的態度或者主動的態度，所以從一定程度上講，中國只是現在這個全球經濟治理中被動的參與者。」❸相較於國家經濟實力的提升，中國在全球治理問題中的參與度和參與能力兩方面都有些捉襟見肘。相比之下，即使美國、歐盟對世界經濟的貢獻率已經低於中國，它們卻依然能夠憑借自己在世界格局和國際體系中的主導權和地位來維護自己的經濟利益和國際影響力。

因此，對比中國與西方國家，不難發現中國在經濟實力和全球治理參與方面的落差，即中國在全球經濟治理方面的不足之處有：

**第一，從參與的時間角度看，中國是全球治理中的「後來者」，參與時間晚，經驗不豐富。**中華人民共和國於一九七一年恢復聯合國合法席位，一九九一年加入亞太經濟合作組織，二〇〇一年加入世界貿易組織，加入國際組織的時間遠遠晚於歐美，對外開放至今也不過三十多年，相對於國家歷史而言，重返國際社會的時間並不長，對國際組織許多領域的規則、機制都尚不熟悉，在處理問題方面仍需要積累和學習，需要一個學習—適應—反饋的過程，在各個領域形成一套維護國家利益，協調國家間、國家與非主權國家組織之間等多重主體間關係的中國經驗。

**第二，從參與的能力角度看，中國在國際組織中仍是「跟隨者」，參與國際組織數量較少，且在已參加的組織中的地位和作用有限。**根據國際協會聯盟（Union of International Associations, UIA）編寫的《國際組織年鑑（二〇〇八至二〇〇九）》（*Yearbook of International Organizations*）顯示，二〇〇七年全球共有六萬一千三百八十六個國際組織，其中，中國參與了四千三百八十六個，參與率僅為百分之七．〇九。這裡面一千七百五十三個是協定性組織，包括國際組織聯盟二十五個，全球普遍性國際組織三百七十四個，洲際性組織聯盟五百七十五個，地區性國際組織七百七十九個。而到二〇一一年年底，中國參與的國際組織數量為四千七百二十四個，參與率與二〇〇七年相比稍有提高，但幾乎持平。與西方發達國家相比，中國存在很大的差距，中國參與的世界性國際組織的數量只相當於美國的三分之一，英、法、德的四分之一，而地區性協定組織的參與度與這些國家的差距更為明顯。

同時，目前中國在重要國際組織當中任職的人員比較少，職位也較低，比如中國在聯合國秘書處現有佔地域分配員額的國際職員為七十一人（不包括語言服務類人員和其他臨時性的職位），而按照中國的體量，在聯合國秘書處的人員理想數量是一百一十九至一百六十一人，相差尚遠，中國仍屬於代表性不足的三十八個會員國之一。人員數量和職位影響著一個國家參與國際組織的能力，反過來也受到國家參與度的影響，因此數量和任職方面的不足也是中國對國際組織參與度欠缺的一個體現。

伴隨著以「金磚國家」為代表的新興經濟體的興起，發展中大國強烈要求改變原有的全球治理機制，促使世界經濟政治格局朝著更為合理的方向發展。然而，儘管國際貨幣基金組織和世界銀行迫於形勢變化的壓力對投票權進行了改革，但是，根據《國際貨幣基金組織協定》（Agreement of the International Monetary Fund）和《世界銀行章程》（the World Bank's Charter），國際貨幣基金組織和世界銀行的重大事項決策需要經過百分之八十五以上的特別多數票決定，這意味著在實踐當中，美國仍然以百分之十六．四七和百分之十五．八五的投票份額擁有這兩個國際組織的一票否決權。而中國儘管外匯儲備量世界第一，是世界第二大經濟體，投票權卻依然位居第三，和排名第一的美國相差十個百分點以上。中國在國際組織中的參與度和能夠達到的投票權重仍然不符合中國的國際經濟政治地位。

**第三，從參與的權力結構角度看，中國在既定的治理體系框架內是「被動參與者」，缺少規則制**

❸ 二〇一三年三月二十四日帕斯卡爾．拉米在中國發展高層論壇午餐會上的演講：〈中國和全球治理〉，載於《中國發展觀察》，中國發展高層論壇二〇一三專號第五七頁。

**定權和議程決定權**。自二〇〇八年二十國集團峰會機制化以後，中國進入了全球經濟治理的核心圈，而全球經濟治理又是全球治理的重中之重。然而，中國的議程設置能力和改變、制定規則的話語權仍然缺失。比如，中國儘管在加入世界貿易組織之後提升了全球化水平，但仍然經常遭遇歐美國家對中國國際貿易的反傾銷、反補貼行動，採取雙重標準，設置重重障礙阻止和拖延中國企業在全球擴展業務；同時，在環保等議題上，歐盟在氣候變化領域退出碳排放交易體系，但歐盟仍然在單方面徵收航空領域的碳排放稅，且在哥本哈根世界氣候大會上對中國等發展中國家要求苛刻，忽視國家的發展歷程和發展需要，歪曲中國「抵制國際協議」。

與此同時，歐美發達國家在行業、技術標準的制定和相關行業法規的制定上，將本國認證的標準推廣為全球通行的普遍行標，樹立本國在行業內的優勢，成為標準的「度量衡」，從而形成規則庇護下的貿易保護。根據不完全統計，國際標準化組織（International Organization for Standardization, ISO）和國際電工委員會（International Electrotechnical Commission, IEC）發佈的國際標準已經接近兩萬項，但其中中國企業參與制定的僅有二十餘項。而這些標準的制定機構全球共有九百多個，中國在其中佔有不足十個。

至此不難發現，縱觀中國重返國際社會、參與國際組織的歷程，儘管已經實現了從「局外」到「局內」，從「旁觀」到「參與」的轉變，但是，若要想真正成為「積極的參與者、建設者和貢獻者」，而不僅僅是「被動參與者」，中國就不能滿足於順應現有的、以西方國家為主體創立的全球治理框架，做一個「跟隨式的參與者」，而是應該努力成為「創造者」。中國作為後來者，比美、英、日、歐等角色更晚出現在國際舞台上，因而錯失了創立國際規則和治理體系的初始階段，但是，目前中國已完成了從國際分類標準中的「低收入」經濟體到「中等偏上」的轉變，經濟實力的增強和國際經貿活動中更舉足輕重的地位使得中國、也要求中國進一步發揮自己在世界中的真實作用：在進一步學習國際規則的同時，也結合國家利益向國際社會提供更多的公共產品，以期重新定位中國在全球治理體系中的地位；在努力參與全球經濟事務的管理過程中，也盡自己所能提高自身在規則制定和議程設置方面的影響力。

## 三、合理定位中國在全球治理中的角色

中國的發展與強大正日益給予中國在國際舞台上更多的機遇，同時也帶來更多更大的挑戰。其中，如何合理定位中國在全球治理中的角色成為中國進一步發展亟待思考和解決的問題，這一問題同樣也引發了國際社會的關注。

### （一）全球治理中的「中國責任論」

中國的崛起不僅為國際社會矚目，也對國際政治經濟格局產生著衝擊，以美國為首的西方發達國家對中國在國際關係結構中的位置改變抱以複雜的心態。

二〇〇五年時任美國國務卿賴斯（Condoleezza Rice）表示，「希望中國成為全球夥伴，能夠並願意承擔與其能力相稱的國際責任」。此後，「負責任的利益相關者」被寫入美國《國家安全戰略報告》（*The National Security Strategy*），正式成為美國官方對華的新定位。二〇〇六年，對美國國家安全戰

略可能產生深遠影響的《普林斯頓項目報告》（*The Princeton Project on National Security*）稱：「美國的目標不應當是阻止或遏制中國，而是應當幫助它……成為亞洲和國際政治生活中的一個負責任的利益相關者。」這一報告反映了美國各界菁英的主流意見。此後，「負責任」和「利益相關者」在美國帶動下成為國際社會談論中國時的常用語，世界其他國家也紛紛跟進探討。有學者概括美國的「中國責任論」的含義為：中國正在崛起，但還不是一個充分負責的國家，中國應該承擔與其實力相稱的責任，從而成為國際社會負責任的一員。

這說明西方社會對中國崛起的心態是複雜的：一方面，它承認中國實力上升的事實，但是同時西方社會普遍把中國的崛起和強大視為得益於現有的國際機制。它們認為，作為回報，中國應該盡可能多地承擔起國際責任和義務，與西方國家一起維護現有的國際體系，比如在扶貧、國際維和等方面更多地發揮作用。

另一方面，中國是社會主義國家，在政治制度、意識形態方面沒有走上西式自由主義道路，這一點讓西方疑慮，然而中國與各國在諸多方面的合作又讓它們抱有期待。在這個意義上，中國是一個「站在岔路口的國家」。

因此，西方國家及以其為中心組織起來的國際機構積極拉攏中國參加一些原屬於「西方俱樂部」的組織和機制，從G8到G8＋5再到G20就是這一轉變的具體體現；在處理國際事務和爭端之時，它們希望中國按照西方的價值觀和西方制定的規則行事。比如，在市場經濟改革方面，要求中國放鬆金融市場監管，允許國際資本在中國金融市場自由進出，在貨幣政策上實行更為開放的策略；在環保方面，對中國的溫室氣體排放量提出嚴格要求，要求中國在溫室效應控制當中承擔更大的份額和責任。而同時，「西方俱樂部」的成員國們在兌現承諾方面的「自我要求」卻並不是一樣嚴格。根據聯合國千年發展目標高級別會議（The United Nations High-level Plenary Meeting on Millennium Development Goals）中披露的數據，在千年發展目標「全球合作促進發展」這一項上，發達國家遠未兌現承諾，絕大多數發達國家的發展援助遠遠低於聯合國設定的「發展援助佔其國民收入百分〇．七」的目標，截至二〇〇九年，只有五個發達國家達到或超過了這一目標。國際金融危機爆發之後，發達國家在二〇一〇年的發展援助承諾中更是紛紛削減目標份額或推遲達成目標時間。這些無一不是在要求中國「遵循現有維護西方優勢地位的國際規則」的同時，「寬以待己，嚴以待華」，給處於後發展階段的中國套上了更為嚴厲的標準。畢竟，「中國責任論」可以視為在「中國威脅論」被中國和平發展的外交實踐回擊之後，西方國家繼而遏制中國的另一思路，也是推諉自身責任的方式。

因此，不難注意到，「中國責任論」即是美國主導的西方社會通過把「責任」、「義務」當作變相繩索，把中國從發展中國家陣營中拉出來，誘導中國承擔與自身發展階段和實力不相稱的義務，推諉自身責任，轉移國際社會的視線和矛盾。在這一點上，中國自身需要保持清醒，發展中國家陣營也需要力排干擾。中國的崛起不單對自身，也對發展中國家的權益和構建更合理的國際秩序有重大意義。因此，儘管中國一定會積極兌現自身承諾，履行自身國際義務，但是把中國歸入「發達國家」的「中國責任論」卻不應該、也不可以成為「定位」中國在全球治理中位置的理由和憑據。

## （二）合理定位中國角色的前提：正確認識中國的實力

一直以來，國際社會的主導權和話語權總是握在實力強勁的國家手裡，也就是說權力的大小、能力的強弱決定了國家的責任，以及國家能夠提供的公共服務。國際社會中的責任是通過實力來界定的，因此，在合理定位中國在全球治理中的角色時，首先要正確地認識中國的實力以及國際地位，才能有效地承擔責任，做出貢獻。

對此，中國政府和中國共產黨的領導集體始終保持著清醒的認知。鄧小平不止一次地對外賓說過，中國是一個大國，又是一個小國。所謂「大國」，就是人口眾多、國土面積大，加之中國取得的成就舉世矚目，經濟實力大幅度躍升，政治影響力不斷擴大；所謂「小國」，就是中國仍然不夠強大，與西方發達國家相比，中國仍有很大的發展空間，實力亟待提升。作為世界第二大經濟體，中國的GDP總量僅次於美國，然而人均可支配收入還不及發展中國家的平均水平。高盛公司曾預測，到二〇五〇年，中國的GDP有可能超過美國，達到四十四兆六千五百三十億美元，但按照人均GDP來看，中國仍將只有美國的三分之一多一點的份額，這意味著「中國正處於並將長期處在社會主義初級階段，初級階段就是不發達的階段。這個『不發達』首先當然是指生產力的不發達。」「中國人口多、底子薄，城鄉發展和地區發展很不平衡，生產力不發達的狀況並沒有根本改變。」

而在科學技術、軍事、文化影響力等方面，中國距離發達國家的水準也差一大截。換言之，中國的實力與西方發達國家相比仍有很大差距。因此，當前中國最主要的任務就是全心全意求發展，並且是可持續的、穩定的發展，提高國家實力與人民的生活水平。綜上所述，中國目前只是一個地區性的大國，在經濟、文化等領域的發展雖「奮起直追」，但客觀水平仍然處於發展中國家。

## （三）積極參與的領導者，量力而行的學習者

因而，中國在全球治理中的角色和責任也應該綜合國家實力和國際地位加以思考，即：基於國家利

益和實力承擔相應的責任，在積極參與、量力而行的同時，用發展的、長期的眼光看待中國的定位，兼顧本國利益和國際利益，在國際權利和國際責任間取得平衡。

首先，中國仍然是一個發展中國家，發展水平距離發達國家仍有很大差距，在發展階段上，中國仍然處於社會主義初級階段。因此，儘管「中國責任論」甚囂塵上，西方國家有意把中國劃歸發達國家行列，以讓中國承擔與自身實力不相符的責任，中國自身仍然需要保持清醒，量力而行。人均國內生產總值八千多美元的中國仍與人均四五萬美元的美、英、德等國有相當大的距離。中國人口近十四億，數量龐大，按照世界銀行的標準還有近兩億是貧困人口，按照人均GDP中國排名還在世界七十位以後。中國作為人口大國，正如中國國務院總理李克強在與中外記者見面答記者問時所說，中國「把自己的事辦好，保持合理的發展，本身就是對世界巨大的貢獻」。根據世界銀行的統計數據，一九八一年中國每天生活支出低於一．二五美元的人口共有八億三千五百萬，而到二〇〇八年，這一數字減少到了一億七千三百萬，二〇〇九年進一步下降到一億五千七百萬。在一九八一年至二〇〇九年的二十八年中，共有六億七千八百萬中國人擺脫了極端貧困。可見，中國自身問題的解決就是對減少世界極端貧困人口問題做出的極大貢獻。

其次，中國較晚才參與到國際社會中來，仍然是一個「後來者」的身份，相較於西方發達國家，中國錯過了許多國際機制建立的初創階段，也較晚才開始進行國際參與和組織國際活動。因此，中國對許多領域的運行、規則仍然不如西方國家瞭解深入，相關領域人才也相對不足，尚需培養，許多經驗仍亟待積累。

因此，中國還不能稱為一個游刃有餘的國際治理「玩家」，在參與國際治理時，尚需要謙虛謹慎，以學習者的態度去瞭解相關的國際機制，增加自身應對國際問題、處理國際事務的能力。

同時，中國是國際事務的重要參與者。作為聯合國安理會常任理事國，中國是許多重要國際組織的成員，因此需要在力所能及的範圍內承擔經濟、金融、環保、安全、衛生、反恐等各個領域的國際責任。在新形勢下，中國作為負責任大國的重要體現方面之一就是對外援助，例如對非洲援建路橋，對「一帶一路」沿線國家的經濟項目援助，向非洲聯盟提供總額為一億美元的無償軍事援助，支持非洲常備軍和危機應對快速反應部隊的建設。中國切實地幫助發展中國家增強自身的「造血機能」，讓發展中國家民眾得到更多實惠，並且在他國遭遇自然及人道主義災難時施以援手，合力應對。在維護國際公共安全方面，中國將繼續通過多邊渠道推進反恐合作，二〇一五年中國與印度發表了有關反恐問題的聯合聲明，兩國執法部門與國際社會通力合作，打擊跨國犯罪。中國始終並將在國際上更加主動發揮建設性作用，在維護國家利益、發展建設本國的同時，扮演更重要的國際角色。中國不是搭「國際便車」，中國龐大的體量不是哪一個「便車」所能承載得動的，中國是一個「出力者」、「參與者」，和大家一起推車，一起推動全球治理向著更積極的方向前進。

## 四、對中國全球治理價值原則的思考

中國在扮演自己在全球治理中的角色過程中，應當做出怎樣的選擇，提出什麼樣的議題，如何去行動，都離不開中國對全球治理價值原則的思考和堅守。失去了對價值原則的獨立思考，任何參與都容易淪為無效參與，無法體現中國價值，而重塑全球治理規則也就更加無從談起。因此，中國對全球治理的參與，根基在於本土歷史與文化資源的給養，即基於來自中國歷史經驗的「中國模式」對現存的全球治理體系和國際秩序進行判斷、反思和貢獻，這是中國在參與國際體系的建構中必然攜帶的文化基因，也是對奉西方價值為主流價值的全球治理的必要補充和改變。

什麼是中國道路？究竟有沒有「中國模式」的存在？如果存在，這個模式究竟是怎樣的，其內在和外在的含義又是什麼？無論就中國本身的發展而言，還是就當今無法離開中國的全球治理而言，這些問題都有必要回答，而中國更亟須思考如何在全球治理的參與過程中走出一條中國道路。對中國本身而言，重要的是回答「我是誰」的問題，這樣才能知道什麼是自己應該堅持的原則，如何堅守自己的原則。

二〇〇四年，美國高盛公司政治經濟問題資深顧問雷默撰寫了題為《北京共識》的研究報告，首次提出了「中國模式」和「北京共識」。他認為，「中國模式」實際上就是中國作為一個發展中國家，在全球化挑戰下實現國家現代化的一種戰略選擇，是中共改革開放以來中國逐漸發展起來的一套應對全球化挑戰的發展戰略和治理模式。在他看來，「北京共識」將取代「華盛頓共識」，後者是一種經濟理論，這種理論曾在二十世紀九〇年代風靡一時。這種取代是一種傲慢的歷史終結的標誌，相比於「華盛頓共識」使全球各地經濟遭受的波動和一系列的破壞，中國的新發展方針是由和平、平等、高質量增長的內在願望驅動的。雷默的文章在國際社會引起了強烈反響，引發了一場討論和關注中國模式的熱潮。

「中國模式」究竟包含了哪些方面和內容？基於對「中國模式」的不同理解，學界和媒體輿論界給出的主要觀點有：(1)「中國模式」已經成型，是與以美國為代表的西方民主形態相提並論的重要價值。在主觀上，它是一條同西方發達國家不同的發展途徑，這些做法、經驗的總結是中國模式的組成部分；在客觀上，中國幾十年來的道路和軌跡本身就是一套模式，其成績和途徑是一種不可否認的客觀存在，因此兩者結合，既需要承認中國模式，也需要繼續改善這一模式。(2)對「中國模式」需要謹慎使用，有人認為中國特色的發展道路和經驗仍沒有最後成型，談「模式」為時尚早，主張稱為「中國道路」或「中國經驗」。還有學者認為，「模式」一詞含有示範、樣本的含義，但是中國並沒有想要推廣自己的一套價值和模式。

然而，無論學界和媒體的分歧者之間如何爭論，不難發現雙方分歧的焦點並不在於「是否有一條不同於『華盛頓共識』的中國道路」存在，而只是在於「中國模式」是否成型、如何稱謂和定位。從這些爭論來看，中國特色的社會主義道路及三十多年來的發展歷程、內容和經驗，其獨特性、有效性已成為國際社會的共識，因而受到關注，成為一條不同於西方發達國家經驗的「新經驗」，不管「中國模式」這一詞彙是不是最為恰當，這種客觀存在顯然已經成為國際社會探索的對象，中國發展歷程中的獨特道路、內容和價值已經被爭論各方普遍認識到，「中國模式」的存在毋庸置疑。

簡而言之，「中國模式」即中華人民共和國成立以來，尤其是改革開放以來中國國內與國際發展的制度與經驗。它展現了中國式思維下對國內秩序和世界秩序的圖景勾畫，是社會主義基本制度和市場經濟的結合。在經濟上，它包括混合所有制下的市場經濟，堅持改革開放、實行政企合作的市場運行、內需與對外出口共同發展等；在政治上，堅持中國特色社會主義道路，堅持中國共產黨領導下的多黨合作制，建立完善基礎性的法治和國家制度，提高政府效率和管理能力，國家高度負責地管理國內事務和進行經濟領域的宏觀調控。正如前文所述，西方學界對「中國模式」的關注往往避政治模式而不談，只關注經濟模式，這一方面片面認識中國經濟社會的發展，另一方面忽視了「中國模式」中蘊藏著的政治模式的重大價值。中國改革的成功不單單是市場經濟的改革，更是基於中國「民本」思想的民生、民主的同步進步，是來源於中國這一文明古國的歷史、文化、環境而誕生的符合中國發展需要的模式。

需要注意的是，「中國模式」並非十全十美，「中國模式」的誕生也並不意味著「中國模式」必然具有建設世界秩序的普適性意義。在全球治理中堅持中國道路的價值原則也不意味著中國人必然會以各種方式將「中國模式」推廣到世界秩序建設當中，而是意味著：作為人類政治文明的一部分，「中國模式」可以為一些地區或國家提供必要的參考。與既有的國際體系裡西方主導的發展模式相比，「中國模式」對廣大發展中國家而言更有榜樣意義；與西式自由主義相比，中國精神與全球治理的善治目標也更有耦合之處。

在借鑑意義層面上，如果要用一個核心的概念概括「中國模式」的主要精神，即中國政治、經濟、社會生活的組織精神的話，那就是「合作」，即追求共識。而西方則關注的是二元對立思維下的「制衡」。這種「合作」精神與西方政治中的「制衡」剛好相對且互補，可以視為中西政治秩序安排精神之大異。「合作」是從民族、國家和人類的整體利益出發考慮發展問題，而西方的「制衡」則是關注人與人之間的張力和矛盾。從制度安排上看，中國的多黨合作、政治協商、議行合一，以及大政方針上的統一戰線、推選制度而非競選制度，都是國家在現代化進程中以「合作」形式謀求發展方向的共識的努力。正如有學者提到的西方是「外部多元主義」，而「中國模式」是「內部多元主義」，中國的民主價值蘊藏在議題設置、政策執行和多方參與中，合作共識的達成有助於形成合力，因此現代化進程不至於被選擇分歧和利益分割頻繁打斷。對比之下，中國的社會和政治秩序將差異建立在整體的基礎上，尊重差異、包容多元、和而不同，是一種多元主義相互合作的觀念。

這種觀念在國際秩序的改革和建構中是對第二次世界大戰以來以西式自由主義原則為主導的秩序的調和。西方價值原則下的國際秩序容易以某一種文化和制度作為國際秩序的終點，正如弗朗西斯·福山（Francis Fukuyama）所稱的「歷史的終結」一樣，以「一」改造「多」。而「中國模式」從合作的原則出發，要反映多樣化的現實，追求和諧世界的建設，在國際制度建構方面則重視擴大人能夠反映文明多樣性的代表，以協商尋求各種力量在議題解決的共識，節制資本，減少跨國經濟利益集團對議程的綁架和主導，培育國家間相互合作的責任觀念。

因此，「中國模式」對於緩解當代國際秩序的內在張力具有調節作用。「中國模式」為現代化進程中的國家和世界提供了一種選擇，不但在經濟、政治、文化發展途徑上給佔據世界百分之八十的發展中國家和人口以借鑑，也同樣給步入後現代的西方世界以補缺和啟發。正如《金融時報》（*Financial Times*）等評論認為的那樣，西方國家所認為的「現代化」和「全球化」就是全世界效仿西方發展途徑，而「中國模式」的意義則是顛覆西方定義壟斷的「現代」的內容，重新定義「現代」的含義，為之補充新的給養，而這不單單是一場有形制度的變革，更是一場全球意義下的文化變革。

## 五、世界價值體系中的「中國價值」

### （一）西方的「世界價值體系」與「不輸出」的中國

與世界政治體系、世界經濟體系、世界外交體系等概念一樣，由價值觀和價值評判構成的價值體系也是世界秩序中重要的一環。長期以來，我們處於一個「西方的時代」，而當代世界更是被稱為美國的世紀。美國一直在向世界輸出各種無形的、精神層面的價值，如自由、民主、人權、治理等，它們都是基於美國及西方本土的歷史和經驗所形成的價值規範，並非放之四海而皆準的靈丹妙藥，但長久以來這些西方價值卻變成了「普遍價值」，即所謂的人類社會的普世價值，被一些人視為世界價值體系的全部，向世界其他國家，尤其是非西方國家進行輸出。中國與之正好相反，儘管中國與美國、與世界各國的聯繫越來越緊密，無論在「有形」的物質領域、經貿領域，還是在「無形」的國際交流方面，卻一直不是一個向世界主動「輸出」價值的國家。

我們需要清楚的是，世界價值體系的「價值」主要是指「政治意識形態和政治價值」。儘管如墨家思想、孔孟之道、毛澤東的「三個世界」等中國思想也在世界上廣為流傳，但是這並不是中國強加給世界的中國影響，不是以中國國家為主體的一種有意識、有計劃的價值輸出行動，並非是一種經常性的、大量的、持續的外交政策行為，而是潛移默化的、從客體選擇的角度看待的中國影響力。

因此，我們可以說，在過去的一個世紀（即辛亥革命以來），中國一直是一個向外部世界學習、借鑑、引進和吸收的國家，而並非一個有意識地向外輸出價值觀的國家。這種「不輸出」雖然一方面具有「韜光養晦」精神的內涵，另一方面卻是中國與外國在軟實力和問題解決方案方面的失衡。今天，西方正在面臨經濟、政治和社會方方面面的挑戰與危機，可以說，西方的危機也是西方價值的危機，這種西方價值等同於普世價值的觀點完全可以被視為是西方的價值霸權，這些價值不但在西方社會帶來了危機，如二〇〇八年金融危機的深層問題就蘊藏在資本與政治權力的不平衡裡，也給非西方國家帶來了混亂和失衡，比如在推行「選舉民主」的烏克蘭爆發的「橙色革命」（Orange Revolution）所帶來的混亂。在「黨爭民主」不斷而導致中產和基層民眾社會分裂的泰國等第三世界國家，奉西方價值觀為圭臬所實行的制度往往並沒有給這些國家帶來預想中的幸福，反而加重了失序、混亂和危機。

而與此同時，中國卻正成長為世界第二大經濟體、世界上最大的貨物出口國。改革開放以來的三十多年，中國主要是進口外國的解決問題的價值和方案，但卻沒有把中國自身的國內治理經驗轉化為解決全球問題的方案，沒有提出和認識到中國既可以也需要把自身的經驗轉化為全球治理的經驗，為解決世界性的治理問題提供貢獻。

事實上，中國的「輸出」不僅是當今和未來中國「有能力」做的事，更是一種必要和必需。首先，中國作為關鍵的國際結構性權力不具備有力的國際話語權，在物質層面快速崛起卻伴隨著價值層面的缺失導致了中國與世界關係的失衡。改變自身缺乏國際話語權的局面，這是中國發展與世界前景中所必須解決的問題。第二，西方價值應該僅僅被視為世界價值體系的一部分，不可能也不應該成為全球價值的全部，而其他非西方文明下的社會、民族、文化與歷史都在世界價值體系中佔有重要的一席之地，儘管他們一直被主流的西方價值嚴重忽視，甚至一直以西方價值作為「普世標尺」來衡量和規制自身的文明。中國作為東亞文明圈的源頭性大國，理應在對自身的經驗和模式的整合之後，為世界價值體系做出貢獻，而不應該繼續缺席對世界問題的方案供給與價值輸出。

## （二）中國價值「有哪些」及中國價值的再認識

那麼，什麼是中國價值呢？當今世界對中國的理解仍然存在問題，中國自身也對自身認識不清。中國是一個擁有漫長歷史和複雜的國家，現代與古代歷史延續卻又分隔，其複雜性、多樣性和包容性是理解中國的關鍵和難點所在。在認識中國問題上，許多西方人對中國存在著簡化認識的偏差，看到的是一個想像中的國家，或者把「中國問題」脫離了「中國是什麼」去考慮。

事實上，在認識中國價值這個問題上，必須基於對中國的複雜性、多樣性和歷史經驗的理解。中國是一個歷史悠久的文明體，擁有其獨特的文化特質以及衍生出來的多元的價值。中國的傳統價值與現代價值在當代中國的血液裡並存，即使是由西方引進的自由、民主等價值，也經過中國價值體系的內化，成為獨特的價值元素，與中國自身的價值共存。因此，中國本身就是一個多元性和多樣性的價值體系，它內部存在著幾種不同的價值：

**一是中國傳統及歷史貫穿的價值**。從古代傳承至今，它包含儒家學派及諸子百家的思想，但又不僅限於此。中國價值並非是單一的，而是多種官方及民間價值傳統的綜合體。中共總書記習近平在中共中央政治局第十八次集體學習會議上指出：「歷史雖然是過去發生的事情，但總會以這樣那樣的方式出現在當今人們的生活之中。中國傳統思想文化的根源在社會生活本身，是人們思想觀念、風俗習慣、生活方式、情感樣式的集中表達。」也就是說，中國悠久的歷史和「非正式制度」的文化至今仍然是中國價值的重要組成部分。

**二是中國現代化進程中所帶入的一系列價值**，主要以西方價值為主，如自由市場等，它們與中國的具體經驗結合，成為中國現代化過程中誕生的「新價值」。正是這一過程，使西方價值進一步在東方人口眾多的大國傳播，從而更進一步靠近「普世價值」的影響力。

**三是獨一無二的當代中國的社會結構和歷史經驗所產生的價值**，尤其是在現代中國基於自身歷史特性選擇自己道路、解決自身問題、治理自身困境過程中所產生的價值。這些價值可能難以具體認定，但卻真實存在，如中國現代化進程中的經驗、方式、教訓，以及解決和面對現代性帶來的問題、困境和反思，應對各種危機的方式方法，處理相關如中央與地方關係、國家與社會關係等多種關係中的經驗，以及從中形成的「中國方法」和「中國模式」。打造一個有生命力、競爭力的中國模式，是國家治理現代化的目的，也是中國未來發展所必經的探索，說到底，就是建設和發展中國特色社會主義制度。

在二〇一三年曲阜孔子研究院座談會上，中共總書記習近平指出：「在政治上『資本主義終極理論』動搖了，社會主義發展出現奇跡，西方資本主義遭遇挫敗，金融危機、債務危機、信任危機，自信心動搖了。西方國家開始反省，公開或暗自比較中國的政治、經濟和道路。」這種「資本主義終極理論」的動搖，就是世界經濟政治格局發生改變的結果，經濟危機背後是政治危機，政治危機根本在於政治制度所賴以建構的價值的危機。因此，中國模式本身就是中國價值，而中國制度如民主集中制本身，就是中國價值在實踐中的呈現。

## (三) 二元對立的西方文明觀與兼容並包的中國價值觀

西方價值在世界價值中佔據優勢和主流，西方人也一直認為自己的價值相比其他文明體有著過人之處。英吉利海峽兩岸始創了「文明」（civilization）一詞，埃利亞斯（Norbert Elias）等學者概括了「文明」最初的用法：「它包括了西方社會在最近兩三百年內所取得的一切成就……它們的技術水準、禮儀規範、科學知識和世界觀的發展。」他們認為文明是和現代性聯繫在一起的，而現代性及與之相關的資本主義、民族國家、民主制和工業化則意味著一種必然的進步。這其實本身隱含著一種觀念，即將其他文明視為「文明之外的荒地」，其他的文明和價值都是落後的，因此需要代表「文明」的西方價值傳播過去帶他們「走出野蠻」，使其獲得「文明的現代性」。當然，如果通過貿易、殖民、生活方式、外交和戰爭多管齊下，把某一地區自身的經驗和理念投射和輸出到全球，那麼這種價值本身就佔據了「居高臨下」的位置。但是實際上，正如前所述，西方價值和其他價值一樣，都是世界價值體系的一部分，也都有自己的局限性，加之當今世界因西方價值的輸出而導致的西方及非西方國家的危機，西方價值的缺陷之處恰恰需要我們把目光投向西方之外。

二〇〇六年，中國國家主席胡錦濤在耶魯大學的演講中提到中華文明的四大特徵：注重以民為本，尊重人的尊嚴和價值；注重自強不息，不斷革故鼎新；注重社會和諧，強調團結互助；注重親仁善鄰，講求和睦共處。這四點特徵道出了崛起中的中國關於一個理想的世界應該是什麼樣的歷史性構想，也突顯了中國視角下的全球治理不可或缺的價值。這種求同存異、互相尊重的「大同世界」價值，正是源自獨一無二的中國價值，與現行主流的西方價值具有本質上的不同，即從起點上就將個人的價值和權利置於社會秩序的整體規範當中，而非如西方一樣，把「理性人」的個體利益作為建設全球秩序的出發點。

同時，中國價值的很多部分，其價值本源就是具有全人類關懷的。儘管隨著民族主義的傳入以及隨著西方理念席捲全球的民族國家的構建，中國也具有民族國家的價值理念，但其實中國始終沒有失去其超越了民族國家這一狹隘概念的更高境界、更大格局的價值。中國人秉持的是天下觀，不局限於一城一國，而是以全人類為關懷對象。然而，與基督教和伊斯蘭教等宗教性的「人類關懷」仍有不同，中國價值是世俗的、多元的、寬容的，不因為某個神靈或者人物（比如耶穌或真主）作為信仰的標的，也不排他，反而強調多種價值的和諧共處。「和諧世界」正是基於中國文化傳統中的系統觀、整體觀而提出的處理全球政治倫理、國際關係問題的理論。在中國價值裡，「大同世界」不意味著「同一」，而是「和而不同」，即尊重差異、尊重特性，多種價值、立場互相尊重、互相包容、互相理解地共存。它不僅僅解釋和解決了中國自己發展道路的問題，也是建立全球治理新秩序的有效原則，致力於實現建立公正的世界的目標。這恰恰與歐美以往通過改造和征服另外的文明來建立秩序的方式不同。正如中國在非洲等第三世界國家所進行的對外援助和合作並不是宏觀外交政策上的新殖民主義，而近期一些商業取向的行為體模仿歐美去非洲開拓的行為，反而破壞了中國價值中的良性與積極。此時我們更應該認識到中國價值的意義，它更符合未來人類多元共存、共同發展的現實需要。

## （四）中國價值的建構與輸出

未來，中國在價值建構和輸出上應該兼顧兩個方面：宏觀基礎性價值和中觀方案性價值。宏觀基礎性價值是層次最高的一種價值，是對世界價值體系最基礎性、根本性問題的貢獻，解決世界價值體系最基礎性的缺陷和問題。而中觀方案性價值，即在世界價值體系的基礎性框架下，就如何解決具體的困境和危機做出回答的指導。

其中，宏觀基礎性價值可以被視為中國價值的「大道」層面，包含大同世界、天人合一、公正等價值。大同世界觀念自誕生起就未局限於國別和種族等，而是一種超越性價值，非常適合國際社會多種主體並存、沒有單一「權力極」的現實治理需要，這一點與歐美一些思想家的「世界政府」思想異曲同工，都有助於在更廣闊的主體間建構新型的國際關係和治理體系。

可持續發展、科學發展觀可以視為「天人合一」的當代表述。「天」即自然，而人與自然是密不可分的統一體，相互影響，互相依存。尤其在現代工業和物質文明飛速發展的今天，提倡對環境的可持續發展，就是合理地維護、使用自然資源，是建立在社會、經濟、人口、資源、環境相互協調和共同發展基礎上的發展，其宗旨是既能相對滿足當代人的需求，又不能對後代人的發展構成危害。

而這正是中國自古以來「天人合一」觀的用武之地，對人類如何理解發展、如何選擇發展路徑、如何與環境共存提供了巨大的智慧和道義支持。

公正，則可以視為不同文明之下的人類社會共同的追求。中國國家主席習近平在很多場合都提到公正，並要求將公正作為原則貫穿在制度機制、法律規定和政策之中，主題是「制度公正」。中國的「公正」並不僅僅等同於「equality」或者「justice」，它是兼顧二者的一種價值，是亞里斯多德所說的「終極善」（self-sufficiency）的價值，無論是怎樣的制度安排、經濟分配和治理手段，最終都需要為大眾提供相對公正的社會環境，這也是深植於人類共性中的追求。在制度公正中，司法制度的公正最為重要，正如中共中央總書記習近平在二〇一三年中央政法工作會議和《慶祝全國人民代表大會制度成立六十週年大會上的講話》中所說的，「要深入推進公正司法，深化司法體制改革，加快建設公正、高效、權威的司法制度，完善人權司法保障制度，嚴肅懲治司法腐敗」，最終要達到「讓人民群眾在每一個司法案件中都感受到公平正義」的目標。這一論述和追求不僅僅是當代中國政治的目標，更深遠地說，是來源於中國古代對「為公」、「為政，正也」的歷史基底，是中國歷史至今不曾斷裂的，對如何秉持公正、如何抵達公正的一種追求。而民主、平等等價值，在公正的社會中都會有所體現。對於全球治理而言，公正的國際環境和國際社會，也是新型、健康的全球治理體系所不可或缺的。

第二章

# 全球治理的戰略框架

## 一、中國崛起對全球治理的影響

改革開放以來，中國的經濟面貌發生了翻天覆地的變化，二〇一〇年超過日本成為世界第二大經濟體，二〇一三年超過美國躍居世界第一貨物貿易大國，近年來中國對世界經濟增長的貢獻率超過百分之三十，中國的崛起在國際社會上已經成為一個無可爭辯的事實。

中國的崛起得益於融入全球治理體系，全球治理體系的改善也離不開中國的智慧與貢獻。二十世紀七〇年代以後，國際環境的改變以及中國國內政治的好轉為中國參與全球治理體系提供了前提，在經歷了恢復聯合國合法席位的艱難歷程以及「從黑髮人談成白髮人」的十五年入世談判之後，中國逐步由全球治理體系的「旁觀者」轉變為「參與者」。除了聯合國（一九七一年）、世界貿易組織（二〇〇一年），中國還恢復了在國際貨幣基金組織（一九八〇年）、世界銀行（一九八〇年）等國際機構的合法席位，並恢復或加入了國際民航組織（International Civil Aviation Organization，一九七一年）、世界衛生組織（World Health Organization，一九七二年）、國際原子能機構（International Atomic Energy Agency, IAEA，一九八四年）等一些主要的國際組織。

中國在全球治理體系中的地位問題一直引人注目，有人質疑中國在全球治理體系中「搭便車」，事實上，中國一直在盡己所能有所作為。伴隨經濟社會的迅速發展，中國融入全球治理體系的腳步也不斷加快。中國崛起對全球治理的方方面面都產生了重要影響，不僅在現有全球治理框架之下同其他國家通力合作為全球治理貢獻力量，還參與到全球治理體系改革進程之中，從過去的旁觀者轉變為參與者，進而成為積極的構建者。

## （一）中國崛起為全球治理增添力量

隨著中國經濟實力逐漸增強，中國在全球治理多個方面發揮的作用也日益增多。在全球安全方面，為維護世界和平與穩定，一方面中國積極倡導裁軍，二十世紀八〇年代中國就開始大規模裁軍，從一九八四年開始，先後裁軍一百七十萬，二〇一五年九月三日，中國國家主席習近平宣佈中國將繼續裁軍三十萬，中國的裁軍行動證實了維護世界和平的決心和毅力；另一方面還積極參與聯合國的維和行動，中國不僅是聯合國維和費用的第六大繳費國，還是常任理事國中維和部隊人數最多的國家。二〇一五年九月，中國國家主席習近平出席聯合國大會時宣佈中國將加入新的聯合國維和能力待命機制，率先組建常備維和警隊，並建設八千人規模的維和待命部隊，中國將在維護全球安全上繼續貢獻力量。❶

在全球經濟方面，中國積極參與到全球經濟治理當中，勇於承擔責任，為世界經濟的穩定增長發揮了重要作用。第一，中國為所參與的國際金融機構做出了巨大貢獻，中國在世界銀行的認購股份佔百分之五·七六（一百二十九億美元），是僅次於美國和日本的第三大會員國。二〇一〇年，中國向國際開發協會第十六次補充資金會議支付了一億六千一百萬美元，並向其他信託基金注資。二〇〇六至二〇一一年，作為各種全球縱向基金的信託人，中國還向世界銀行提供了八千萬美元，其中包括全球環境基金（Global Environment Facility, GEF）、適應基金（The Adaptation Fund, AF）、特別氣候變化基金（The Special Climate Change Fund, SCCF）以及抗擊愛滋病、結核病和瘧疾全球基金（Global Fund to Fight AIDS, Tuberculosis and Malaria, GFATM）等。二〇一四年，中國向亞洲開發銀行注資六千五百萬美

❶ 習近平：《攜手構建合作共贏新夥伴，同心打造人類命運共同體》，在第七十屆聯合國大會一般性辯論時的講話，二〇一五年九月二十八日。

元，向技術援助專項基金（TA Special Fund）注資六百四十一萬美元，二〇一二年向中國減貧與區域合作基金注入補充資金兩千萬美元。第二，中國在國際金融危機時期發揮中流砥柱的作用，在力保本國經濟增長的同時，還和其他國家通力合作，為國際社會共同應對危機、穩定全球金融和經濟增長貢獻出重要力量。尤其在二〇〇八年國際金融危機時期，中國積極採取措施進行救市，大力穩定國內就業和經濟發展，中國的高增長不僅助推新興市場經濟實現強勁復甦，還為全球經濟的恢復和發展增添信心。

在對外援助方面，隨著中國經濟實力的不斷增強，中國政府在對外扶貧和開發援助方面也更為有力。二〇〇〇至二〇一二年，中國提供各類對外援助共計兩千五百多億元人民幣，在南南合作框架（泛指發展中國家間的合作，因大部分發展中國家地處南半球或北半球的南部而得名）下向一百二十多個發展中國家提供了援助，如援建基礎設施和工農業生產項目，提供各類物資和設備，派遣專家開展技術合作，派遣醫療隊和志願者，提供緊急人道主義援助，舉辦人力資源培訓等。在衛生領域，中國對外援建了四十多所醫院和三十所瘧疾防治中心，提供了大量醫療設備和抗瘧藥品，先後向五十三個國家派遣了醫療隊。豐富的外援行動表明，中國正在以負責任的大國的姿態承擔促進全球共同發展的責任和義務。

## （二）中國崛起推動全球治理體系改革和完善

當前國際政治經濟體系的主導權依然掌握在西方發達國家手中，全球安全、貿易、金融等多項規則均服務於西方發達國家，發展中國家不得不認同和接受西方發達國家主導的國際體制、國際規則和國際關係理念。在這種不平等的國際政治經濟體系中，發展中國家在經濟發展等多方面受到了西方發達國家的壓制，例如國際貿易中存在的「剪刀差」（price scissors），使得發展中國家和發達國家之間的經濟差距進一步增大，而發展中國家無力改變這一現狀。

作為全球最大的新興經濟體和發展中國家，中國在國際社會中逐步具備了一定的影響力和話語權，更為重要的是，中國認識到當前國際社會存在著不平等的國際政治經濟體系，並開始利用自身的發言權逐步推動全球治理規則改革和完善，促進國際體系轉型發展。中國在國際貿易、國際金融、氣候變化、環境保護等領域發出了自己的聲音：在國際貿易領域，積極參與世界貿易組織多哈回合談判，並在談判中積極提出提案，在國際貿易規則的制定過程中維護自身及其他發展中國家的利益；在國際金融領域，呼籲全球金融治理體系進行改革，在歷次二十國集團會議上都提出主張和倡議，強調制度化建設，倡導建立國際金融新秩序，在金磚國家機制框架之下建立金磚國家新開發銀行和金磚國家外匯儲備庫（Foreign Currency Reserve Pool BRICS），還籌備建立了亞洲基礎設施投資銀行，為全球金融治理體系注入新動力；在氣候變化領域，中國在氣候變化大會和氣候談判中多次強調「公平」和「共同但有區別的責任」原則，團結發展中國家，共同維護發展中國家的發展權益；在環境保護領域，中國加強了對國內環境保護的力度，還積極同其他國家開展環境領域的務實合作，並分享治理經驗，在二〇一三年召開的聯合國防止沙漠化會議（United Nations Convention to Combat Desertification）上，中國代表團與會代表介紹了中國防治荒漠化理念，並積極向國際社會推介了在治沙領域取得顯著成績的中國企業和個人，獲得各方高度評價。

總體來看，中國崛起不僅為全球治理增添了一支重要力量，豐富了全球治理的內容和經驗，還為全球治理體系的改革和完善提供了內在動力，中國提出的建立公正合理的國際政治經濟新秩序對於提高新興經濟體和發展中國家在全球治理體系中的地位意義重大，在充分發揮中國影響力的同時，推動全球治理體系更加公正和合理。

## 二、全球治理體系頂層設計與改革和中國的貢獻

「頂層設計」（Top-Down Design）原本是一個工程學概念，本意是指統籌考慮項目各層次和各要素，追根溯源，統攬全局，在最高層次上尋求問題的解決之道。而將「頂層設計」用於全球治理體系和全球治理進程當中，則意味著面對全球性的問題時，需要各個國家和組織通力合作，共同搭建對話、交流和協商的平台，為匯聚頂層智慧、聚集全球資源、以更宏大的視野和更全面的角度解決和處理問題提供可能。

因為全球治理需要解決的是世界性的問題，是人類共同發展所遇到的難題，因此需要各個國家、地區和國際組織通力合作，多元的加入者更需要一個統籌的機制，才能把力量最大限度地發揮出來，各個國家之間也需要一個平台來充分交換意見、達成共識、出謀劃策。因而，以二十國集團為代表的全球治理體系的頂層設計平台應運而生，為全球治理體系開闢了新的發展思路，為解決全球性問題提供了更堅固的保障。可以說，頂層設計不僅僅是全球治理體系藍圖的構建，更是為解決人類發展中的問題而做出具有前瞻性、全面性、共贏性、可行性的計劃和安排。

二〇〇八年國際金融危機之後，中國開始主動塑造全球治理，積極參與全球治理體系頂層設計與改革。二〇一六年由中國主辦二十國集團峰會，作為一個全球性組織、國際經濟合作協調的首要全球性論壇，二十國集團已經成為全球治理溝通交流的最重要平台，需要為全球治理做出頂層設計，並拿出推進方案。而中國作為此屆峰會的主席國，則需要在承繼既有成果、推進體制發展的前提下，帶頭應對全球經濟治理面臨的主要挑戰。從更高層面上講，中國不僅已經意識到自身應該在全球治理體系的頂層設計

中貢獻應對具體問題的方案和經驗，更應該推動國際政治經濟治理體系進一步發展和完善，並已經有所行動，在全球治理機制以及理念方面都貢獻了中國智慧。

首先，中國積極推動現有全球治理體系改革。

以聯合國為中心的全球安全與和平治理體系、以國際貨幣基金組織和世界銀行為基礎的全球金融體系以及以世界貿易組織為核心的全球自由貿易體系的主導權長期掌握在西方發達國家手中，隨著全球政治經濟形勢的變遷，新興經濟體的興起使全球治理體系面臨著經濟發展水平與話語權不相適應的矛盾局面，改革現有全球治理體系已成為眾多新興發展中國家的共識。

中國積極承擔起推進全球治理體系改革的重任。第一，堅持推動新興市場國家在國際貨幣基金組織和世界銀行等國際經濟機構中的投票權改革。二〇一〇年十一月五日，國際貨幣基金組織總裁卡恩宣佈，執行董事會批准了份額和治理改革方案，根據該方案，國際貨幣基金組織的份額將增加一倍，發達經濟體向新興市場和發展中國家轉移約百分之六的份額。二〇一五年十二月，美國國會批准了國際貨幣基金組織二〇一〇年份額和治理改革方案，標誌著這項改革即將正式生效。改革完成後，中國的份額將從百分之三・七二上升至百分之六・三九，投票權也將從百分之三・六五上升至百分之六・〇七，並且成為國際貨幣基金組織第三大成員國。與此同時，中國將繼續支持基金組織完善份額和治理結構，確保國際貨幣基金組織成為以份額為基礎、資源充足的國際金融機構。

第二，中國積極推動人民幣加入特別提款權貨幣籃子。中國為推動人民幣納入特別提款權貨幣籃子實施了多種改革措施，包括匯率市場化定價、放開利率管制、向國際貨幣基金組織公開外匯儲備數據、放開銀行間債券市場和外匯市場等。在中國的多重努力下，二〇一五年十二月，國際貨幣基金組織正式批准人民幣進入特別提款權，這對進一步推動國際金融體系改革意義重大。人民幣成為與美元、歐元、英鎊和日圓並列的第五種特別提款權籃子貨幣，為特別提款權注入了新動力，使得國際儲備貨幣越來越多樣化。這也是中國為全球金融治理體系改革所做出的重要貢獻之一。

其次，中國在現有全球治理機制框架基礎之上推動「增量」改革，積極提出促進全球政治經濟平衡發展的中國方案。

**第一，中國參與成立金磚國家合作機制並主導設立金磚國家新開發銀行，豐富了新興市場國家參與全球治理的方式**。二〇〇九年六月，中國、俄羅斯、印度和巴西四國領導人在俄羅斯舉行首次會晤，並發表《「金磚四國」領導人俄羅斯葉卡捷琳堡會晤聯合聲明》。二〇一〇年四月，第二次金磚四國峰會在巴西召開並發表了《聯合聲明》，就世界經濟形勢等問題闡述了看法和立場，並商定推動金磚四國合作與協調的具體措施，這標誌著金磚國家合作機制初步形成。南非於二〇一〇年十一月申請加入。此後，金磚國家之間的合作不斷深化發展，有效地維護了新興國家和發展中國家的利益，成為國際舞台上一支重要的政治經濟力量。

二〇一四年七月，第六次金磚國家領導人峰會在巴西福塔萊薩（Fortaleza）召開，會議決定建立金磚國家新開發銀行和金磚國家外匯儲備庫，標誌著金磚國家在金融領域的合作正式成為現實。金磚國家新開發銀行啟動資金為五百億美元，核定資本為一千億美元，總部落戶中國上海。金磚國家外匯儲備庫規模為一千億美元，其中中國提供四百一十億美元，俄羅斯、印度和巴西分別提供一百八十億美元，南非提供五十億美元。金磚國家在金融領域的合作是對傳統全球治理的一種有效補充，不僅有利於深化成員國的協作和發展，也有利於其他國家的經濟復甦和增長。金磚國家新開發銀行和金磚國家外匯儲備庫是中國參與全球治理的重要平台，中國作為全球第二大經濟體、第一大外匯儲備經濟體，積極承擔起推動新興市場國家發展的重任，體現了中國作為一個負責任大國的承諾。

**第二，中國積極提出「一帶一路」倡議，創新現有全球治理機制模式。**二〇一三年中國國家主席習近平先後提出建設共商、共建、共享的「一帶一路」倡議，「一帶一路」發端於中國，聯結中亞、東南亞、南亞、西亞以及歐洲地區，充分發揮沿線國家的稟賦優勢，加強各國的互補性經濟合作。在當前全球經濟增長乏力的形勢下，中國試圖通過「一帶一路」倡議加強國家間經濟合作，為全球經濟尋求新的經濟增長點。「一帶一路」沿線多為新興市場國家和發展中國家，各國資源稟賦不同，經濟合作潛力巨大，可以通過「政策溝通、設施聯通、貿易暢通、資金融通和民心相通」實現沿線各國互利共贏、攜手發展。

此外，為配合「一帶一路」倡議，中國於二〇一四年宣佈出資四百億美元設立絲路基金。「一帶一路」建設的項目涉及大規模基礎設施建設，對資金具有較大需求，而設立絲路基金正是從金融上支持「一帶一路」倡議的重要嘗試。絲路基金通過中長期的股權投資，滿足「一帶一路」建設中的資金需求，同時按照市場化、國際化、專業化原則運作，投資於具有經濟效益的項目，確保投資有質量、有回報。

中國提出的「一帶一路」倡議以及絲路基金對於現有全球治理體系是一次創新，在全球經濟增長緩慢的背景下，中國以打造「命運共同體」的合作理念，通過互聯互通，促進沿線國家共同發展，也為世界經濟繁榮和發展貢獻力量，再次展現了中國作為大國應有的責任與擔當。

**第三，中國主導成立亞投行，對以國際貨幣基金組織和世界銀行為基礎的全球金融治理體系是一個有益的補充。**當前，全球基礎設施建設進入加速發展時期，據亞洲開發銀行估計，二〇一〇至二〇二〇年間，亞洲地區需要八兆美元資金投入基礎設施建設，才能支撐目前的經濟增長水平。亞洲之外的地區也具有龐大的基礎設施建設需求。然而，基礎設施建設融資缺口較大，難以滿足當前基礎設施建設的資金需求，國際貨幣基金組織和世界銀行等國際金融機構不願向亞洲基礎設施建設上投入資金，其投資附加條件也往往令發展中國家望而卻步。這也突顯出現行全球金融治理體系中存在的問題，對其進行改革可以說迫在眉睫。

中國主導成立的亞投行很好地補充了全球金融治理機制，國際貨幣基金組織、世界銀行以及亞洲開發銀行等金融機構擔負著諸如社會發展、減貧、融資等多種責任，而亞投行專注於基礎設施建設融資，可以有效地彌補現有基礎設施建設融資缺口，在減輕現有金融體系負擔的同時推動國際金融體系的改革，使其更有效地服務於各國的金融需求。

除此之外，中國還將當前全球政治經濟形勢與中華文化中的治理理念相結合，推動全球治理理念創新發展。

**第一，中國提出並弘揚共商、共建、共享的全球治理理念，致力於打造「人類命運共同體」**。中國認為一個公正合理的全球治理體系，不應該由任何一國主導或掌控話語權，全球治理規則的制定必須由所有國家共同協商和建設，而治理的成果則由所有參與者公正地共享。當前全球治理機制中仍存在很多不公正、不合理的安排，中國會積極推動各國在國際經濟合作中權利平等、機會平等、規則平等，努力使全球治理體制更加平衡地反映大多數國家的意願和利益，努力創造一個各盡所能、合作共贏、奉行法治、公平正義、包容互鑑、共同發展的未來。

**第二，中國還豐富發展了全球安全與和平治理理念，提出「新安全觀」及「共同、綜合、合作、可持續」的安全理念**。二〇〇九年九月，中國國家主席胡錦濤在聯合國大會發表演講，闡述了「互信、互利、平等、協作」的新安全觀，主張各國遵守公認的國際法和國際關係基本準則，通過對話、協商和談判解決衝突和爭端，在平等互利、相互信任的基礎上，擴大交流，加強合作，共同應對各種安全挑戰和全球性問題，以實現共同安全。❷這是中國對於全球安全與和平治理提出的重要理念之一。對於亞洲安全，雖然當前亞洲整體局勢穩定，但是傳統及非傳統安全威脅始終存在，中國充分考慮了當前亞洲安全與區域合作和發展的關係，提出了「共同、綜合、合作、可持續」的新亞洲安全觀，強調中國將同各方一道，推動在亞洲相互協作與信任措施會議（Conference on Interaction and Confidence-Building Measures in Asia, CICA，簡稱「亞信會議」）基礎上探討建立地區安全合作新架構，努力走出一條共建、共享、共贏的亞洲安全之路。

## 三、全球治理議題設置與中國的貢獻

隨著全球化的發展，人和國家面臨越來越複雜的全球問題，諸如全球金融危機、氣候變化、難民問題等，這些問題超越了某個國家或某個國際組織的能力範圍，全球層面的合作早已不可避免。在全球治理進程中，全球治理主體針對某項全球問題設置相關議程，通過某種形式的對話平台，將其他國家的注意力吸引到這一議題中進行討論和協商，對該問題達成某種共識或提出具體對策，最終達到解決全球問題的目的。這一議題設置的過程是全球治理的重要組成部分，國際合作正是在提出問題和解決問題中實現的。對於議題設置主體來說，議題設置能力體現了一國或國際組織對當前國際形勢的認識和思考，還展現了議題設置主體的國際威望和軟實力。

❷ 胡錦濤：《同舟共濟共創未來》，在第六十四屆聯合國大會一般性辯論時的講話，二〇〇九年九月。

在全球問題頻發的國際社會中，中國無疑是參與全球治理的「後起之秀」。中國恢復或加入重要的國際組織時間較晚，而且在很長一段時間中擔任的角色無足輕重，雖然中國的經濟增長一直為世界矚目，但是卻經常被指責為「搭便車者」。金融危機之後，中國不再以沒沒無聞的參與者身份出現在全球治理平台中，而是以更積極的姿態構建全球治理體系，在全球治理議題設置過程中，中國也開始貢獻自己的力量。

## （一）中國通過舉辦大型國際會議，引導國際社會關注全球治理重要議題

羅伯特・基歐漢（Robert Owen Keohane）和約瑟夫・奈（Joseph Nye）在《權力與相互依賴》（*Power and Interdependence: World Politics in Transition*）中提到傳統政治家如何決定議程設置，基本上取決於國際形勢均勢的變化或者國家感受到的軍事威脅。在當前複合相互依賴的形勢之下，議程設置並非僅是傳統政治家所關注的軍事問題，某些非軍事問題的重要性堪比軍事問題。全球治理的議題範圍從均勢時期的戰爭與和平延伸到全球化時代的國際金融和貿易、能源、糧食、氣候變化等問題上，大型國際會議主辦國的議題設置能力受到直接考驗。

近些年來，中國舉辦了亞太經濟合作組織峰會、亞信峰會、世界互聯網大會等國際會議，二十國集團峰會也成為中國主場外交的重要內容。在這些國際會議上，中國通過議題設置一方面展現了對國際形勢的認識，另一方面還將中國自身解決國際問題的經驗轉化為議題，成為全球關注的焦點。

**第一，中國將全球治理熱點問題納入議事平台。**後金融危機時代，世界經濟復甦疲軟，貿易投資低

迷，全球金融市場不確定性因素增加，如何促進全球經濟穩定增長依然是全球治理的核心問題。作為金融危機後最重要的全球經濟金融治理平台，二十國集團一直倡導推動國際金融體制改革，通過發達國家和發展中國家之間的合作，促進世界經濟的穩定和持續增長。中國於二十國集團第十一次峰會，在議題設置上，中國圍繞「構建創新、活力、聯動、包容的世界經濟」的主題，重點討論「創新增長方式」、「更高效全球經濟金融治理」、「強勁的國際貿易和投資」、「包容和聯動式發展」四大議題。中國在二十國集團峰會上設置的議題得到了多方認可，國外學者認為，此次峰會第一次將發展問題置於全球宏觀政策框架的突出位置，第一次圍繞落實二〇三〇年可持續發展議程制定系統性行動計劃，中國發揮的引領作用非常重要。

**第二，中國將自身治理問題或經驗轉化為議題引導討論**。當前，全球治理面對的是各種全球規模的問題，諸如核擴散問題、氣候變化和環境保護問題、能源問題、糧食問題等，這些全球性問題的解決依靠幾乎所有國家的參與和合作。中國也面臨著全球性問題的困擾，隨著中國參與全球治理的程度不斷加深，中國充分利用主場外交的機會就某些全球性問題設置議題，引導與會者進行討論，為逐步解決問題添磚加瓦。例如，在烏鎮舉辦的世界互聯網大會吸引了全球的關注。

互聯網時代，資訊化進程飛速發展，全球面臨著互聯網治理的難題，中國通過舉辦世界互聯網大會就互聯網治理問題發起全球倡議，在二〇一五年的世界互聯網大會上，中國設置了全球互聯網治理、網絡安全、互聯網與可持續發展、互聯網知識產權保護、技術創新等議題，一方面分享中國在治理互聯網過程中的經驗和方法，另一方面，中國也希望凝聚國際合力共同應對網絡安全等全球互聯網難題。

## （二）中國通過議題設置推動政策出台，解決全球治理難題

全球治理議題設置的目的是通過協商討論達成國際共識，出台相關政策，最終解決全球治理難題，中國在這一方面也做出了一些貢獻。

在促進亞太區域合作方面，金融危機之後，全球區域化進程進一步發展，在經濟貿易領域，各個國家都大力推行自由貿易協定，美國主導的跨太平洋夥伴關係協定和跨大西洋貿易與投資夥伴協定更是囊括亞太地區和大西洋地區的多個重要國家。在此背景下，亞太地區的區域合作更顯重要。二〇一四年，北京舉辦了亞太經濟合作組織第二十二次峰會，此次會議以「共建面向未來的亞太夥伴關係」為主題，並提出了「推動區域經濟一體化，促進經濟創新發展、改革與增長，加強全方位互聯互通和基礎設施建設」三大議題。中國在亞太經濟合作組織峰會上設置的議題關係到亞太地區的繁榮發展，推動了亞太經濟合作組織的新發展，也彰顯了中國作為負責任大國的智慧和擔當。此次峰會上，中國國家主席習近平提出深入推進區域經濟一體化，打造發展創新、增長聯動、利益融合的開放型亞太經濟格局，共建互信、包容、合作、共贏的亞太夥伴關係主張，這些主張和倡議受到與會者的歡迎和支持，會議最終達成共識，並體現在了會議成果之中。會議批准的「亞太自貿區路線圖」和「亞太經濟合作組織互聯互通藍圖」等重要成果，為開創亞太區域融合、推動共同發展開闢了新篇章。中國在會上設置的議題最終轉化為實際政策，在推動亞太區域合作上發揮了重要作用。

在維護區域和全球安全方面，中國也通過議題設置推動了反恐合作的發展。

上海合作組織是在中國成立的第一個國際組織，其前身是由中國、俄羅斯、哈薩克斯坦、吉爾吉斯斯坦、塔吉克斯坦組成的「上海五國」，該機制旨在推動成員國之間的睦鄰友好關係，維護地區和世界

的和平、安全與穩定。早在「上海五國」時期，中國就提出聯合打擊國際恐怖主義。二〇〇一年六月，「上海五國」吸納烏茲別克斯坦為第六位成員國，六國元首簽署了《上海合作組織成立宣言》，「上海合作組織」正式成立。與此同時，六國還簽署了《打擊恐怖主義、分裂主義和極端主義上海公約》，這成為六國聯合反恐的法律起點。中國為上海合作組織在反恐方面的發展做出了獨特的貢獻，在隨後的機制建設、資金投入中也承擔了很多責任和義務，為中亞地區反恐合作貢獻了力量。

中國對全球治理議題設置做出的貢獻對中國自身以及全球治理體系都具有重要意義。對中國來說，議題設置能力是國家硬實力基礎之上的一種強大的軟實力，中國加強在全球治理中的議題設置能力，體現了中國在國際社會中的軟實力，這種能力表現在中國設置的議題受到全球的關注、引發國際社會的討論，還體現在設置的議題經過充分的討論協商後達成了共識並出台了相關政策文件，為進一步解決全球性問題做出貢獻。

除此之外，中國對全球治理進行議題設置，還有利於推動國際政治經濟體系改革和完善，推動國際關係民主化進程。在新興國家崛起之前，全球治理議題設置的大權長期掌握在發達國家手中，發達國家主導著世界銀行、國際貨幣基金組織等國際金融機構，發展中國家在國際組織中的代表權和投票份額都不盡如人意，國際組織的重要崗位也由來自發達國家的官員佔領，國際關係並非平等。中國在全球治理平台上的發聲代表了新興國家和發展中國家的共同利益，中國對全球治理議題設置能力的提高可以在一定程度上改善不平等的國際政治經濟體系，推動國際關係民主化進程向前發展。

## 四、全球治理規則制定與中國的貢獻

第二次世界大戰以來，以美國為首的西方國家建立起以聯合國、世界銀行、國際貨幣基金組織、世界貿易組織等國際組織為核心的全球治理體系，依靠規則和制度治理世界，解決全球問題。目前，全球治理體系處於轉型和變革期，包括聯合國安理會、國際貨幣基金組織在內的多個國際組織，需要進行內部改革，全球治理規則和國際制度的改革和完善，成為解決當前國際社會面臨的全球性問題的必由之路。

隨著中國國力的增強，中國與全球治理之間的關係也發生了一定的變化，從最初的旁觀者到參與者再到現在的構建者，中國不僅承擔了一個大國應盡的國際責任，還試圖在全球治理規則制定方面貢獻出中國的智慧和力量。中國以規則的接受者身份參與到全球治理體系之中，同時也受益於國際規則和制度。但是，隨著中國參與全球治理的範圍逐漸擴大、層次逐漸深入，再加上當前的全球治理體系在解決全球性問題上存在缺陷，中國已經認識到在全球治理規則的制定上發出本國聲音的重要性。雖然中國作為一個新興的發展中國家，制定全球治理規則的經驗和能力不足，尚未成為真正意義上的規則制定者，但是，中國已經邁開了改革全球治理規則的步伐，在全球經濟治理體系、氣候變化和環境保護以及網絡安全等領域開啟了變革之路。

中國參與全球經濟治理取得的成果最為顯著，在推動全球經濟治理規則的改革和完善中貢獻較大。在國際貿易方面，中國在多邊、區域和雙邊貿易中齊頭並進，推動國際貿易規則向前發展。在多邊領域，雖然多哈回合談判長期停滯不前，但是中國一直積極參與談判。十多年來，中國單獨或聯合其他國家共提交了一百多份提案，其中獨立提交了六十多份案文，尤其是在規則談判中有關反傾銷「日落條款」、漁業補貼、貿易便利化以及爭端解決機制的提案都受到其他成員的重視和好評。值得一提的是，中國提出了非農產品削減的「中國公式」，因其難能可貴而受到不少成員「由衷的讚歎」。在區域和雙邊貿易領域，美國主導的跨太平洋夥伴關係協定、跨大西洋貿易與投資夥伴協定、國際服務貿易協定（Trade in Service Agreement, TiSA）一旦談成實施後將對全球貿易體系產生深遠影響，其高標準、高質量的貿易規則及邊境後規則，將成為日後自貿協定的樣本，其他國家進入猶如再次入世，美歐將重掌全球貿易體系的主導權。在這種情勢下，中國也開始構建自身的自貿協定網絡：在區域層面，大力支持東盟主導的區域全面經濟夥伴關係協定（Regional Comprehensive Economic Partnership, RCEP）談判，積極推動中日韓自貿區談判，同時完成了中國—東盟自貿區升級談判，開啟了中國和東盟經濟關係的「鑽石十年」。

在雙邊層面，中國逐步完善自身的雙邊自由貿易協定網絡，完成了中韓和中澳自貿協定談判，和挪威、斯里蘭卡等國的雙邊自由貿易協定談判也在進行當中。通過構建自身的貿易協定網絡，中國試圖在國際貿易規則的制定上增加話語權，以確保中國在國際貿易格局中的大國地位不被動搖。

在全球金融領域，中國也為國際金融規則的改革提供了思路。在國際貨幣基金組織平台中，中國積極推動國際貨幣基金組織治理結構改革，並提出了一系列改革倡議，如加快國際貨幣基金組織份額和投票權改革，提高發展中國家的代表性和發言權；提高國際貨幣基金組織負責人遴選程序的透明度和合理性，提高發展中國家中高層管理人員的比例；加強國際貨幣基金組織能力建設和監督改革；建立快速反應、行之有效的國際金融救援機制，更好地履行維護全球經濟金融穩定職責。中國提出的改革倡議推動國際貨幣基金組織向更加公平合理的方向推進，不少倡議也得到了落實。二〇一六年年初，二〇一〇年的國際貨幣基金組織份額改革正式生效，根據改革方案，約百分之六的份額將向有活力的新興市場和發展中國家轉移，中國份額佔比從百分之三．九九六升至百分之六．三九四，排名從第六位躍居第三位，僅次於美國和日本。

中國、巴西、印度和俄羅斯四個新興經濟體躋身國際貨幣基金組織股東行列前十名。另外，人民幣被納入到國際貨幣基金組織的特別提款權貨幣籃子，對推動國際貨幣體系改革也將產生重要作用。除此之外，中國還在二十國集團、金磚合作機制等平台上提出全球金融治理改革倡議，中國發起成立的亞投行、金磚國家新開發銀行等金融機構也從側面推動了全球金融體系的改革和完善。

整體來看，中國參與全球治理規則的改革和制定有以下特點：

**第一，中國在全球治理規則制定過程中靈活應對，充當發達國家和發展中國家「利益平衡者」角色。**例如，在多哈回合談判中，一方面，中國作為世界上最大的發展中國家，同印度、巴西等發展中國家在農業、服務業等領域都面臨著來自發達國家較大的市場開放壓力，因此中國和發展中成員國存在很多共同利益；另一方面，中國經濟迅速發展，對外貿易額與日俱增，中國已經成為世界貿易大國之一，某些方面的利益又與發達國家相似。這使得中國可以在多哈回合談判中擔當「中間人」角色，成為發達成員國和發展中成員國之間的利益平衡者，維護雙方利益，充分發揮平衡、橋樑作用。

**第二，中國參與全球治理規則制定的領域逐漸擴大，從傳統的全球經濟領域延伸到新興的氣候變化、互聯網治理等領域。**全球氣候變化治理關係到人類生存的共同利益，但是當前氣候治理行動中由於單邊主義、雙邊主義或小邊主義發展而導致全球氣候治理存在制度碎片化和領導缺失現象，暴露出美國和歐盟在領導制定全球氣候變化治理中的缺陷和不足。中國積極參與到全球氣候變化治理規則的制定過程中。例如，二〇一五年年底召開的巴黎氣候大會達成了《巴黎協定》（Paris Agreement），中國為該協定的達成起到了重要的推動作用。全球互聯網治理規則的制定仍處於初級階段，要達成一項全球互聯網治理協定仍需凝聚多方共識。中國的互聯網發展速度快、使用人數多，在互聯網治理方面積累了一定經驗，但同時仍面臨著諸多困難和挑戰。中國在邁向網絡強國的道路上，應該同其他國家開展國際合作、承擔國際責任，為制定全球互聯網治理規則貢獻出更多的力量，正如中國國家主席習近平在第二屆世界互聯網大會上所呼籲的：通過建立多邊、民主、透明的全球互聯網治理體系，讓互聯網發展成果惠及十三億多中國人民，更好地造福各國人民。

## 五、「一帶一路」倡議重塑全球治理

奧蘭·楊（Oran R. Young）在其經典之作《世界事務中的治理》（*Governance in World Affairs*）中提到，當今的國際事務從來沒有像今天這樣需要治理過。在世界經濟一體化空前發展的今天，全球治理的重要性不言而喻。伴隨著不同文明的融合與發展，全球問題不斷成為國家、國際組織、公民社會面臨的棘手難題，二〇〇八年國際金融危機的爆發更是表明當前全球經濟治理體系亟待改革。

以美國為代表的發達國家依然是全球治理體系的主導者，然而，國際形勢的變化卻突顯出現行全球治理體系應對全球問題時的力不從心。與此同時，新興經濟體的崛起改變了國際經濟力量對比，要求改革現有的全球治理體系。

中國作為最大的新興經濟體走在了變革之路的最前面，中國國家主席習近平在二〇一三年博鰲亞洲論壇上指出「明者因時而變，知者隨事而制」，要摒棄不合時宜的舊觀念，衝破制約發展的舊框框，「一帶一路」倡議的提出，正是中國改革完善現行全球治理模式的重要嘗試。

## 第一，「一帶一路」是中國提出的新型合作倡議。

「一帶一路」倡議為解決全球發展問題提供了一個新思路，其概念範圍涵蓋的是中國及亞太地區，最遠延伸至歐洲地區，但其互聯互通的理念和共商、共建、共享的平等互利方式以及命運共同體的意識都表明這是一個包容開放的合作倡議。「一帶一路」強調經濟領域合作的互利共贏，由於以項目合作制為主要內容，其他非「一帶一路」沿線的國家也可以參與進來，通過發揮比較優勢，形成互補、互利、互惠。在當今全球經濟復甦疲軟的形勢下，中國通過加速走出去的方式謀求新的發展機遇，「一帶一路」倡議將亞太地區國家乃至區域外國家聯繫起來，不僅為各個國家增加發展動力，還可以帶動全球經濟的復甦和發展。

面對由美國主導的跨太平洋夥伴關係協定、跨大西洋貿易與投資夥伴協定，東盟主導的區域全面經濟夥伴關係協定以及各個國家之間簽訂的雙邊或者區域自由貿易協定，「一帶一路」倡議真正體現了中國對全球治理的思考。全球治理應從解決全球問題出發，通過包容性的合作方式探尋雙邊、區域以及全球合作的領域和可能，而非以競爭性和排他性的協定畫地為牢，在追求締約國利益的同時忽視了全球整體利益。

「一帶一路」倡議開創了一種新型合作方式，具有一系列新特點。一是「一帶一路」倡議具有靈活性，「一帶一路」倡議並非固定機制，也無決策機構，更沒有統一的規章制度約束成員國，任何項目的制定和推進都取決於參與國家的協商和談判，各個國家根據本國國內經濟的優勢和需求做出選擇。二是「一帶一路」倡議具有包容性，「一帶一路」涵蓋東亞、中亞、南亞、中東、歐洲等區域，任何國家無論國內經濟發展水平、國內經濟制度和政策均可參與進來，准入門檻較低，且各國地位平等，即使中國是「一帶一路」倡議的提出者，也並非是主導者，各國均在自願原則基礎之上平等合作。三是「一帶一路」倡議內容豐富，以政策溝通、設施聯通、貿易暢通、資金融通、民心相通為主要內容，超越了經濟合作領域，將人文交流和文化交往作為溝通人心的重要內容，使各個國家的形象更為立體，有利於加強國家間的交往、便利國家間的合作。

## 第二，「一帶一路」配套設施絲路基金、亞投行等推動了全球金融治理體系改革。

二〇〇八年國際金融危機爆發以來，對全球金融體系和以美元為中心的國際貨幣體系進行改革的呼聲此起彼伏，中國也積極地參與到全球金融體系改革之中。一方面，中國支持並推動國際貨幣基金組織、世界銀行等國際金融機構的改革；另一方面，中國還提出了一系列新型融資平台，諸如亞投行、金磚國家新開發銀行等，需要指出的是，不少融資平台的提出得益於「一帶一路」倡議。

「一帶一路」倡議的首要內容是進行基礎設施建設，許多沿線國家具有大量的基礎設施投資需求，然而資金短缺卻是其最主要的制約因素，現有的國際金融機構諸如國際貨幣基金組織、亞洲開發銀行等又無法滿足資金需要。為此，中國設立了一系列國際融資平台：二〇一四年投資四百億美元建立絲路基金；二〇一五年成立包括五十七個成員國在內的、法定資本為一千億美元的亞投行；同年成立了啟動資金為五百億美元的金磚國家新開發銀行；同時，還擬建立上海合作組織開發銀行以及海上絲綢之路銀行。

中國提出的「一帶一路」倡議催生了亞投行、絲路基金等金融機制，這些配套融資平台不僅服務於「一帶一路」的基礎設施投資，從更長遠的角度看，對全球金融治理體系的改革也起到了推動作用。當前，全球金融體系改革迫在眉睫，但對諸如國際貨幣基金組織、世界銀行的改革卻因大國利益始終舉步維艱，多年改革難以達到預期目標。

中國設立的金融機制尤其是亞投行對現行以歐美為主導的全球金融治理體系產生了重要影響，雖然並不能從根本上動搖歐美的主導地位，但由此可能成為推動國際金融體系變革的內在動力。亞投行是第一個由中國主導的、有發達國家參與的國際金融機構，改變了全球主要金融機構由美國或是其盟國主導的金融局面。當然，亞投行並非顛覆現有全球金融治理體系，而是對其進行有益的補充和完善，在一定程度上促進現有機制加快改革，完善制度設計。

**第三，「一帶一路」倡議與二十國集團相互促進和發展。**

二〇〇八年金融危機爆發以來，二十國集團成為最重要的全球經濟金融治理機制，從最初在危機時解決全球金融危機、推動國際金融機制改革到後危機時代促進世界經濟復甦與增長、解決全球發展問題，二十國集團的作用呈現出逐漸減弱的趨勢。作為一個同時包含發達國家和新興經濟體的全球經濟金融治理平台，其成員國佔全球經濟總量的百分之八十以上，本應發揮更大的作用。然而，由於二十國集團機制化建設處於初級階段，後危機時期各國通力合作的理念減弱以及其提出的全球治理措施難以落實等原因，面臨的挑戰日益增多。從二〇〇八年在美國華盛頓召開第一次峰會到現在，二十國集團共召開了十次峰會，中國主辦二〇一六年首腦峰會，這次主場外交為「一帶一路」和二十國集團這兩大全球治理平台提供相互促進和發展的機會。

**一、二十國集團可以為「一帶一路」倡議提供支持。**基礎設施建設投資是「一帶一路」倡議的重要內容，而基礎設施建設也是過去幾屆二十國集團峰會的主題之一。

二〇一四年澳大利亞布里斯班（Brisbane）二十國集團峰會提出「全球基礎設施倡議」（Global Infrastructure Initiative），並成立了全球基礎設施中心，中國國家主席習近平在此次峰會上指出，「要重視基礎設施建設對經濟的拉動效應……中國支持二十國集團成立全球基礎設施中心，支持世界銀行成立全球基礎設施基金，並將通過建設絲綢之路經濟帶、二十一世紀海上絲綢之路、亞洲基礎設施投資銀行、絲路基金等途徑，為全球基礎設施投資做出貢獻」。中國主辦的二〇一六年二十國集團首腦峰會也聚焦基礎設施建設投資，通過推動多邊開發銀行採取優化資產負債表、制定高質量項目量化目標、動員私營部門資金、加強新老機構合作等方式支持全球基礎設施發展。二十國集團關於基礎設施建設投資的決議將有利於「一帶一路」國家之間進行合作，分享建設技術和經驗，尤其在融資這一關鍵環節取得進展，通過設立專項優惠貸款、成立專項基金、倡議設立金融機構等方式打通資金瓶頸。

**二、「一帶一路」倡議也可以深化二十國集團內部的互利合作**。當前，二十國集團內部也存在不少問題，發達國家和新興經濟體之間關於全球金融體系改革的矛盾不時爆發，後金融危機時期各國合作的意識也逐漸減弱，這些問題都不利於全球治理的最終成效。中國提出「一帶一路」倡議是對現行全球治理體系的有益補充，並非為挑戰美歐等全球治理體系的主導國家，另外，「一帶一路」沿線國家與二十國集團成員國存在著一定的重合度，二十國集團成員國可以在「一帶一路」框架之下加強內部的基礎設施建設合作等，這對深化二十國集團內部的互利合作大有裨益。因此，可以說「一帶一路」倡議為促進二十國集團機制內的互聯互通提供了一個平台，而二十國集團國家的團結合作又有利於全球治理進一步發展。對於二十國集團成員國來說，「一帶一路」帶來的更多是合作發展的機遇，而非挑戰。

# 第四章

# 全球安全與和平治理

避免戰爭與動盪，維持和平與安全，是人類社會的永恆課題。全球治理概念的產生主要是為了應對包括非傳統安全在內的全球性問題，但這並不等於全球治理的思想資源不能用於傳統安全與和平領域。實際上，全球治理因素伴隨著近代以來全球化進程的推進早已在各個領域出現，只是在二十世紀後半期，當全球性問題密集出現而傳統的治理機制失效之時，全球治理才被人們作為一個理論問題提了出來。

在傳統安全領域，產生於十九世紀初的大國協調是全球安全與和平治理的一種初始形態。在大國協調的旗幟下，各大國通過會議外交和協商的方式化解矛盾與危機，在追求自身利益的同時維護國際體系的穩定性。諸如國際聯盟、聯合國及其多邊安全制度框架都建立在大國協調基礎之上，是大國協調的制度化成果與機制化保障。集體安全組織、合作安全組織、功能性安全機制、綜合性地區組織，加上其背後的國際規範和法律體系，共同構成了全球安全治理體系的主體架構。

當前，與國際社會的各類矛盾與安全風險相比，全球安全治理仍然具有顯著的改進空間。安全問題關係到主權國家的生死存亡，全球安全與和平治理體系的變革自然會引發世界各國尤其是大國的廣泛關注。在全球安全與和平治理的演進過程中，我們一方面要繼承大國協調的傳統經驗，協調外交與軍事手段推進國際安全；另一方面要尋找新的思想資源，完善全球安全與和平治理的觀念與機制，有效疏導國家間安全矛盾，推動國際社會合作共贏。

## 一、全球安全與和平治理的產生背景與發展

從根本上講，全球安全與和平治理是滿足人類安全與和平需求的一種實踐安排，是全球化發展到一定階段、經國際舞台上各主要國家通過協商並在一定程度上讓渡權利而形成的一種管理形態。到二十世紀四〇年代聯合國成立時，全球安全與和平治理體系基本成型。二十世紀後半期全球安全與和平治理進一步發展，其治理範圍越來越廣泛，治理機制越來越多樣，治理主體越來越多元，治理效率也有了明顯提升。

一九四五年之前，大國協調是大國處理相互間安全關係的主要渠道。所謂大國協調，就是大國之間通過會議外交和協商、共識來決策，並依據一致性、合法性、責任性、包容性和自我克制等共用規則與公約行事，以實現本國利益與國際安全之間的平衡。傳統的大國協調源於一八一四年九月由英國、俄羅斯、奧地利、普魯士和法國五大國主導的維也納會議所開啟的歐洲協調。從一八一四年到一九四五年聯合國正式成立，大國協調在一百多年時間裡大致經歷了兩個歷史時期。第一個時期是從一八一四年維也納會議到一九一九年巴黎和會的維也納體系，參與主體主要限於歐洲大國，安全體系的主要目的是維護歐洲封建秩序，維護大國利益，鎮壓各國革命運動。第二個時期是從一九一九年巴黎和會到一九四五年聯合國成立的凡爾賽—華盛頓體系，美國、日本等非歐國家開始加入大國協調的行列，安全體系的主要目的是最大程度滿足兩大帝國主義集團中戰勝國一方的利益，對戰敗國的壓制和對殖民地獨立意志的漠視，使得這個安全體系顯得相當脆弱且不穩定。

第二次世界大戰的爆發標誌著凡爾賽—華盛頓體系的瓦解。第二次世界大戰結束後，雅爾塔會議

（Yalta Conference，即雅爾達會議）等一系列重大會議形成了若干對戰後國際關係產生全局性、制度性影響的公開和秘密的協議，為美蘇兩極格局以及以之為特徵的雅爾塔體系奠定了基礎。對於全球安全與和平治理而言，這些協議中最為重要的是一九四五年十月二十四日生效的《聯合國憲章》與聯合國的正式成立。

基於自身的普遍性和權威性，聯合國成為集體安全組織的核心。它在維護國際和平與安全方面做出了重要貢獻，尤其在衝突的斡旋與調解、派遣維持和平行動部隊、促進國際法和國際規範、協調不同行為體等方面發揮了重要作用。冷戰結束後，伴隨著人的安全，成為和平與安全的重要內容，國際和平與安全形勢及相關理念的變化，聯合國維護和平與安全的手段途徑也發生了變化，預防外交、強制和平、建設和平、保護的責任等都成為聯合國多層面、綜合性和平行動的組成部分，政治與司法方面的介入明顯增強。聯合國在維護國際和平與安全的實踐中，通過安理會、大會和專屬機構的條約、公約、協定、宣言、決議等一系列文件，對解決現實或潛在的爭議糾紛，搭建新的安全合作平台和協作領域，發展和豐富國際法，起了推動作用。

除了聯合國之外，其他集體安全組織、安全管理組織，冷戰後也逐漸增多。集體安全條約組織是典型的區域性集體安全組織。一九九二年五月，俄羅斯、白俄羅斯、哈薩克斯坦、吉爾吉斯斯坦、塔吉克斯坦和亞美尼亞六國簽署《塔什干集體安全條約》（Collective Security Treaty; Tashkent Treaty）；二〇〇二年，這些簽約國又簽署協議和章程，建立了集體安全條約組織（Collective Security Treaty Organization，簡稱「集安組織」）。該組織於二〇〇一年五月成立了中亞地區集體快速部署部隊，二〇一四年一月組建了聯合司令部。二〇〇四年十二月聯合國給予集安組織聯合國大會觀察員地位。集安組織成為遏制地區及國際各種威脅、保障獨聯體地區和平與穩定的一個重要力量。

歐洲安全與合作組織（Organization for Security and Co-operation in Europe, OSCE，簡稱「歐安組織」）是典型的安全管理組織。歐安組織的前身歐安會（Conference on Security and Co-operation in Europe, CSCE）誕生於一九七五年，成立時包括歐洲諸國及美、加共三十四國，成立後成為歐洲就安全問題對話的一個平台，促進了歐洲局勢的緩和。冷戰後，面對歐洲新安全格局，歐安會在維也納設立衝突預防中心，開始了制度化、機構化進程，由冷戰時期的安全論壇向通過合作談判預防衝突的安全組織轉變。一九九五年一月一日起，歐安會更名為歐安組織。一九九九年歐安組織頒布了《歐洲安全憲章》（Charter for European Security）等文件，進一步加強歐安組織預防衝突、解決衝突以及衝突後重建的能力。

冷戰後區域性多邊國際安全條約和合作機制也有很大的發展。冷戰後鑑於國際安全形勢的變化，建立在合作安全理念上的國際安全條約應運而生，如《上海合作組織憲章》（Shanghai Cooperation Organisation Charter）、《東南亞友好合作條約》（Treaty of Amity and Cooperation in Southeast Asia, TAC）。一九九六年四月，中國與俄羅斯、哈薩克斯坦、吉斯吉爾斯坦、塔吉克斯坦五國為解決邊界問題創立了「上海五國」會晤機制，二〇〇一年吸收烏茲別克斯坦加入，並正式簽署《上海合作組織成立宣言》（Declaration on Establishment of SCO），升級為上海合作組織。該組織旨在深化地區軍事合作，共同維護和保障地區的和平、安全與穩定。東盟地區論壇（ASEAN Regional Forum）是亞洲官方多邊安全對話機制，以《東南亞友好合作條約》的宗旨為主導，推動區域政治和安全問題的磋商。一九九四年七月，第一屆東盟地區論壇會議決定在建立信任措施、核不擴散、維和、交換非機密軍事情報、海上安全和預防性外交六大領域展開對話與合作。在哈薩克斯坦總統納扎爾巴耶夫（Nursultan Äbishuliy Nazarbayev）倡議下，一九九三年啟動的亞洲相互協作與信任措施會議成為橫跨亞洲各區域的重要多邊安全論壇。此外，地區安全組織的不斷健全，為歐盟、非洲聯盟、東盟、阿拉伯國家聯盟等綜合性國際組織參與全球或地區安全治理提供了重要基礎。

軍備控制是全球安全治理的重要領域。十九世紀五〇年代以來出現了三次大規模的軍備競賽以及與之相對的軍備控制的努力，分別是在第一次世界大戰之前、第二次世界大戰之前和冷戰期間。冷戰期間，為防止無法承受的核戰爭破壞，美、蘇締結了一系列具有約束力的軍備控制與裁軍條約，如一九七二年五月達成了《關於限制進攻性戰略武器的某些措施的臨時協定》（Interim Agreement Between The United States of America and The Union of Soviet Socialist Republics on Certain Measures With Respect to the Limitation of Strategic Offensive Arms）和《限制反彈道導彈系統條約》（Treaty on the Limitation of Anti-Ballistic Missile Systems, ABM），一九八七年十二月達成了《中程核武器條約》（Treaty Between the United States of America and the Union of Soviet Socialist Republics on the Elimination of Their Intermediate-Range and Shorter-Range Missiles）並建立了進入核查機制，一九九一年七月達成了《削減和限制進攻性戰略武器條約》（Strategic Arms Reduction Treaty, START）。冷戰結束後，美國和俄羅斯也圍繞著軍控達成了一系列協議，如一九九三年一月達成了《第二階段削減戰略武器條約》（Strategic Arms Reduction Treaty II, START II），二〇〇二年五月達成了《削減戰略進攻性武器條約》（Strategic Offensive Reductions, SORT）。除了美、俄之外，國際社會在常規武器和開放領空上的軍控也取得了一定進展，如一九九一年十一月北約與華約簽訂了《歐洲常規武裝力量條約》（Treaty on Conventional Armed Forces in Europe），一九九二年三月美國、加拿大和歐洲二十二國簽署了《領空開放條約》（Treaty on Open Skies），二〇〇一年七月聯合國大會通過了《從各個方面防止、打擊和消除小武器和輕武器非法貿易的行動綱領》（Programme of Action to Prevent, Combat and Eradicate the Illicit

Trade in Small Arms and Light Weapons in All Its Aspects）等。

防止大規模殺傷性武器擴散是全球安全與和平治理的重要組成部分。防止核武器擴散的國際機制是對大規模殺傷性武器進行限制的最早和最成熟的防擴散機制。防止核擴散機制源於一九六三年八月簽訂的《部分禁止核試驗條約》（Partial Test Ban Treaty, PTBT），基礎是一九六八年七月簽署的《防擴散條約》（Treaty on the Non-Proliferation of Nuclear Weapons, NPT），主要執行機構是一九五七年成立的國際原子能機構。第二次世界大戰結束後，生物武器和化學武器的擴散威脅越來越引起政府和公眾的注意。一九七二年，美、蘇達成了《禁止生物武器公約》〔The Convention on the Prohibition of the Development, Production and Stockpiling of Bacteriological（Biological）and Toxin Weapons and on their Destruction，簡稱：Biological Weapons Convention, BWC，又稱：Biological and Toxin Weapons Convention, BTWC〕，但只能依賴於各國的主動執行。一九九二年，日內瓦裁軍會議通過了《禁止化學武器公約》（全稱 Convention on the Prohibition of the Development, Production, Stockpiling and Use of Chemical Weapons and on Their Destruction，簡稱 Chemical Weapons Convention, CWC），並於一九九二年十一月三十日經聯合國大會通過。此外，國際社會還建立了防擴散的進出口管制機制。

綜上所述，無論是全球安全與和平治理機構還是相關的法律條約，都是全球化發展到一定階段的產物。這些機構和條約為維護全球安全與和平發揮了重要作用。

## 二、全球安全與和平治理體系的主要內容

與傳統的同盟、聯盟等多邊安全合作形式不同，全球安全與和平治理的重要特徵在於其包容性、開放性和靈活性。這些特徵鮮明地體現在全球安全與和平治理體系的治理網絡中，這是由多邊、多層次、多行為體構成的治理網絡，包括聯合國組織及其所屬機構，區域／次區域組織以及與安全相關的非政府組織、研究機構、媒體等。作為合法性依據，每個機構背後都有一套相關的國際法規則。

### （一）聯合國在全球安全與和平治理中發揮著主導作用

維護國際和平與安全是《聯合國憲章》賦予聯合國的首要使命。安理會、大會、秘書長是聯合國履行和平與安全職能的決策機制，其中安理會是決策核心，秘書長發揮協調作用，大會有輔助責任。自一九四五年成立以來，聯合國在世界和平與安全領域發揮了顯著作用，做出了重要貢獻，尤其是在關係全球安全與和平治理全局的六個關鍵領域發揮了不可替代的獨特作用。

**第一，斡旋與調解衝突**。以和平手段解決爭端是聯合國維持和平與安全的首選途徑和最經常採用的方法。聯合國在幾乎所有衝突問題中都作為斡旋和調解方發揮了作用，雖然最終效果存在差異，但它經常能為衝突方提供一種相對中立且具有專業經驗的選擇方案。聯合國成立七十多年來，安理會通過了兩千兩百多項決議，不僅對實踐集體安全理念做出了突出貢獻，而且幾度化解了一觸即發的嚴重危機，使一些局部衝突得到控制，世界保持了總體和平與穩定。

承擔斡旋和調解任務的主要機制是聯合國秘書長、秘書處和聯合國大會。聯合國秘書長和秘書處形成了一整套斡旋與調解機制，並提出了指導衝突調解的基本原則和意見。比如哈馬舍爾德（Dag Hjalmar Agne Carl Hammarskjöld）主動開展對蘇伊士運河衝突的調解，推動了埃及與法國、英國的談判；吳丹（U Thant）在英國和巴林、伊朗獨立問題上促成了談判，使危機得到化解；一九八八年，德奎利亞爾（Javier Pérez de Cuéllar de la Guerra）通過調解促使兩伊戰爭雙方達成停火協議。聯合國大會在衝突解決和衝突預防方面通過了若干決議，比如二〇一二年二月十六日聯合國大會投票通過決議，支持結束敘利亞國內暴力衝突。在此決議影響下，聯合國接連派出多位特使斡旋解決敘利亞危機。

**第二，創新維和行動，填補全球安全治理空白**。同樣是用於制止國際衝突，維和行動開創了介於外交方式和強制方式之間的「第三種方式」。它以監督停火、維持和平為目的，以中立、所在國同意、非自衛不使用武力為「三原則」。

維和行動的創立為聯合國在大國對抗的夾縫中發揮作用找到了一種新的形式，在一定程度上填補了全球安全與和平治理中的一些空白，其作用和效果也得到了普遍認可。維和行動包括多種方式：一是在衝突暫時無解時，為衝突方提供一個可以接受的臨時方案，比如在塞浦路斯、克什米爾、巴勒斯坦問題上；二是在簽訂停火協議後，協助管理、控制、緩和爭端，實現局勢的轉變；三是為衝突地區的平民保護、難民安置提供一定幫助。七十多年來，聯合國陸續為一些國家提供了維持和平、建設和平等方面的服務。一九八八年以前，聯合國在中東、印度和巴基斯坦、巴勒斯坦、剛果共和國、也門、塞浦路斯等國家和地區進行了十三項維持和平行動。冷戰結束後，聯合國維和行動數量大增，維持和平行動遍及亞洲、非洲、歐洲和拉丁美洲等各個地區。從一九四八年至二〇一六年三月三十一日，聯合國維和行動共計七十一次。截至二〇一六年二月二十九日，參加維和的人員總數達到十萬四千七百七十三人，其中軍事人員八萬九千五百四十六人，警察人員一萬三千四百三十四人，軍事觀察員一千七百九十三人，另有文職人員一萬六千四百七十一人。一些行動達到了維持和平、促進和解乃至結束衝突的目的，被認為是成功的模式，如聯合國在納米比亞、柬埔寨、薩爾瓦多、危地馬拉、莫桑比克、塔吉克斯坦和東帝汶等地主導的維和行動。

**第三，實施涉及政治、軍事、經濟、法律等各種手段的綜合性、多層次混合行動。**除了維和行動以外，聯合國在冷戰結束後逐漸傾向於採取包括組織和監督選舉、支持國家制度建設和法治建設、促進社會經濟發展等內容的綜合性、多層面混合行動，以維護和平與安全。與之相適應，聯合國也更多地轉向對國家內部決策的影響和介入，主要包括：強化政治介入，推進民主和平；強化司法介入，推動國內、國際法治建設；實施社會經濟援助，恢復當地正常生產生活。這表明聯合國已經建成多層次、綜合性的「和平行動」，其中既包括帶有強制性軍事行動內容的「強制和平」，也包括涉及選舉、制度建設、法治建設等內容的「建設和平」。比如二〇一三年聯合國向馬里（Mali）派遣了一支多層面綜合穩定特派團，充分體現了多層面和綜合性的特點。

**第四，動員、協調、整合全球不同行為體參與和平與安全事務。**聯合國作為全球安全夥伴關係的倡導者、推動者和組織者，積極構建全球安全夥伴關係，動員、協調、整合全球不同行為體參與和平與安全事務，為解決衝突和應對全球威脅發揮了重要作用。聯合國安理會為各大國在和平與安全問題上保持經常性聯繫和磋商提供了機制性保障，不僅增加了常任理事國之間的接觸密度，也有助於增強常任理事國之間的高級別聯繫。聯合國安理會積極建立與區域組織的合作機制，近年來通過了多個關於加強聯合國與區域組織在和平與安全領域合作的決議。聯合國與非洲聯盟、歐盟以及西非國家經濟共同體等區域組織的合作，提升了雙方在維持和平與安全領域的作用和能力，也增加了彼此的合法性。此外，聯合國還積極動員民間社會和非政府組織加入到維和行動中，並與之展開積極合作，明顯增強了維護和平與安全的民間力量。

**第五，倡導和平文化與文明對話，為謀求全球和平與安全提供了價值支撐**。長期以來，聯合國積極宣傳、推廣和平文化與價值，主張通過國際法和平解決爭端，消除暴力文化和手段。正如聯合國教科文組織章程所言：「戰爭起源於人之思想，故務須於人之思想中築起保衛和平之屏障。」一九九九年，聯合國大會通過《和平文化宣傳和行動綱領》（Declaration and Programme of Action on a Culture of Peace），將「和平文化」、「非暴力文化」作為普遍的「價值、態度和行動」來推廣，呼籲國家、組織和個人在不同領域進行「以和平為準文化設立的行動」，包括推動婦女更積極參與衝突的預防和解決，開展人權與和平文化的推廣，向兒童「輸入促進和平與非暴力文化」等❶。聯合國倡導的和平文化與文明對話代表了世界各國人民的和平期待，有助於抗衡暴力、仇恨、戰爭文化，為預防和解決國際衝突、謀求全球和平與安全提供一種價值支撐。

**第六，推動全球安全與和平治理規則體系不斷完善**。對全球安全與和平治理而言，《聯合國憲章》、聯合國提出的關於國際關係的基本價值和共同原則，以及一系列具有國際法意義的決議等，構成了全球安全與和平治理的共同原則和國際法依據。總體來看，這些原則包括：第一，國家主權與人的安全的平衡。儘管傳統主權原則受到衝擊，但它仍然是指導國際關係的基本原則之一。與此同時，人類安全、人權日益成為聯合國安全領域的重要原則。預防人道主義危機、保護平民、阻止有系統侵犯人權行為等已成為安理會授權國際干預的理由。無論是以國際安全和地區安全為借口保護人權，還是以人權保

---

❶ 聯合國大會決議（A/RES/53/243），http://www.un.org/zh/documents/view_doc.asp? Symbol=A/RES/53/243。

護為理由干預國家主權，二者已然成為一對既矛盾又平行的全球安全與和平治理原則。第二，安全與發展的結合。聯合國一直試圖將安全、人權與發展三者結合起來，把三者視為相互聯繫、相互促進的統一體。在和平與安全領域，聯合國將與發展相關的「善治」問題和安全聯繫起來，形成更具綜合性的安全理念。聯合國維持和平、建設和平的行動也試圖體現這種「三位一體」的綜合安全觀，將其授權覆蓋到政治、安全、人權、發展、法治等各個方面。除了宏觀原則之外，聯合國還在推動具體條約公約方面發揮了獨一無二、不可替代的作用，比如《不擴散核武器條約》、《禁止化學武器公約》、《禁止生物武器公約》、《全面禁止核試驗條約》（Comprehensive Nuclear Test Ban Treaty, CTBT）、《渥太華禁雷公約》（Mine Ban Treaty）等。此外，聯合國還為推動軍備控制與裁減談判以及促進聯合國海洋法公約（United Nations Convention on the Law of the Sea）、南極條約（Antarctic Treaty）、外層空間法（outer space law）等領域的安全體系建設做出了貢獻。

## （二）區域／次區域組織在全球安全與和平治理中的作用日益擴大

除了聯合國相關機構外，區域性安全組織和綜合組織在全球安全與和平治理中發揮的作用越來越明顯。本節將以區域為序，大致介紹各區域的主要安全治理架構。

### 1. 亞洲

在亞洲地區，東盟承擔著安全保障和衝突管理兩項基本功能，在緩和成員國內部衝突、化解地區爭端方面發揮了積極作用。安全保障功能表現為東盟區域安全治理機制通過安全主體間的協調與合作，防止和消除政治安全和軍事安全領域存在的威脅與隱憂。如東盟在防止區域核擴散方面進行了長期努力並取得了顯著成效，一九九七年《東南亞無核區條約》（The Southeast Asian Nuclear-Weapon-Free Zone Treaty, SEANWFZ）的生效，使東南亞成為有條約保障的無核區。衝突管理囊括國際衝突的整個週期，包括衝突前的預防、衝突中的處理和衝突後的和平構建，具體表現為衝突預防、衝突避免、衝突遏制、衝突轉化、衝突和解和衝突解決等多種形式。東盟區域安全治理致力於防止危害區域安全秩序的國家間衝突，避免國家間衝突的升級與擴散，減弱國家間衝突對本區域的負面效應。東盟區域安全治理結構的有效運行，使區域內部衝突得到了有效的預防和控制，避免了區域內國家間的大規模武力衝突，最大限度地實現了區域和平與穩定。東南亞地區的安全保障和衝突管理離不開東盟提供的較為完善的區域安全治理模式。在這一治理模式中，主權國家是核心主體，各種非國家行為體居於次要地位。東盟區域安全治理結構的內部機制分為三個層次：最內層是東盟機構，包括東盟首腦會議、東盟外長會議、東盟常務委員會等；第二層是區域內國家多邊、雙邊安全制度，其中既包括全區域性制度安排，如《東南亞友好合作條約》（Treaty of Amity and Cooperation in Southeast Asia），也包括次區域性多邊合作機制，如相關國家組成的馬六甲海峽聯合海上／空中巡邏機制、反恐怖主義協定等，以及一些雙邊安全合作機制；最外層是區域內非國家行為體的安全參與，比如東盟戰略與國際問題研究所等。東盟區域安全治理結構還有兩個層次構成的外部機制：第一層是官方層面與域外大國建立的廣泛的對話夥伴關係，包括中、美、日、俄、印度等大國加入的《東南亞友好合作條約》，東盟同中、日、韓「10＋1」、「10＋3」領導人會議，以及東盟主導的東亞峰會（East Asia Summit, EAS）和東盟地區論壇等，當然還包括一些東盟部分成員國與區域外國家構建的雙邊或多邊安全機制；第二層是第二軌道機制，包括一系列東南亞非國家行為體主導或參與的對地區安全事務有較大影響的非官方會議和論壇，如亞太圓桌會議（Asia-Pacific Roundtable, APR）、亞太安全合作理事會（Council for Security Cooperation in the Asia Pacific, CSCAP）、博鰲亞洲論壇（Boao Forum for Asia, BFA）等。

與東盟不同，亞信會議是一個覆蓋面區域更廣泛、安全議題更明顯但現階段組織較為鬆散的地區交流合作平台。亞信會議全稱亞洲相互協作與信任措施會議，一九九二年由哈薩克斯坦總統納扎爾巴耶夫提出倡議，一九九三年啟動籌建進程，一九九七年十二月，亞信會議副外長級會議通過聲明，肯定亞信會議成員國一致承認在亞洲建立共同行動機制的重要性，並將進一步加強在地區和平、穩定、安全和合作等問題上的政治對話。一九九九年九月首次外長級會議通過《亞信會議成員國相互關係原則宣言》（The Declaration on Principles Guiding Relations between CICA Member States），主要內容是維護公認的國際關係準則，即相互尊重主權和領土完整、互不干涉內政、和平解決爭端、不使用武力和以武力相威脅等。二〇〇二年六月，亞信會議第一次國家元首和政府首腦峰會在哈薩克斯坦阿拉木圖（Almaty）舉行。

該組織現有成員國二十六個，觀察員國和組織十二個，橫跨亞洲各區域，涵蓋不同制度、不同宗教、不同文化、不同發展階段，具有廣泛代表性。亞信會議的宗旨是通過制定多邊信任措施，加強對話與合作，促進亞洲和平、安全與穩定。現已制定軍事政治、新威脅新挑戰、經濟、生態、人文等五大領域信任措施。二〇一四年，中國首次正式接任二〇一四至二〇一六年亞信會議主席國。二〇一四年中國國家主席習近平在亞信會議第四次國家和政府首腦峰會發表主旨講話，全面系統地闡述了亞洲安全觀，首次提出「共同安全、綜合安全、合作安全、可持續安全」概念，對促進亞洲國家相互信任與協作，共建安全、穩定的地區環境具有深遠意義。儘管由於成員國、觀察員國和組織的多樣性和差異以及組織自身機制能力建設滯後，亞信會議在加強推進安全務實合作方面仍然面臨一系列困難，但是作為唯一涵蓋亞洲地區的安全組織，亞信會議的作用不可替代。

## 2. 歐亞地區

歐亞地區的安全治理架構主要由獨聯體集安組織（CIS Collective Security Treaty Organization）和上海合作組織構成。獨聯體集安組織是一個政治—軍事組織，其宗旨是建立獨聯體國家集體防禦空間，提高聯合防禦能力，並防止和調解獨聯體內部及地區性武力爭端。以此為宗旨，成員國在組織框架內採取一致行動組建有效的集體安全體系，建立地區武裝力量和與之匹配的管理機構，建設軍事基礎設施，並為軍隊培訓軍事人員和軍事專家。目前獨聯體集安組織框架下共有三個集體安全區域，相應組建了三個聯合部隊集團，即東歐集團（俄—白俄羅斯）、高加索集團（俄—亞美尼亞）、中亞集團（俄與中亞地區集安組織成員國）。其中，高加索和俄羅斯西部是獨聯體集安組織的戰略重心，阻止北約和歐盟東擴是其戰略方向。按照同樣的區域，獨聯體集安組織正在組建三個地區的防空集團，其中俄—白兩國武裝力量的司令部「聯盟盾牌—二〇〇五」就涉及防空系統的框架問題。獨聯體集安組織還積極開展軍事裝備和人員培訓合作。二〇〇九年二月四至五日，獨聯體集安組織成員國特別峰會通過建立集體快速反應部隊的協議。但是，由於獨聯體集安組織在干預衝突，特別是成員國內部的衝突問題上分歧較大，因此該組織還缺乏有效的協調應對機制，同時獨聯體集安組織也尚未在聯合國安理會授權的維和功能方面有具體作為。

上海合作組織也是在歐亞地區發揮重要安全職能的綜合性國際組織。該組織的宗旨是加強各成員國間的相互信任與睦鄰友好，共同致力於保障地區的和平、安全與穩定，其戰略重心在中亞，戰略方向是維持中亞地區的安全與穩定，促進成員國之間的多元合作，在安全方面的合作主要是打擊恐怖主義、分裂主義、極端主義三股勢力，尤其是打擊分裂主義勢力對維護國家穩定和地區和平具有重要意義。二十世紀九〇年代爆發的戰爭和衝突中，有百分之四十至百分之五十是由分裂主義特別是民族分裂主義引起的。為了履行自身的安全職能，上海合作組織已基本完成機制建設任務，建立起涵蓋不同層次、涉及眾多領域的較完善的機構體系，為自身發揮職能和作用奠定了堅實基礎。其中包括國家元首、總理、總檢察長、安全會議秘書、外交部部長、國防部部長、緊急救災部門領導人、國家協調員等在內的各類會議是上海合作組織履行安全職能的重要機制。

### 3. 中東

阿拉伯國家聯盟（簡稱「阿盟」）是中東地區衝突解決和危機管理不可或缺的因素，尤其是在新月地帶和阿拉伯半島「核心區域」之內，阿拉伯國家聯盟的斡旋活動成功率較高。有統計顯示，一九四五至二〇一二年中東地區發生的六十次較大規模衝突或危機中，阿拉伯國家聯盟參與解決的衝突高達三十二次，佔總數的百分之五十三。其中以斡旋為主要方式參與解決的衝突有二十一次，佔總數的百分之三十五，並且有八次獲得成功，成功率高達百分之三十八。如果將完全斡旋成功數與參與解決的衝突總數相比，成功率為百分之二十五；如果包括那些對成功有貢獻的情況，阿拉伯國家聯盟的斡旋成功率約為百分之四十七。這充分說明，阿拉伯國家聯盟的斡旋活動對維護中東地區和平與安全發揮了重要作用。

海灣合作委員會（Gulf Cooperation Council, GCC，簡稱「海合會」）近年來在海灣地區和中東和平與安全大局中的地位突顯。早在一九八四年，阿聯酋、阿曼、巴林、卡塔爾、科威特和沙烏地阿拉伯六國就組建了一萬人的「半島之盾」快速反應部隊。一九九三年十二月，這支部隊增加為十萬人。之後，六國在二〇〇〇年年底簽署了共同防禦條約，強調共同抵禦任何威脅；二〇〇九年年底確定了共同的防禦戰略，防衛一體化建設得到強化。在此過程中，六國還與美歐等西方大國簽訂了各種防務合作協定，不斷加強軍事安全合作，安全合作和集體防衛能力不斷增強。二〇一〇年年底以來，海合會在沙烏地阿拉伯和卡塔爾等國積極推動下，積極介入成員國內部事務和地區事務，影響力不斷擴大。二〇一一年三月，海合會派出名為「半島之盾」的聯合部隊兩千人，幫助巴林哈馬德（Hamad Bin Isa Al-Khalifa）國王平定了亂局。在也門，海合會也推動薩利赫（Ali Abdullah Saleh）政府與反對派在二〇一一年年底簽署協議，初步實現政權和平過渡，為也門政局朝著穩定方向發展創造了條件，在相當程度上使也門問題在海合會框架內得到初步解決。與此同時，海合會還在區域外施加影響。在利比亞問題上，海合會率先明確支持聯合國安理會通過設立禁飛區的一九七三號決議，支持利比亞反對派的基本立場，這成為推動阿拉伯國家聯盟整體乃至其他國家對該決議採取支持立場的重要因素。在敘利亞問題上，海合會支持阿拉伯國家聯盟通過派遣觀察團、提出調解方案等方式積極發揮作用，並派出代表參加觀察團。二〇一二年一月，以敘利亞政府未能制止流血衝突為由，率先撤出參加阿拉伯國家聯盟觀察團的海合會國家代表，對巴沙爾（Bashar al-Assad）政府表達不滿並施加壓力。海合會的政策還成為影響伊朗核問題走向的重要因素。

### 4. 歐洲

歐洲地區安全治理架構主要由歐盟和歐安組織構成。歐盟在一定區域和議題中發揮了安全治理的功能。首先，歐盟在衝突預防領域推出了「歐洲安全戰略」（European Security Strategy, ESS）、「歐洲睦鄰政策」（European Neighbourhood Policy, ENP）、「平民危機管理和主要目標」（Europe's New Training Initiative for Civilian Crisis Management, ENTRi）、「快速反應機制」（European Union Rapid Reaction Mechanism, RRM）、「歐洲民主與人權機制」（European Instrument for Democracy and Human Rights, EIDHR）、「歐盟計劃小組」、「警務諮詢小組」等政策。「歐洲安全戰略」提出於二〇〇三年十二月，意在明確威脅和挑戰歐盟安全的因素，主要包括恐怖主義、大規模殺傷性武器擴散、地區衝突、國家治理失敗和有組織犯罪等。「歐洲睦鄰政策」啟動於二〇〇五年，意在通過幫助鄰國短期政治和經濟改革，消弭歐盟擴員後同鄰國之間的分歧。「平民危機管理和主要目標」主要創設了六個進行平民危機管理的手段：警察、法治、平民管理、平民保護、監督員使命、歐盟特別代表等。「快速反應機制」意在應對某些國家經歷嚴重的政治動盪或自然災害的情形。「歐洲民主與人權機制」意在支持和促進全球內的人權發展和鞏固民主制。「歐盟計劃小組」主要是討論歐盟實施危機管理行動的可能性。「警務諮詢小組」主要是幫助其他國家按照歐洲標準建立起專業而有效的警務體系。其次，歐盟積極派出軍隊，維護動盪地區的和平與安全。一九九六年，歐盟介入民主剛果內戰和平解決進程，二〇〇三年六月派駐戰鬥部隊到民主剛果維護當地安全秩序，二〇〇六年五月再次根據安理會決議向民主剛果派出戰鬥部隊，負責選舉期間國內秩序穩定。二〇〇三年三月，歐盟對馬其頓實施軍事干預行動，應馬其頓政府的要求幫助其建立穩定的安全環境。二〇〇四年十二月，歐盟承接北約原先在波黑地區（**Bosnia and Herzegovina**，巴爾幹半島西部的波士尼亞與赫塞哥維納，簡稱波黑地區）開展的軍事行動，派出七千名士兵幫助實現波黑地區的和平與安全。歐盟一九九九年十二月就決定建立一支獨立的快速反應部隊，增強獨立防務能力，推動強制和平。但是，由於內部和外部的阻力，歐盟快速反應部隊一直沒有出現實質性的進展。再次，歐盟通過創設強制性國家機器和制度建設的方式，來保護本區域免遭外部威脅。一九九九年十月，歐盟創設「自由、安全和正義領域」（Area of freedom, security and justice），以加強歐盟的共同價值觀促進和平與發展，支持歐盟發展共同的難民和移民政策。二〇〇五年，歐盟委員會制定發展內部自由、安全和正義的五年行動計劃，要求歐盟在反恐、移民治理、簽證政策、避難政策、打擊海盜和跨國有組織犯罪等領域共同行動。二〇〇四年，歐盟開始實施「生物、化學、放射性及核危險項目」，協調成員國採取措施，減緩可能的生物、化學、放射性及核事故所導致的後果。最後，在安全保證領域，歐盟對內啟動了共同安全和防務政策，對外與美國、土耳其及東南歐諸國簽訂了《東南歐穩定公約》（Stability Pact for South-eastern Europe），通過在東南歐地區加快市場經濟發展及建立地區性安全協作關係等措施來實現該地區的長期穩定與安全。

歐安組織（會）倡導合作安全理念，在二十世紀九〇年代後發展了已有制度，創建了一些新機制，涵蓋了軍備控制、預防外交、選舉觀察等領域，合作安全範圍越來越廣泛。首先，歐安會的「信任建立措施」發展成為「軍控與信任和安全監理措施」，通過各種安全措施增加軍事行動透明度，澄清軍事活動意圖，以消除各成員國之間的緊張，減少軍事衝突的危險。一九九二年三月，歐安會首腦會議將「歐洲常規軍力談判」與「歐洲建立信任與安全措施談判」合併，成立「安全合作論壇」（Forum for Security Cooperation），負責在歐安會範圍內組織裁減常規軍備，加強信任措施談判。其次，「預防外交」成為歐安組織發揮安全功能的主要方向。一九九〇年十一月的《新歐洲巴黎憲章》（Charter of Paris for A New Europe）規定：在維也納建立「防止衝突中心」，負責交流各國軍事情報，核查各國軍備情況，減少衝突和防止衝突發展；在華沙建立監督自由選舉機構。一九九二年，歐安會又通過《布拉格文件》（Prague Document），擴大了「預防衝突中心」的職權，還就防止大規模殺傷性武器擴散等問題進行嚴格監督，同時呼籲各國參加裁減常規軍備談判。為了能夠落實「預防外交」的政策，歐安會確定了「一致減一」原則，即在某一成員國發生嚴重違背歐安會有關精神的事件時，可在不徵得該國同意的情況下做出有關規定。歐安組織（會）實施了多個預防外交行動。在一九九二年十二月歐安會部長理事會第三次會議上，各國簽署了《歐洲和平解決爭端公約》（European Convention for the Peaceful Settlement of Disputes），在日內瓦設立歐洲調解和仲裁法院，以解決成員國間的爭執和衝突。此次會議還決定向熱點地區（主要是原南斯拉夫地區）派遣歐安會調查小組。此後，歐安組織向外派出民主選舉監督人員成為慣例。比如在一九九三年十一月底向俄羅斯派出五百名觀察員監督俄羅斯當年十二月的議會選舉；二〇〇三年十二月又派出「民主事務和人權代表會」觀察員監督俄羅斯杜馬（State Duma）選舉；派觀察員監督吉爾吉斯斯坦、愛沙尼亞、白俄羅斯、亞美尼亞、立陶宛、克羅地亞的議會選舉；派遣觀察員調查前南斯拉夫衝突中的種族屠殺問題。一九九五年四月，歐安組織成立了車臣援助小組，主持了俄羅斯政府與杜達耶夫（Dzhokhar Dudayev）代表之間的和平談判，此後雙方簽署了立即停止軍事衝突的協議。歐安組織進一步確定了自己作為聯合國的地區性組織具有維護和平的職能。它可以求助於歐共體、北約、西歐聯盟以及獨聯體採取維和行動。這樣，歐安組織通過與其他國際組織的聯繫擴大了合作安全功能，也進一步明晰了與歐洲地區其他國際組織的關係。再次，歐安組織在冷戰後新創建了「應急機制」。一九九一年六月，歐安會部長理事會通過《建立突發事件磋商和合作機制》與《和平解決爭端》兩個文件，這是「應急機制」的法律基礎。該機制規定：如果一成員國認為某國出現可能危及歐洲和平、安全或穩定的緊急事件，可要求其在四十八小時內對事件做出說明；如果問題未獲解決，只要有十三個成員國同意，歐安會即可在三天內召集高級官員委員會會議進行磋商，就解決方案提出看法和建議。由此可見，以歐盟和歐安組織為代表的歐洲合作安全已經朝著綜合安全的方向發展，特別是在預防衝突和危機處理方面頻頻發揮作用。

## 5. 非洲

非洲聯盟是非洲大陸層面安全治理的核心。自二〇〇二年非洲聯盟正式成立以來，安全考慮一直在非洲聯盟議程中佔據著壓倒性地位。以此為目標，非洲聯盟近年來致力於建構非洲集體安全機制，提升非洲自主維持安全的能力。二〇〇二年非洲聯盟第一次首腦會議通過了《關於建立非洲聯盟和平與安全理事會的議定書》（Protocol Relating to the Establishment of the Peace and Security Council of the African Union）。二〇〇四年五月非洲聯盟和平與安全理事會在埃塞俄比亞首都阿迪斯阿貝巴宣佈成立。二〇〇四年二月第二屆非洲聯盟特別首腦會議上通過了《非洲共同安全與防務政策宣言》（Solemn Declaration on a Common African Defence and Security Policy），二〇〇五年非洲聯盟第四屆首腦會議簽署了《非洲聯盟互不侵犯和共同防禦條約》（African Union Non-Aggression and Common Defence Pact）。經過多年努力，非洲大陸正在逐步形成一個「非洲和平與安全架構」。這一架構由非洲聯盟和平與安全理事會、非洲大陸安全預警體系、非洲待命部隊、智囊團、非洲和平基金等組成，提升了非洲自主維和的能力與意識。無論是應對傳統的內部衝突與戰爭，還是治理各類非傳統安全威脅，非洲聯盟都是協調統籌整個非洲大陸安全治理的最關鍵行為體。

西非國家經濟共同體（簡稱「西共體」）在維護西部非洲的安全與和平方面逐漸發揮重要作用。西共體成立於一九七五年五月，截至二〇一六年有西部非洲十五個成員國。冷戰結束後，西非地區一直衝突不斷，嚴重危害了該地區的和平與安全。作為該地區最主要的區域組織，西共體（尤其在二十世紀九〇年代）對此採取了積極的行動。它於一九九〇年八月創建的「停火監督團」對各主要衝突進行積極的武裝干預，克服國際、國內重重困難和挑戰，順利地完成了歷史使命。無論是在利比里亞、塞拉利昂、幾內亞比紹還是象牙海岸，西共體的干預至少緩和了嚴重的人道主義危機，對衝突的最終結束發揮了積極作用。二十一世紀以來，西共體「停火監督團」隊伍和其他使命逐步與聯合國等國際組織的維和力量相「融合」。

這既有利於西共體學習和積累經驗，也有利於緩解自身財政壓力，集中精力建設內部的安全機制。二〇〇九年西共體快速反應部隊進行首次後勤軍演，這意味著西共體將擁有統一的武裝力量，區域集體防務已現雛形，有利於西非地區共同打擊販毒、買賣人口、海盜和其他跨國犯罪活動，保證人員和貨物流動的安全與順暢。

## 6. 美洲

美洲國家組織是美洲地區具有和平與安全職能的集體安全組織。該組織前身是「美洲大陸共和國聯盟」，一九四八年改為現名。三十四個美洲國家都是該組織成員國。一九四七年泛美聯盟召開「美洲國家維持大陸和平和安全會議」，通過了《泛美互助條約》（Inter-American Treaty of Reciprocal Assistance），最終確立了西半球的集體安全原則。

一九四八年，《泛美互助條約》主要內容被《美洲國家組織憲章》（Charter of the Organization of American States）吸納。憲章規定了美洲國家組織的主要宗旨，五款中有三款涉及和平與安全，包括加強美洲大陸的和平與安全，防止會員國間所能引起困難的可能原因，並保證會員國間可能發生的爭端的和平解決，為遭到侵略的那些國家規定共同行動等。《美洲國家組織憲章》規定了和平解決爭端的具體方式，規範了兩個主要安全機構——泛美防務委員會和西半球安全委員會的地位和作用。泛美防務委員會始建於一九四二年三月三十日，宗旨是研究並提出西半球共同防務所必需的措施，並就軍事合作問題向各國政府和美洲國家組織協商機構提供諮詢和建議。該機構受美國影響較大。與之不同，設立於一九九五年的西半球安全委員會是拉丁美洲國家極力爭取的結果，更多代表了拉丁美洲國家的安全利益。除了這兩個日常機制，美洲國家組織還有一些應急機制，如外長協商會議用於緊急處理美洲國家之間的突發事件。

總體來看，美洲國家組織以西半球集體安全原則為維和的法律依據，以泛美防務委員會和西半球安全委員會為主要維和機構，通過談判、調查、調停與斡旋、仲裁、司法解決等規定程序和平解決爭端，不懈開展地區聯合反恐，進行安全信任機制建設，對維護西半球的和平與安全起了非常重要的作用。未來美洲國家組織將在維護西半球的和平與安全問題上發揮越來越大的影響力。

## （三）非政府組織、民間社會力量、商業企業部門廣泛參與全球安全與和平治理體系

與過去以國家為中心的安全治理不同，冷戰以後發展起來的新全球安全與和平治理還強調非政府組織及各類非國家行為體在維護全球安全中的重要作用。比如在衝突後國家政治重建和經濟恢復過程中，非政府行為體、民間社會力量等也是綜合安全治理的行為主體。尤其是國際非政府組織（INGO）通過向當地政府或國際組織施加壓力，或者與它們合作採取共同行動，影響政府的政策和行動。

就前者而言，國際非政府組織成為抗衡傳統權威的主要力量；就後者而言，國際非政府組織可以作為國際組織之間的重要協調性組織。此外，伴隨著國際非政府組織的擴張，特別是進入二十世紀九〇年

代之後，聯合國在確定議程、制定政策以及執行政策等方面越來越依賴非政府組織，進一步增強了非政府組織和民間社會力量對全球安全與和平治理的話語權。

## 三、全球安全與和平治理體系的未來改革方向

大國協調仍然是全球安全與和平治理體系的基礎。但是當前大國協調仍面臨一些現實問題和挑戰，必須從合法性、授權性和集中性等原則性層面予以改進。

首先，有效性和合法性是當前國際制度面臨的兩個最重要的挑戰。兩者相互影響。合法性是有效性的基礎，合法性程度直接影響國際制度在國際安全治理中的地位和作用。要增進合法性，必須增進法律化，增強責任性，推進變革性。增進法律化，就是要謀求達成正式的、有法律約束力的國際條約或協定；增強責任性，就是要求大國為國際社會提供更多的公共產品，包括安全保證、多邊機制和國際援助；推進變革性，就是要求各大國正視安全問題的根源，從根本上探究和解決各國的安全保障問題，致力於根治危機和保障和平。其次，授權性不足制約著全球安全治理機構發揮更大的作用，常常導致國際合作陷入集體行動困境。可以嘗試從集體實踐中發展出一種更具體的委託—代理關係，即各大國作為「集體委託人」，國際組織作為它們的「共同代理人」，委託人將其共同行動方案委託給代理人，代理人在遵守委託人的意圖和目標前提下擁有一定的自主權來處理國際安全事務。這比單一國家的委託模式更有優勢，它可以使大國協調機制在國際安全與和平治理中的地位和作用得到很大提升。再次，廣

大國際組織普遍存在的內聚力和穩定性不夠的問題，也是影響國際安全治理的重要因素。從國際機制內部來看，如何建立更具內聚性和穩定性的組織與管理機構，對於更好地管理集體行動、提高行動效率至關重要。為此，有必要設計出一種新的國際協調機制，既囊括當前國際體系中最有影響的傳統大國和新興大國，又不至於臃腫到影響決策和行動效率。由此出發，我們可以設想組建一種以各種專業性會議機制為平台，以資訊網絡、協商網絡和執行網絡為媒介，更適合資訊化時代、更具內聚性的國際治理新模式——「跨政府網絡」。

以上所述是幾乎所有全球安全與和平治理機制面臨的普遍問題。就具體的國際機制而言，每種國際機制都根據自身的特徵面臨著不同的挑戰，需要不斷改革，方可應對安全領域的新挑戰。

聯合國及其安理會等內部機構的改革問題中，維持和平行動領域的改革是當前聯合國面臨的重要問題，其直接體現是安理會改革議題上的挑戰。安理會改革主要涉及五個問題，即新增安理會成員類別、否決權、區域席位分配、擴大後安理會規模以及安理會工作方法問題。與之相關，關於聯合國大會的改革也存在一些爭議。一些會員國主張給予大會和大會主席更大的權力，包括在和平與安全方面的權力；一些會員國則不主張通過大會做出決定，尤其反對在國際和平與安全問題上繞過安理會採取行動的做法，不主張賦予大會主席過大的行政權力。改革是聯合國適應國際形勢變化，適應國際力量格局變化的必要步驟。但是涉及具體的改革方案，一百九十多個會員國之間仍然存在立場上的差異，尤其是安理會改革這類涉及憲章修改程序的改革。因此，改革的步伐將是一個緩慢漸進的過程。在這一過程中，聯合國改革需要平衡代表性、包容性與組織效力、效率之間的關係，需要平衡不同國家集團之間的利益關係。改革既不能原地踏步，長期無法滿足改革支持者的訴求；也不能倉促上馬、急於求成，造成會員國之間的分裂。國際社會需要拿出實際行動，積極參與聯合國的改革與創新，為推動符合聯合國發展需要的改革做出更多建設性貢獻。

在亞洲，雖然東盟共同體（ASEAN Community）已經於二〇一五年年底宣佈成立，但是作為三大支柱之一的「東盟安全共同體」（ASEAN Security Community）目前只能說更多的是一種願景而非現實。東盟安全治理效率的提升至少面臨著三大挑戰：一是國家利益矛盾可能導致區域內國家間關係緊張甚至衝突，進而影響東盟區域安全治理的運行；二是東盟國家間戰略互信的缺失阻礙著東盟區域安全治理機制的發展，後冷戰時代東盟國家的逆裁軍趨勢，正是東盟國家信任缺失的必然產物；三是東盟區域安全治理仍處於一種制度化程度較低的狀態，安全治理的常設機構缺失與相關制度的不足，成為影響東盟區域安全治理實施的不利因素。三大挑戰指明了東盟安全治理機制的改革方向。

未來東盟加強安全治理體系建設要處理好幾大關係：一是處理好域內國家與域外大國的關係，充分發揮域內國家的協調力量，防止域內國家依靠域外大國進行內部制衡，影響整個東盟治理架構的效率；二是處理好經濟合作與安全治理的關係，放大經濟社會領域合作的外溢效應，強化彼此戰略互信，使非傳統安全領域的合作逐漸滲透到安全領域；三是加大主權讓渡的力度。東盟傳統安全治理機制的完善最終仍然受限於域內國家的主權「剛性」。唯有在新的共同安全理念指導下實現主權的逐步讓渡，才能最終實現東盟安全治理體系的實質性進步。

在歐洲，歐盟在國際安全治理領域面臨許多困難和挑戰，這些挑戰預示著歐盟改革的方向。首先，美國擔心北約在歐洲安全結構中的首要地位受到衝擊，因此對於歐盟發展自主的安全治理機構和獨立防務並不完全支持。其次，歐盟成員國在經濟和軍事資源貢獻方面的能力和意願顯得不足。冷戰結束後，歐盟國家都面臨著國內精簡軍事開支的政治壓力，加上一些中小國家擔心歐盟大國法、德透過防務合作主導歐盟，因此能力和意願都顯得不足。未來歐盟要加強其安全治理功能，需要在兩個層面上施力：一方面，加強歐盟層面的安全合作，增強歐盟在具體安全事務中的參與性與作用；另一方面，要推進與北約的協調，逐步形成差異化優勢。

## 四、中國參與全球安全與和平治理的途徑和貢獻

全球安全治理與中國的國家安全利益直接相關，比如周邊安全、領土安全、經濟安全、能源安全等。同時中國作為聯合國安理會常任理事國和在國際舞台具有重要影響力的大國，擔負著相關的國際責任，比如維護共同安全與秩序，支持聯合國解決國際衝突和維持國際安全與地區安全的行動。

廣泛參加聯合國框架下的國際公約，重視國內貫徹與執行全球安全與和平治理規則。中國廣泛參加並認真履行聯合國框架下的國際公約，已加入四百多項多邊條約，參與了幾乎所有的政府間國際組織。積極參與各種國際軍控、裁軍與防擴散行動。比如在防擴散行動中，中國在國內建立起一整套涵蓋核、生、化和導彈等各類敏感物項和技術的出口控制法規體系，採用了出口經營登記管理制度、最終用戶和最終用途保證制度、許可證管理制度、清單控制方法、全面控制原則等國際通行的出口管制措施，明確了有關違法、違規行為處罰措施。

積極行使安理會常任理事國的職責，為維護全球安全與和平治理的公正合理發揮了重要作用。聯合國安理會決議是全球治理中決定戰爭與和平問題的唯一合法程序。作為安理會五大常任理事國之一，中國一貫支持聯合國建立新的安全共識，維護安理會作為集體安全機制的核心地位，堅定維護國際法

治。一九七一至二〇一四年，中國投了九次否決票，比如一九七二年八月，為了支持巴基斯坦的安全與獨立，中國第一次對孟加拉國進入安理會的提案行使否決權；二十世紀九〇年代，因為涉及對台問題，中國對危地馬拉議案以及馬其頓議案行使否決權；進入二十一世紀後，中國對美國提起建議對津巴布韋（Zimbabwe）實行武器禁運並凍結資產草案的問題上投了否決票；二〇一二年和二〇一四年，為了遏制敘利亞戰爭態勢逐漸擴大，中國對安理會中有關敘利亞問題的提案多次投出否決票[2]。從這些否決票可以看出，中國在政治立場上不僅僅維護主權利益，而且盡力去幫助和扶持第三世界國家的發展公義，推進全球安全與和平治理的「正義導向」，履行了一個負責任大國應盡的責任和義務。

積極推動在聯合國框架內通過對話、和平、合作而非戰爭方式解決衝突。中國不斷探索和實踐具有中國特色的解決國際和地區熱點問題之道，在敘利亞、南蘇丹、中東和平進程、伊朗核問題談判等問題上，均貢獻了中國智慧並發揮了重要作用。在敘利亞危機中，中國始終主張政治解決途徑，反對各國直接干預敘利亞內政，反對各派政治力量利用危機在敘利亞扶持代理人，為避免敘利亞陷入更加嚴重的災難做出了貢獻。為了緩和南蘇丹局勢，中國應蘇丹方面的請求，根據國際社會所達成的共識，包括安理會有關決議，為涉蘇丹問題的爭端解決發揮了積極作用。中國專門任命了鍾建華大使作為中國政府非洲事務特別代表，連續奔波於各方之間，積極推動南北蘇丹和解以及解決南蘇丹國內的衝突。中國紅十字會通過紅十字國際委員會向南蘇丹人民提供緊急人道主義援助，幫助緩解了南蘇丹緊張局勢，為解決南蘇丹危機奠定了基礎。在解決伊朗核問題的過程中，中國首先作為第三方斡旋者勸和促談，在化解美國和伊朗分歧方面發揮了重要作用。在伊核談判的關鍵時刻，中國提出建議，促使談判方式上採取分步對等原則，在不同階段的談判中，通過不斷釋放誠意、協調立場，逐步化解了分歧。

堅定支持並加大參與聯合國維和行動力度，為維護世界和平安全做出重要貢獻。根據聯合國決議和中國政府與聯合國達成的協議，中國派出維和部隊和維和軍事專業人員，派駐指定國家或地區，在聯合國主導下組織實施維和行動，主要承擔監督停火、隔離衝突和工程、運輸、醫療保健、參與社會重建，以及人道主義援助等任務。自一九九〇年首次向聯合國維和行動派遣軍事觀察員以來，中國已累計派出了三萬餘人次維和人員，先後參加了二十九項維和行動，有十八人獻出了寶貴生命。截至二〇一六年四月三十日，有三千零四十二名中國軍人和警察在全球十個維和任務區為和平值守。中國是聯合國安理會常任理事國中派出兵力最多的國家。作為一個發展中國家，中國承擔的維和攤款比額在會員國中已位居第六位，在發展中國家中位居第一。

不僅如此，中國國家主席習近平二〇一五年九月在聯合國峰會上就支持改進和加強聯合國維和行動提出了一系列重大倡議，包括中國將加入新的聯合國維和能力待命機制。二〇一六至二〇二〇年，中國將為各國培訓兩千名維和人員，並向非洲聯盟提供總額為一億美元的無償軍事援助，以支持非洲常備軍和危機應對快速反應部隊建設。

積極參與地區安全合作，完善地區安全治理體系建設。深化上海合作組織防務安全合作，參加東盟防長擴大會（ASEAN Defence Ministers' Meeting Plus, ADMM-Plus）、東盟地區論壇、香格里拉對話會（Shangri-La Dialogue）、雅加達國際防務對話會（Jakarta International Defense Dialogue, JIDD）、西太平洋海軍論壇（Western Pacific Naval Symposium,WPNS）等多邊對話與合作機制，舉辦香山論壇等多邊活動，推動建立有利於亞太地區和平穩定繁榮的安全和合作新架構。香山論壇（由中國軍事科學學會主辦的「國際安全合作與亞太地區安全」論壇）從二〇〇六年起每隔兩年在北京舉辦一次。該論壇已經成

❷ 參見聯合國網站，http://www.un.org/zh/sc/meetings/veto/china.shtml。

為中外防務專家學者交流互動的一個重要論壇。二〇一四年第五屆香山論壇從「二軌」（非官方或半官方人士，包括學者、退休官員、公共人物和社會積極分子等參與外交對話）升級為「一軌半」。二〇一六年第七屆香山論壇的主題為「加強安全對話合作，構建新型國際關係」，與會代表圍繞軍隊在全球治理中的作用、合作應對亞太安全新挑戰、海上安全合作、國際恐怖主義威脅及應對等問題交換了看法。

創新國際安全理念，貫徹並進一步深化了聯合國提出的基本價值原則，豐富了國際安全治理理念與思想，比如和平、發展、合作、共贏的時代潮流，建設和諧世界，構建以合作共贏為核心的新型國際關係，構建人類命運共同體，互信、互利、平等、寫作的新安全觀，倡導共同、綜合、合作、可持續的亞洲安全觀，親誠惠容的周邊外交理念，真實親誠的對非外交理念。尤其是二〇一四年中國國家主席習近平在中國主辦的亞信會議上提出的亞洲安全觀，成為中國總體國家安全觀的有機組成部分，不僅為中國維護國家安全、加強對外安全合作提供了有力方法，而且為維護亞洲乃至世界的安全穩定提供了新的思路。

此外，中國還廣泛參與其他地區和國際安全事務，推動建立突發情況通報、軍事危險預防、危機衝突管控等機制。隨著國力不斷增強，中國軍隊將加大參與國際維和、國際人道主義救援等行動的力度，在力所能及的範圍內承擔更多國際責任和義務，提供更多公共安全產品，為維護世界和平、促進共同發展做出更大貢獻。

## 五、中國參與全球安全與和平治理的政策建議

全球安全與和平治理是一個持續變化、逐步改進的過程。中國應該加強大國協調，強化聯合國在全球安全與和平治理中的地位和作用，推動亞洲治理機制不斷完善。在這一過程中，應注重創新並推廣新的安全理念，樹立話語權優勢，超越西方主導的傳統冷戰思維和零和博弈的舊框架；應通過各個層次和領域的合作，凝聚各方共識，以現有治理框架為基礎，積極推動安全治理體系改革。隨著中國國力的提升，中國完全可以在全球安全治理改革過程中發揮更加明顯的建設性作用。

### （一）加強大國協調

和平與發展依然是時代主題，大國協調依然是未來多極世界的基本治理模式。第二次世界大戰結束後，大國間相互依賴關係不斷加深，各國利益的實現更加依賴於整個世界經濟的繁榮與發展，依賴於各國之間經濟合作。同時，經濟、能源和環境危機不斷湧現，任何一個大國都難以單獨應對。建構在擁有核武器基礎上的相互核威懾也使大國間戰爭變得更加不可能。世界要維持和平，實現發展，並應對全球化帶來的各種地區和全球熱點問題，主要大國之間必須加強合作。在大國協調治理模式下，主要大國或力量中心將通過尋求共識、相互妥協讓步的方式，尋求相互關係的良性發展，並找到解決全球共同問題的方案。二十國集團地位的提升是過去幾年大國協調得以強化的證明。要推動二十國集團從危機應對機制向長效治理機制轉變，使二十國集團在全球治理機制中發揮更加積極的作用。未來，二十國集團如果

能夠在維護世界和平與安全領域發揮更大作用，勢必在全球內增強全球安全與和平治理體系的能力。

要在大國協調中發揮更加積極的作用，努力構建以新型大國關係為基礎的新型國際關係，維護大國間和平與安全的大局。中國要繼續努力構建不衝突不對抗、相互尊重、合作共贏的中美新型大國關係，進一步提升中俄全面戰略協作夥伴關係，加強中歐戰略對話、中英戰略對話，推進中歐和平、增長、改革、文明四大夥伴關係，加強中英全面戰略夥伴關係、中法全面戰略夥伴關係、中德全方位戰略夥伴關係等，完善全球夥伴關係網絡，使中國在大國協調中發揮更大的作用。在此基礎上，中國要積極推進構建以合作共贏為核心的新型國際關係，為完善全球安全與和平治理體系提供更為有利的外部環境。

要倡導創新大國安全協調機制，為解決安全危機、維護持久和平注入動力。大國歷來是塑造國際安全格局的重要角色，是影響乃至決定世界和平與安全的重要力量。因此，在國際安全事務中，中國要倡導大國責任和多邊平等協商，反對置身事外的消極無為，反對咄咄逼人的單邊主義。消極無為無助於國際問題的解決與國際政治經濟新秩序的構建，單邊主義則與和平、發展、合作、共贏的時代潮流背道而馳。面對複雜的地區熱點問題，中國歷來主張各方保持冷靜，避免採取使局勢升級的行動，通過建立規則機制管控危機，進而通過對話協商的政治解決方式解決爭端。隨著自身國力的提升，中國不僅要主動承擔與自身實力相匹配的國際義務，站在發展中國家的立場上積極發聲、奮發有為，在大國協調中維護好發展中地區和平穩定的局勢，維護好發展中國家的發展利益，而且要號召其他大國承擔自身責任，共同維護國際體系的和平穩定。唯有如此，才能逐漸凝聚大國共識，協調大國力量，共同推動全球和地區安全治理體系的完善。

## （二）強化聯合國在全球安全與和平治理中的地位和作用

第二次世界大戰結束後七十多年的歷史實踐證明，聯合國作為世界上最大、最具代表性的國際組織，是維護戰後和平與穩定的基石，是發展多邊主義的最佳平台，在解決國際衝突、維護世界秩序方面，具有不容置疑的權威性。

要堅持聯合國在全球安全與和平治理中的核心地位，捍衛《聯合國憲章》的宗旨和原則，堅持通過對話協商以和平方式解決國家間的分歧和爭端。強化聯合國安理會決議作為全球治理中決定戰爭與和平問題的唯一合法程序的地位，反對西方大國越過聯合國對外行使武力。支持聯合國全方位介入國際安全事務，在危機預防、衝突調停、和平談判、秩序建設等領域發揮更加積極的作用。倡導共同、綜合、合作、可持續安全的理念，尊重和保障每一個國家的安全，建設開放、透明、平等的國際安全合作架構，走出一條共建、共享、共贏的安全新路，共同維護地區和世界和平穩定。

要支持聯合國通過改革推動多邊主義，提高聯合國的權威、效率和應對新威脅、新挑戰的能力。在改革中維護《聯合國憲章》的宗旨和原則，特別是主權平等、不干涉內政、和平解決爭端、加強國際合作等原則；改革過程應遵循地域公平和優先增加發展中國家代表的原則，兼顧不同文化和文明的代表性，最大限度地滿足所有會員國，尤其是廣大發展中國家的要求和關切。應發揚民主，充分協商，努力尋求最廣泛一致。支持先易後難、循序漸進地推進改革進程，對達成一致的建議，可盡快做出決定，付諸實施；對尚存分歧的重大問題，要採取謹慎態度，繼續磋商，爭取廣泛一致，不人為設定時限或強行推動做出決定，反對強行表決尚有重大分歧的方案。

要繼續支持聯合國實施維和行動，實踐多邊主義、維護集體安全。倡導國際維和行動根據國際形勢發展變化進行改進與調整，加強戰略設計，制定更加合理可行的授權方式，提高部署效率，改善管理和內部協調機制，幫助加強發展中國家能力建設。支持聯合國秘書長倡議對維和行動進行評估和改進，支持聯合國通過與會員國廣泛協商尋求共識，更好地完成維護和建設和平、保護平民等各項任務。積極落實中國國家主席習近平關於支持改進和加強聯合國維和行動提出的一系列重大倡議，加入新的聯合國維和能力待命機制，為相關國家培訓維和人員，並向非洲聯盟提供無償軍事援助，支持非洲常備軍和危機應對快速反應部隊建設。

## （三）推動亞洲安全治理機制不斷完善

和平是發展的前提，安全是發展的保障。亞洲是目前世界經濟中最為活躍的地區，這一發展潛能能否釋放出來，在很大程度上取決於亞洲和平穩定的大局能否得以長久維持。完善的地區安全治理機制對於防範安全危機、解決地區衝突、開展亂後重建以及塑造良好的周邊環境具有重要影響。中國要大力推動亞洲地區安全治理體系的構建與完善，早日建成公正、有效、開放的地區安全合作機制，以此維護亞洲和平、安全與穩定，並增強亞洲地區參與全球安全與和平治理的能力。

要提高上合組織安全合作水平和安全行動能力。繼續倡導互信、互利、平等、協助的新安全觀與共同、綜合、共同、可持續的亞洲安全觀，與俄羅斯、中亞五國等其他成員國一起強化上海合作組織防務合作，在二〇一五年達成的《邊防合作協定》（SCO Border Defense Agreement）的法律基礎上，展開更加廣泛的安全合作，提高本組織安全行動能力。

要積極完善中國—東盟和平與安全治理機制。要在「中國—東盟對話夥伴關係」框架下加強與東盟在安全領域的合作機制建設，加強危機預防，提升戰略互信，爭取早日構建起「組織上具有內聚力、行動上具有操作性、結果上具有時效性的合作安全機制」。一方面，要擇機搭建中國—東盟早期預警和反應機制以及與之相關的待命部隊或快速反應部隊，從加強預防性外交出發，逐步建立地區衝突解決機制；另一方面，要以更大魄力和更具體的行動強化多邊互信機制建設。

其中關鍵是要為對方提供經濟和安全等公共產品，以消除實力不對稱所帶來的恐懼感和不確定性。二〇一五年十一月正式建立的瀾滄江—湄公河合作機制就是一個重要的公共產品和融合平台。同時，在雙邊層面，中國要繼續強化中國與東盟國家建立的年度防務磋商機制和防務合作協定，為中國—東盟安全合作機制化早日取得突破注入強勁動力。

創新並推廣新安全理念，引領安全合作的方向。霸權思維、零和思維、冷戰思維曾經長期影響各國的安全理念和安全戰略，使許多安全問題積重難返、戰火綿延。面對錯綜複雜的國際和地區安全挑戰，中國要繼續呼籲摒棄一切形式的冷戰思維，樹立共同、綜合、合作、可持續安全的新觀念，充分發揮亞洲相互協作與信任措施會議等地區安全合作平台的重要作用，努力探索符合亞洲特點和各國共同利益的安全與發展途徑，營造公道正義、共建共享的地區安全格局。倡導新安全觀並以此為基礎完善全球安全與和平治理機制仍然需要做出長期不懈的努力，但是這應當是國際社會努力的方向。

## （四）支持其他地區安全與和平治理機制不斷完善

中國要支持非洲聯盟、阿拉伯國家聯盟等地區組織在全球安全與和平治理中發揮越來越積極的作用。支持非洲國家、非洲聯盟以及次區域組織致力於維和維穩能力建設和有關努力。落實「中非和平安全合作夥伴倡議」，繼續為非洲常備軍、非洲危機快速反應部隊等非洲集體安全機制建設提供力所能及的支持。堅定支持非洲聯盟在維護非洲和平安全中發揮主導作用，促進雙方在和平安全和國際事務等領域合作。倡導在中東實踐共同、綜合、合作、可持續的安全觀，支持阿拉伯和地區國家建設包容、共享的地區集體合作安全機制，實現中東長治久安與繁榮發展。尊重阿拉伯國家聯盟為維護地區和平和穩定、促進地區發展所作努力，支持阿拉伯國家聯盟在國際和地區事務中發揮更大作用，支持海合會等阿拉伯次區域組織在維護區域和平、促進發展方面發揮的積極作用，並擇機加強與各組織的友好交往與合作。

第五章

# 全球經濟治理

在經濟全球化時代，國家間經濟相互依賴性更加緊密，全球性的經濟問題日益突出，全球經濟治理在全球經濟中發揮的作用越來越大。特別是二〇〇八年國際金融危機之後，以二十國集團為代表的國際經濟合作的首要平台，成為發達國家和新興市場經濟體合作應對全球金融危機，協調宏觀經濟政策，促進全球經濟強勁、可持續與平衡增長的重要的全球經濟治理機制，對於促進全球經濟復甦發揮著重要的作用。但是二十國集團不能解決全球經濟治理長期存在的弊端和問題，如代表性不足、治理機構失衡、全球治理組織效率低下、發達經濟體佔據主導地位、新興市場經濟體和發展中國家處於被治理的不平等地位。因此，必須推動全球經濟治理改革。

當前全球經濟治理結構的轉型路徑依舊艱難曲折，發達國家和發展中國家之間的分歧仍然非常明顯，美國等發達國家推動全球經濟改革，轉移自身權力的動力和意願持續下降。中國作為世界第二大經濟體和最大的發展中國家已經成為全球經濟治理變革的重要參與者和推動者。隨著中國提出「一帶一路」倡議等重大戰略，中國將為全球經濟治理提供越來越多的國際公共產品，為全球經濟治理做出重大貢獻。

## 一、全球經濟治理的產生背景與發展

### 第一階段：全球經濟治理的產生（一九四五至一九七一年）。

一九二九至一九三三年全球經濟大蕭條期間，全球經濟治理失敗，國際經濟政策缺乏協調導致危機深化，隨後一九三九至一九四五年第二次世界大戰導致國際政治經濟嚴重失衡。第二次世界大戰後期，美國為首的同盟國首要任務是通過建立全球經濟治理機制，恢復國際經濟秩序。在此期間美國主導建立的布雷頓森林體系確立了以美元為主導的國際貨幣體系；建立了國際貨幣基金組織、世界銀行等國際金融機構和一系列機制維護國際經濟、金融穩定；建立了關稅暨貿易總協定（General Agreement on Tariffs and Trade, GATT）來推動全球貿易自由化，形成了國際貨幣基金組織、世界銀行和世界貿易組織「三駕馬車」組成的治理體系。布雷頓森林體系構成了全球經濟治理的主要制度基礎，也是全球經濟合作和治理機制開始運行的標誌。然而隨著冷戰的開始，美國主導的全球治理機制多數僅適用於美國主導的資本主義世界體系，因此這種經濟治理機制只是局部的「全球經濟治理」。而且隨著第二次世界大戰後美國經濟的衰落，這一治理機制的弊端日益顯露。

**第二階段：全球經濟治理的發展（一九七一至一九九一年）。**

布雷頓森林體系之下的固定匯率制度存在顯著的缺陷，即「特里芬難題」（Triffin Dilemma）。二十世紀六〇年代美國經濟衰落，「特里芬難題」成為困擾美國經濟的大難題，美國難以單獨維持固定匯率的國際貨幣體系，國際貨幣基金組織和世界銀行更是無能為力，最終導致一九七一年美元與黃金「脫鉤」，固定匯率的國際貨幣體系崩潰。

在後美國霸權時期，美、歐、日等主要發達經濟體之間的國際經濟合作成為維持國際經濟制度、推動全球經濟治理的關鍵性因素。一九七六年確立浮動匯率的牙買加國際貨幣體系（Jamaica International Monetary System），但是也導致匯率波動範圍加大，國際資本流動程度日益提高，發達經濟體之間經濟相互依賴日益加深。恰在此時，新獨立的發展中國家先後成立多個經濟組織，要求國際政治經濟民主化，特別是石油輸出國組織（Organization of the Petroleum Exporting Countries, OPEC）的成立，促使兩次石油危機的爆發，導致發達經濟體經濟陷於衰退，美國經濟甚至面臨長期滯脹的風險。因此，通過宏觀經濟政策協調維持國際經濟穩定成為共同的利益。一九七五年十一月，美國、法國、英國、聯邦德國、日本和意大利西方六大國在巴黎召開首腦會議，主要討論經濟議題，旨在加強發達經濟體之間的宏觀經濟政策協調，一九七六年加拿大加入首腦會議機制，正式形成七國集團（G7）。但是超主權經濟合作和治理決策平台主要局限於七國集團，其範圍並不具有全球代表性。

### 第三階段：全球經濟治理的擴散（一九九一至二〇〇八年）。

持續四十多年的冷戰最終以東歐劇變、蘇聯解體而結束，以美國為首的北約集團成為最大的贏家，美國霸權的增強使其在全球經濟治理中的地位和作用提高。隨著中國、印度等大國實施改革開放，以及冷戰結束以後，俄羅斯等國家計劃經濟向市場經濟轉軌，大國紛紛融入全球經濟一體化進程，成為「新興經濟市場經濟體」。以私有化、市場化等觀念為主的「華盛頓共識」為代表的全球經濟治理觀念、制度通過國際貨幣基金組織、世界銀行等國際金融機構向新興市場經濟體傳播，一九九七年俄羅斯加入七國集團，七國集團發展成為八國集團（G8）[1]。然而新興市場經濟體和發展中國家卻接連爆發金融危機[2]，一九九七至一九九八年東南亞金融危機爆發後，美國所主導的全球經濟治理機制無法應對發生深刻複雜多變的全球政治經濟局勢，一九九九年在布雷頓森林體系的框架下二十國集團[3]非正式部長級會議機制應運而生，這意味著發達國家和新興市場國家共同合作參與的全球經濟治理開始起步。與此同時，聯合國改革（特別是安理會改革）以及國際貨幣基金組織、世界銀行等國際金融組織改革被提上議事日程。

### 第四階段：全球經濟治理的新階段（二〇〇八年至今）。

二〇〇八年國際金融危機和二〇一〇年歐洲主權債務危機的集中爆發，長期以來全球經濟結構性失衡、國際金融監管嚴重不足是重要原因。在金融危機過程中，各國宏觀經濟政策難以協調，以及現有的國際貨幣基金組織等國際機構不足以應對金融危機等問題，再一次暴露全球經濟治理機制的有效供給不足和內在缺陷。在此過程中，新興市場經濟體群體性崛起，美、歐等發達經濟體系整體相對衰落，國際經濟體系中權力結構的變遷推動著全球經濟治理的變革。全球經濟治理機制從「G8時代」正在向「G20時代」重大轉變。二〇〇八年十一月為應對日益嚴峻的國際金融危機，在美國的倡導下二十國集團首次領導人峰會在美國華盛頓召開。截至二〇一六年，二十國集團領導人峰會已召開十屆，第十一屆峰會於二〇一六年九月在中國杭州召開。二十國集團標誌著具有全球意義的全球經濟治理正式啟動，該機制涵蓋面廣，代表性強，其成員國GDP總和佔全球經濟的百分之九十，貿易額總和佔全球的百分之八十，已取代八國集團成為全球經濟合作的主要論壇。

## 二、全球經濟治理體系的主要內容

全球經濟治理是全球治理多個領域之中的重要組成部分，且與其他領域的治理密切相關。全球經濟

❶ 根據七國集團成立時的聲明，成員國應具備兩個條件：其一，成員國必須是實行市場經濟和西方民主政治的資本主義國家；其二，成員國在全球內是具有重大影響的強國。二者缺一不可。參見：陳曉進，〈八國集團三十週年發展回顧〉，《世界經濟與政治》，二〇〇五年第十二期，第二一—二六頁。

❷ 主要的國際金融危機有：一九九四至一九九五年，墨西哥金融危機；一九九七至一九九八年東南亞金融危機，俄羅斯金融危機；二〇〇一年年底阿根廷金融危機等。

❸ 二十國集團的成員包括：美國、日本、德國、法國、英國、意大利、加拿大、俄羅斯、歐盟、澳大利亞、中國、南非、阿根廷、巴西、印度、印度尼西亞、墨西哥、沙烏地阿拉伯、土耳其、韓國。

治理指國家和國家的聯合是通過一系列的國際制度和國際規則來調控、治理世界經濟的。隨著經濟全球化，全球經濟相互依賴日益加深，市場經濟延伸，市場經濟的內在缺陷與主權國家之間零和博弈，全球政治經濟存在主動風險與不確定性。當今世界不存在全球性政府應對和管理各種風險事件，國家間合作提供國際公共產品來維護國際政治經濟秩序顯得十分必要。各主權國家、國家集團、全球公民社會、跨國公司等可以通過共同協商使不同的利益得以調和，並且採取集體行動，以解決全球性的經濟問題，如國際金融監管、貿易制度安排、全球經濟失衡等問題。

在霸權衰微之際，主導國家通過國際合作建立國際規則，來維護其全球政治經濟的主導地位，因此全球經濟治理是基於規則治理基礎之上的。這種規則治理通常可以分成三類：第一類是正式的、多邊的全球性的規則和制度性安排，制度和規則對成員有著較強的約束力；第二類是非正式的、少數國家參與的國家集團機制，參與國通過一定的機制和安排，磋商和協調經濟政策，這類機制對全球經濟治理產生重大的影響；第三類是區域性組織側重於區域內部雙邊或多邊關係的維護，區域性組織是對全球性組織的有益補充，較為典型的包括歐盟、北美自由貿易區、東盟、上海合作組織等。

布雷頓森林體系逐漸形成了基於規則治理基礎之上的全球經濟治理機制。正式的全球治理機制主要包括兩個：國際貿易領域，一九四七年在古巴簽訂的關稅暨貿易總協定，一九九四年發展成為世界貿易組織；國際貨幣與金融領域，國際貨幣基金組織與世界銀行，與世界貿易組織不同，但兩機構都隸屬於聯合國。

在世界經濟的三大重要領域——貿易投資、貨幣、金融，分別由世界貿易組織、國際貨幣基金組織和世界銀行管理。非正式的全球治理機制主要表現為八國集團與二十國集團。

其中國際體系權力轉移是機制變遷最為主要的因素：美國霸權衰落，導致協調七國宏觀經濟政策的七國集團模式出現；冷戰結束後俄羅斯加入七國集團，八國集團就此形成；東南亞金融危機之後，二十國集團央行行長與財政部長之間對話機制建立，但其對影響全球經濟治理的作用有限。

通過七國集團的協商與對話機制，發達經濟體在國際貨幣基金組織和世界銀行佔據主導地位。美國在國際貨幣基金組織和世界銀行中都佔有最大的份額，在最終決議中擁有一票否決權。自兩機構建立以來，世界銀行的行長一直是由美國人擔任，國際貨幣基金組織的總裁則一直由歐洲人把持。雖然世界貿易組織實行的是一個成員一票制，但是美、歐佔據很大話語權，特別是由主要發達成員和少數發展中成員組成的「非正式磋商」（「綠屋會議」，Green Room），在世界貿易組織的決策過程中發揮著關鍵性的作用。全球經濟治理體系的運作效率較低，而且存在雙重標準、規則有偏向性等問題，且不能解決全球經濟長期存在的失衡問題：全球經濟失衡狀態，導致全球經濟危機❹；國際貨幣體系失衡，美元一家獨大，是國際金融體系動盪的根源；國際貨幣基金組織等機構權力失衡，發達經濟體佔據主導地位；貿易保護主義盛行，多哈回合談判長期停滯不前。

## 三、二〇〇八年國際金融危機後全球經濟治理體系的改革

二〇〇八年爆發國際金融危機導致全球經濟自二十世紀三〇年代以來出現最為嚴重的衰退局面，單一國家力量難以完全應對突如其來的金融危機。而且金融危機爆發後，發達國家實施非常規的貨幣政策

❹ 包括了以貿易和經常賬戶失衡為代表的外部經濟失衡、以一國儲蓄與投資為指標的國內失衡、以資本和金融賬戶以及外匯儲備為代表的國際金融往來失衡。

和積極的財政政策來挽救國內經濟，新興市場國家雖短時內遭受嚴重衝擊，但以中國為代表很快走出了經濟危機，宏觀經濟政策則主要是防範經濟過熱導致金融風險增大，發達國家與新興市場國家宏觀經濟政策出現不一致，可能進一步加劇全球經濟失衡，這對於全球經濟復甦產生負面影響，因此宏觀經濟政策的國際協調勢在必行。在此期間，新興市場經濟體群體性崛起，發達國家的經濟衰落，新興經濟國家已成為全球可持續發展的重要力量。權力結構的既有變化與宏觀經濟政策國際協調的現實需要，推動全球經濟治理的變革。

為了應對金融危機，發達國家順應了全球政治、經濟形勢的變化。二〇〇八年十一月，在美國的倡導下二十國集團機制升級為首腦峰會，二〇〇九年二十國集團首腦會晤實現機制化，成為首個發達國家和新興市場國家共同磋商和協調全球經濟事務的正式機制，並升級為「國際經濟合作的首要論壇」（見**表5-1**）。自此二十國集團開始由危機應對機制向全球經濟長效治理機制轉變。二十國集團機制逐漸形成了主要由最高領導人峰會、協調人高官會、雙部長會以及工商界、青年、勞工、智庫學者等領域的參與工作組構建的多層次的聯繫機制。此外，二十國集團機制還與聯合國、金融穩定委員會（Financial Stability Board, FSB）、經濟合作與發展組織（Organization for Economic Co-operation and Development, OECD）、世界銀行、國際貨幣基金組織、世界貿易組織等國際多邊機構形成了良好的互動關係。

全球經濟治理首要機制從八國集團到二十國集團的轉變，推動了全球經濟治理由發達國家共同治理走向全球多邊治理，在某種程度上擴大了全球經濟治理的合法性、民主性與有效性。在二十國集團框架下，發達國家和新興市場國家共同促進全球宏觀經濟政策協調，促進國際金融機構改革，推動國際金融監管機制變革，反對貿易保護主義，有助於全球經濟實現「強勁、可持續、平衡的增長目標」，對於促進全球經濟的復甦和發展發揮了重要的作用。

表5-1　二〇〇八至二〇一六年二十國集團峰會主要議題

| 時間 | 地點 | 主要內容 |
|---|---|---|
| 2008年11月 | 美國<br>華盛頓 | 探討金融危機的原因，提出加強國際經濟合作，反對貿易保護 |
| 2009年4月 | 英國<br>倫敦 | 同意向IMF和WB等國際機構提供1.1萬億美元資金；對不合作的「避稅天堂」實施懲罰；要求加強全球金融監管，成立金融穩定委員會（FSB）取代之前的金融穩定論壇 |
| 2009年9月 | 美國<br>匹茲堡 | 向發展中國家分別轉移5%和3%的國際貨幣基金組織份額和世界銀行的份額；確保世界經濟持續複甦，推動全球經濟再平衡，抵制貿易保護主義，加強全球金融監管改革，加強宏觀審慎監管 |
| 2010年6月 | 加拿大<br>多倫多 | 發達經濟體削減財政赤字；推動全球金融監管改革；促進國際政策協調，提出「強勁、平衡、可持續的全球經濟增長框架」 |
| 2010年11月 | 韓國<br>首爾 | 確認國際貨幣基金組織改革方案；建立全球金融安全網；通過「首爾發展共識」，在各國發展能力和全球發展能力之間建立良性迴圈鏈的體制 |
| 2011年11月 | 法國<br>戛納 | 歐洲國家主權債務危機問題；重振全球經濟增長；創造就業；維護全球金融穩定；促進社會融合和讓全球化為人類服務 |
| 2012年6月 | 墨西哥<br>洛斯卡沃斯 | 國際貨幣基金組織增資4,500億美元；改善金融市場運作，打破主權債務與銀行債務之間的惡性循環；反對貿易保護主義；加強糧食安全合作，控制商品價格波動 |
| 2013年9月 | 俄羅斯<br>聖彼得堡 | 擴大投資和刺激全球經濟複甦；經濟「去海外化」和協調行動打擊逃稅；確保對基礎設施和中小企業進行長期投資；儘快落實2010年國際貨幣基金組織份額和治理改革方案；加強在能源領域的合作，確保能源市場訊息公開；保護環境，應對氣候變化 |
| 2014年11月 | 澳大利亞<br>布里斯班 | 制定全球經濟增長目標：到2018年前是G20整體GDP再增長2%以上；提出「全球基礎設施倡議」，成立為期4年的全球基礎設施中心，設立全球基礎設施基金 |
| 2015年11月 | 土耳其<br>安塔利亞 | 經濟包容可持續發展，創造就業，使全社會共用增長紅利；到2025年實現將G20成員中最有可能被勞動力市場永久拋棄的年輕人比例降至15%的目標；為中小企業提供資金、技術支持；提出公共與社會資本合作（PPP）模式指南 |
| 2016年9月 | 中國<br>杭州 | —— |

資料來源：中國人民大學重陽金融研究院，《2016：G20與中國》，中信出版集團，2016年，第9頁。

但是作為一個最初的危機應對機制，二十國集團面臨著轉型難題。隨著美國等發達國家日益走出金融危機，經濟逐漸復甦，發達國家，特別是美國推動二十國集團轉型的動力明顯不足，例如美國國會遲遲不肯批准二〇一〇年國際貨幣基金組織的治理改革方案，該方案直到二〇一五年才獲通過，導致在此五年內國際貨幣基金組織改革步伐緩慢。

除了發達國家推動二十國集團機制轉型動力不足之外，因代表性不足、約束力較差、執行力低下等原因而飽受批評。首先，二十國集團機制雖然納入了新興市場國家，但世界還有絕大多數發展中國家未能參與，這些國家對其代表性表示懷疑；其次，設計了相互評估進程（Mutual Assessment Process, MAP），但是該機制僅每兩年對各國財政狀況、公共債務和潛在風險進行一次評估，而且評估建議並沒有實質上的約束力；最後，二十國集團的最大不足就在於缺乏執行力，甚至有可能淪為「空談俱樂部」。根據中國人民大學重陽金融研究院的研究評估，二〇一五年之前二十國集團峰會的領導人公報、共識和倡議，已落實的不足百分之三十。在二十國集團機制中，發達經濟體之間的協調機制——七國集團仍然存在，很多議題的決策，發達經濟體往往先進行內部協商，協調彼此的立場和政策，而使新興國家在二十國集團討論和協商中處於不利地位。

同樣作為新興市場國家的金磚國家中國、印度、巴西、俄羅斯、南非處於經濟快速發展，國家實力增長的階段，但是這些國家在全球經濟治理中的地位和話語權卻相對較低，而且單個國家很難推動國際社會建立有利於本國國家利益的國際機制，以及實現全球經濟治理機制改革，因此，金磚國家有著廣泛的共同利益作為合作的堅實基礎。

二〇〇九年六月，「金磚四國」領導人借二十國集團倫敦峰會之際，首次在倫敦會晤。

二〇一〇年，南非加入，金磚五國合作機制正式形成。二〇一三年金磚國家領導人第五次會晤在南非德班（Durban）舉行，會後發表的《德班宣言》（Durban Declaration）明確提出金磚國家「致力於逐步將金磚國家發展成為就全球經濟和政治領域的諸多重大問題進行日常和長期協調的全方位機制」。經過八年的發展，金磚國家合作機制已經形成了一套全方位、多層次、寬領域的合作治理架構，正在由「對話論壇」向「全方位協調機制」轉型。

金磚國家推動全球治理改革主要體現有以下幾個方面：

首先，建立金磚國家新開發銀行彌補現有多邊開發機構不足。二〇一四年七月，金磚國家宣佈簽署成立金磚國家新開發銀行協議。金磚國家新開發銀行可以為成員國和其他發展中國家基礎設施和可持續發展項目提供融資，還能作為對現有多邊和區域金融機構促進全球增長和發展的補充。

其次，成立應急儲備安排防範國際金融危機。二〇一四年七月，金磚國家宣佈簽署建立初始資金規模為一千億美元的應急儲備安排協議，該協議旨在幫助成員國緩解短期國際資本流動性壓力，防範金融危機，有助於加強全球金融安全網。

最後，金磚國家加強合作可以利用現有國際機制維護共同利益。例如，充分利用二十國集團這一國際經濟合作的首要平台積極與發達國家展開對話，促進國際貨幣基金組織等國際金融機構改革。

## 四、中國對全球經濟治理的貢獻

在中國經濟對外開放，積極融入全球經濟一體化進程中，中國在全球經濟治理中的身份發生了重要變化。隨著經濟的高速增長，開放程度的顯著提升，中國從閉關鎖國，在世界經濟中影響很小的「普通國家」已經成長為世界第二大經濟體、第一大貨物貿易國、第三大投資國、最大外匯儲備國的經濟大國，對全球經濟有著舉足輕重的影響。中國逐漸從全球經濟治理的機制與規則的被動接受者，成長為全球經濟治理規則的倡導者和塑造者。特別是二〇〇八年國際金融危機以來，中國不僅是單純地搭上全球經濟快速增長的「便車」，更是已經開始把握著全球經濟「便車」的「方向盤」，對全球經濟增長和全球經濟治理改革與創新發揮著重要作用。

中國參與全球經濟治理進程中，「推動國際經濟體系改革，促進國際經濟秩序朝著更加公正合理的方向發展」是長期以來的目標。二〇一〇年中國「十二五」規劃的建議中明確提出「中國應積極參與全球經濟治理」的目標[5]，首次將參與全球經濟治理作為國家未來發展的重要規劃。二〇一五年十月「十三五」規劃中再次明確提出中國應積極參與「全球經濟治理」。而作為中國國家最高領導人，中國國家主席習近平也在國內、國際多個場合強調全球經濟治理改革以及中國參與全球經濟治理的重要性。例如，二〇一五年九月二十六日在聯合國發展峰會上指出「各國都應成為全球發展的參與者、貢獻者、受益者……要完善全球經濟治理，提高發展中國家代表性和發言權，給予各國平等參與規則制定的權利」。

中國對全球經濟治理的貢獻主要體現在以下幾方面：

**第一，促進世界經濟增長**。在全球金融危機最為嚴重的時期，實施積極的財政政策和貨幣政策，推出四兆元人民幣經濟刺激方案，率先經濟復甦，並為全球經濟復甦做出重要貢獻。金融危機過後中國經濟步入「三期疊加」的新常態，中國繼續擴大經濟改革和對外開放，實施擴大內需和供給側改革等政策，實現經濟結構調整和經濟增長方式的轉型，對外積極促進雙邊、多邊的自由貿易協議，擴大資本賬戶開放，推動人民幣自由兌換。這些舉措不僅有助於實現中國經濟長期、穩定、健康增長，還對全球經濟產生了積極的外溢效應。二〇〇八至二〇一五年中國經濟對世界經濟的年均貢獻率超過百分之二十五，是全球經濟增長名副其實的引擎。

**第二，推動二十國集團轉型**。目前二十國集團處於轉型期，影響力明顯下降，需要與時俱進，逐漸地從一個危機應對的平台向長效治理的機制轉移，從側重短期政策向中長期政策並重轉型。二〇〇五年在中國召開的二十國集團財長和央行行長會議，在中國的推動下發表了《二十國關於改革布雷頓森林機構的聲明》（G20 Statement on Reforming the Bretton Woods Institutions）和《二十國有關全球發展問題的聲明》（G20 Statement on Global Development Issues），簽署了改革國際貨幣基金組織發言權和投票權的第一份協議。二〇一六年九月召開的二十國集團杭州峰會的主題是「構建創新、活力、聯動、包容的世界經濟」，在議題上設置了「創新增長方式」、「更高效全球經濟金融治理」、「強勁的國際貿易和投資」、「包容和聯動式發展」四大板塊。

**第三，推動全球經濟治理機制變革**。在二十國集團框架下，中國積極參與並推動國際貨幣基金組織和世界銀行等國際金融機構改革，發揮積極的建設者角色。例如，為國際貨幣基金組織份額增加提供大量的資本，中國不僅自身份額和投票權得到提高，也促進這些國際金融機構合法性、代表性、權威性以及執行力的提高。在金磚國家機制下，中國積極引領並主動塑造新的全球經濟治理規則，起到了示範作用，例如中國在金磚銀行和應急儲備基金建設方面發揮著關鍵性的作用，對於現有全球經濟治理機制發揮著補充的作用。在區域合作層面上，中國積極承擔大國責任，主動提供國際公共產品。例如中國積極

❺「十二五」規劃中參與全球治理的目標包括：推動國際經濟體系改革，促進國際經濟秩序朝著更加公正合理的方向發展，積極參與二十國集團等全球經濟治理機制合作，推動建立均衡、普惠、共贏的多邊貿易體制，反對各種形式的保護主義。積極推動國際金融體系改革，促進國際貨幣體系合理化。加強與主要經濟體宏觀經濟政策協調。積極參與國際規則和標準的修訂制定，在國際經濟、金融組織中發揮更大作用。

推動亞洲基礎設施投資銀行設立，為發展中國家基礎設施建設提供融資，二〇一四年利用亞太經濟合作組織主辦國的身份，推動亞太自由貿易區（Free Trade Area of the Asia-Pacific, FTAAP）建設。

**第四，「一帶一路」戰略，為全球提供公共產品。**二〇一三年中國國家主席習近平提出的「一帶一路」倡議，截至二〇一六年五月已有七十多個國家和組織表達了支持和參與，超出了傳統的「一帶一路」範圍，真正形成了具有廣泛影響的國際合作框架，同時三十四個國家和國際組織與中國簽署了共建「一帶一路」政府間合作協議，在此基礎上，還將進一步形成具體的合作規劃，中國企業對「一帶一路」相關的四十九個國家開展了直接投資，投資額共計一百五十億美元。中國「一帶一路」的戰略與實踐有助於推動沿線各國實現經濟政策協調，開展更大範圍、更高水平、更深層次的區域合作，維護全球自由貿易體系和開放型世界經濟，必將對於推動全球經濟治理變革產生重大影響。「一帶一路」倡議進一步表明中國不僅是全球經濟治理變革的積極參與者，更成為全球經濟治理規則的主動塑造者。

## 五、中國參與全球經濟治理的途徑與政策建議

當前全球經濟仍未完全復甦，全球經濟陷入「新平庸」，甚至可能重新回到危機的狀態；宏觀經濟政策邊際效益在下降，世界經濟增長動力不足；發達經濟體與新興經濟體貨幣政策分化明顯，宏觀經濟政策協調難度加大。雖然二〇〇八年國際金融危機以來，受危機驅動，全球經濟治理改革加速，但是由於發達國家危機退去，改革國際金融機構、轉移既有權力的動力和激勵都已不在，新興經濟體則有可能因美國新一輪的加息週期而陷入經濟危機，因此推動全球經濟治理改革，維護世界經濟穩定依然是十分

緊迫的課題。積極參與全球經濟治理，推動國際經濟治理體系改革完善，其根本目的是服從服務於中國實現「兩個一百年」奮鬥目標、實現中華民族偉大復興的中國夢。在這一背景下，中國參與全球經濟治理的路徑主要有以下幾個方面：

**第一，全球治理制度層面，完善多邊框架下促進全球多邊治理機制**。加強全球各層面治理機制的合作。在推動全球經濟治理變革的進程中，中國應堅持在全球治理體系發展中國家的長期身份定位，進而逐步實現從治理的參與者、建設者向塑造者轉變。首先，積極參與和推進在二十國集團機制內部的全球經濟治理變革，與發達國家積極構建新型大國關係，維護好多邊關係，進而爭取更多權力和利益。其次，借助二十國集團主辦國的身份主動塑造和引導全球經濟治理變革，將中國經濟發展理念、中國智慧融入峰會之中，推動二十國集團機制的轉型。最後，重點塑造和參與以金磚國家合作機制為代表的新興經濟體的合作機制。中國與其他金磚國家同屬新興經濟體，在推動全球經濟治理變革，提升國際話語權方面有著共同利益和廣泛的合作基礎。以此為基礎可以實現塑造有利於自身利益的全球經濟治理機制。

**第二，在全球經濟治理的具體領域，應有所區分，重點突出**。在全球貿易治理層面，在世界貿易組織框架下，努力推動建立均衡普惠、共贏的多邊貿易體制，反對任何國家以任何形式出現的貿易保護主義。在全球貨幣與金融治理層面，推動全球貨幣改革，完善國際金融監管體制。其中，最為重要的是推動國際貨幣基金組織與世界銀行的改革。在上述領域之中，特別是全球貿易領域，中國應該強調自身發展中國家的身份，強調共同但有區別的責任，站在新興經濟體和發展中國家的角度，有序推進全球貿易規則變遷。在國際貨幣金融領域，中國應該強調基於經濟實力進行利益分配的原則，謀求與本國經濟實力相稱的地位，進而提高自身的國際話語權和影響力。

**第三，在區域經濟治理層面，加快推動區域經濟合作，加快實施自由貿易區戰略。**推動區域經濟治理要以區域經濟合作機制為依托，利用東盟與中國（10＋1）合作機制打造中國—東盟自由貿易區升級版，樹立東亞區域經濟合作的「樣板工程」；推動東盟與中國、日本、韓國、印度、澳大利亞、新西蘭（10＋6）區域經濟合作，促進區域全面經濟夥伴關係協定談判進程；借助亞太經濟合作組織，推動亞太自由貿易區合作。堅持共商、共建、共享原則，扎實推進「一帶一路」建設，積極推進沿線國家發展戰略的相互對接，推動跨區域經濟合作。

# 全球金融治理

全球治理關係著人類未來的共同命運。針對全球治理問題，中國國家主席習近平提出了五點判斷，其中所體現的「中國思路」，可以高度概括為「共同發展」。當前全球問題頻發，本質上還是共同發展問題沒有解決好，全球金融治理則是解決共同發展問題的關鍵。從核心價值觀的演進來看，金融已成為全球治理的時代要義；從全球共同發展的突出矛盾看，國際金融已成為全球治理的核心領域。

隨著中國國力和經濟金融體量的增大，是否參與全球金融治理已不單純是中國自身的選擇。正如中國國家主席習近平在出訪澳大利亞時所指出，中國是一個擁有十三億多人口的大國，是「人群中的大塊頭，其他人肯定要看看大塊頭要怎麼走、怎麼動，會不會撞到自己，會不會堵了自己的路」。另外，國際上很多國家事實上也希望中國承擔更多的職責，扮演更重要的角色，對全球治理負更大的責任。

對於經濟總量居全球第二位、對全球經濟增長的貢獻率居全球第一位的中國而言，全球金融治理應當體現中國金融的作用，吸收中國金融的經驗，融入中國金融的理念，中華文化的哲學基礎、中國對外的發展理念、蒸蒸日上的中國金融也提供了推動變革的中國智慧。天下大治，中國有責，中國在全球金融治理進程中發揮重要作用，不僅僅是中華民族偉大復興的需要，也是世界各國實現共同發展的必由路徑。

## 一、金融治理是新時期全球治理的轉型命脈

走進二十一世紀和平、發展、合作、共贏的新時代，各國相互依存，利益交融越來越深。全球治理已經成為關係人類未來共同命運的時代主題。全球治理是上層建築，但支撐上層建築的是經濟基礎，而

現代經濟又以金融為核心，全球金融治理轉型是否到位，是全球治理變革能否有效推進的命脈。

全球經濟金融的發展趨勢變化帶來全球治理變革，這是當前全球治理處於歷史轉折點和制度升級期的根本原因。隨著以中國為代表的新興經濟體迅速發展，西方發達國家的相對優勢正在逐漸減弱，二〇〇八年國際金融危機把市場經濟全球化推進到新階段，也加速了世界格局多極化的歷史進程。截至二〇一六年，新興和發展中經濟體以購買力平價折算的經濟總規模已經超過發達國家。多極化的時代呼喚著規則制定與參與的多元化，全球治理從強權主導走向合作主導是大勢所趨，這是全球資源有效配置和人類共同發展的客觀要求。但是，世界利益不會自然實現，固化格局不會自我瓦解，共同發展需要共同行動，而共同行動需要新興大國積極主動、有所作為。與其不切實際地開展理論層面的務虛討論，不如把全球治理作為國際社會的一個實踐課題，用務實行動實現新的全球治理變革。

事實上，作為崛起中的新興大國，中國正主動承擔起全球治理的大國重任。

二〇一五年十月，圍繞全球治理問題，中國國家主席習近平提出了五點判斷：一是全球治理體制變革正處在歷史轉折點上，問題的解決需要國際合作；二是全球治理體制變革要給國際秩序和國際體系定規則、定方向；三是要通過踐行《聯合國憲章》和原則，消除對抗和不公；四是要更加平衡地反映大多數國家的意願和利益；五是要吸收人類各種優秀文明成果。這五點判斷所體現的「中國思路」，可以高度概括為「共同發展」，也就是全球的事用和平的方式來「管」，用發展的方式來「辦」，這也是中國在不同歷史時期對全球性事務始終堅持的觀點和做法。

當前全球問題頻發，本質上還是共同發展問題沒有解決好。一是發展失衡問題遠未解決，地緣政治「熱點地區」往往也是經濟發展緩慢、停滯乃至倒退的地區；二是國際貿易失衡加劇，全球資本失衡正在突顯，個別國家倚仗其資本優勢將自身利益凌駕於全球利益之上；三是貧富失衡越來越嚴重，在很多國家內部以及國家與國家之間，貧富差距不斷拉大；四是重視即期發展，忽視長期發展，導致生態失衡、水資源、空氣和土壤污染等一系列可持續發展問題。

全球金融治理是解決共同發展問題的關鍵。二〇〇八年國際金融危機爆發至今，世界經濟雖然平緩復甦，但基礎並不牢固，存在較多不穩定性和不確定性。發達經濟體貨幣政策分化、資本無序流動、全球債務高企、市場信心不足、大宗商品價格劇烈波動，新興市場國家和發展中國家利益訴求得不到保障。這些問題的解決，需要依靠全球夥伴關係，需要各國政府、私營部門、民間團體、聯合國系統等共同參與，調動一切資源，協助落實所有目標。全球金融治理正是以發展為要義，將世界各國的利益和命運更加緊密地聯繫在一起，形成了「你中有我、我中有你」的利益共同體、責任共同體乃至命運共同體，可以說是全球治理的轉型命脈。近年來，在以中國為代表的發展中國家與發達國家的共同積極參與下，全球金融治理中的共識與進步令人欣慰。中國國家主席習近平在二〇一三年博鰲亞洲論壇上強調：「穩步推進國際經濟金融體系改革，完善全球治理機制，為世界經濟健康穩定增長提供保障。」

## 二、國際金融是全球金融治理的核心領域

從國際貨幣體系、國際金融機構、國際金融協定、國際金融市場、國際金融數據和國際金融監管六個維度看，金融在全球治理中發揮著關鍵作用，而且在特定歷史時期主要是正面和積極的作用。但當前的國際金融領域受制於少數國家，少數國家的國內金融政策已經影響到全球金融治理的公平合理性，導致全球發展不平衡以及貧富分化加劇，加劇了一些國家和地區的政治危機、宗教問題和地緣衝突。在國

際金融溢出效應日益顯著的今天，世界各國普遍認為，應當以共同發展為目標，改變國際金融領域的不合理現狀，推動全球金融治理變革。

## （一）國際貨幣體系是全球金融治理的戰略工具

國際貨幣體系建設的初衷是維護全球金融穩定，促進世界經濟共同發展。第二次世界大戰後，美國一直在全球金融治理中扮演核心角色，主要靠的就是美元在國際貨幣體系中的核心地位。借助美元特權，通過利率和匯率政策的變化，美國在獲取國際貨幣收益的同時，向全球輸出內部風險。二〇〇八年國際金融危機的爆發，並未從根本上動搖美元在國際貨幣體系中的核心地位。

## （二）國際金融機構是全球金融治理的重要主體

第二次世界大戰後，全球治理主體開始從主權國家轉化為非主權性質的國際組織。世界銀行、國際貨幣基金組織、國際清算銀行（Bank for International Settlements, BIS）等國際金融組織，都是全球治理的早期實踐者，對於戰後世界經濟秩序的重建和復甦發揮了重要作用。但由於治理思路與政治綁定、投票權被少數國家把持等原因，在全球化多元化發展的今天，國際金融組織的治理公正性不斷受到質疑。

## （三）國際金融協定是全球金融治理的核心手段

在全球化、區域一體化的背景下，公平合理的國際金融協定能夠體現參與國共同的政治經濟訴求，有利於國際貿易金融往來和經濟發展。但現實情況是，大多數的協定都由少數發達國家主導，廣大發展中國家被動跟隨。國際貨幣基金協定和牙買加協議就是美元特權的重要依據，也是美國維持全球治理核心地位的重要手段。美國近年來加快推行跨太平洋夥伴關係協定、跨大西洋貿易與投資夥伴協定以及國際服務貿易協定等協議，實質上體現的是其自身的政治意圖和利益訴求。

## （四）國際金融市場是全球金融治理的競爭要地

國際金融市場在引導全球資本流動、發揮金融支持實體經濟等方面發揮著重要作用。但隨著國際金融市場虛擬化程度越來越高，逐漸成為發達國家主導全球利益再分配的重要場所和少數國家維護其全球優勢地位的工具，資源配置的效率卻在不斷弱化。例如，國際金融衍生品市場的快速發展，吸引了大量國際資本，不僅導致實體經濟資本投入供給不足，而且資本大量快進快出也會影響市場穩定，對於全球經濟波動和金融危機的爆發負有不可推卸的責任。

## （五）國際金融數據是全球金融治理的決策依據

借助大數據，金融機構可以監測異常資金流動，打擊洗錢、欺詐等不法行為；通過對日常交易行為的數據分析，判斷市場流動性，排查風險隱憂；通過國際金融市場上價格信息的分析判斷，為一國應對外部環境急劇變化提供預警。此外，大數據技術的深度挖掘還可以為全球安全與和平治理提供關鍵資訊。目前，由於少數國家主導著國際清算網絡和大宗商品定價權，金融數據成為這些國家「扶親滅異」的重要依據。

### （六）國際金融監管是全球金融治理的穩定基礎

在全球經濟一體化背景下，國際金融監管是維護全球市場穩定、化解全球金融風險的必要手段。但是，現行國際金融監管規則由少數國家主導，沒有考慮各個國家的特殊國情。少數國家出於利益需要，對發展中國家「指手畫腳」，卻對本國高風險的金融活動「聽之任之」，導致國與國之間的監管協作缺乏共識，進而引發了次貸危機和歐債危機等重大問題。

## 三、全球金融治理準則——《巴塞爾協議》的形成背景與發展

全球金融治理是全球治理的核心領域和重要組成部分，是金融全球化的產物。為處理金融全球化過程國際金融領域出現的各類議題，以及由此產生的對國際金融領域公共秩序和公共產品的需求，全球金融治理成為一種客觀需要。

## （一）《巴塞爾協議》產生的背景

二十世紀七〇年代以後，資訊通信技術迅猛發展，為第二輪經濟全球化提供了基礎和技術平台。互聯網技術和計算機應用的普及，有力地推動了層出不窮的全球金融創新和革命性變革。銀行卡、自動櫃員機、銀行間電子轉賬系統等的推出與普及，促使全球金融資產交易規模和範圍急劇擴張。據國際貨幣基金組織統計，一九八〇年全球金融資產只有十二兆美元，其規模與當年全球ＧＤＰ基本相當；二〇〇七年就達到了兩百三十兆美元，是當年全球ＧＤＰ的四．二倍。

金融市場全球化，還體現在二十四小時不間斷營業的電子網絡交易市場的形成和發展上。交互聯結、四通八達的全球性金融網絡，將全球股票市場、債券市場、外匯市場、金融衍生品市場聯結在一起，使各個經濟體成為這一網絡的一個節點和有機組成部分。

在金融全球化伊始，全球就遭遇了布雷頓森林體系的崩潰，其後國際貨幣、金融體系持續動盪，各國銀行經營規模急劇增長，但風險也與日俱增。在此背景下，《巴塞爾協議》應運而生，並發展成為最具影響力的全球金融監管和治理準則。

巴塞爾委員會是一九七四年由十國集團[1]中央銀行行長倡議建立的，其成員包括十國集團（Ｇ10）中央銀行和銀行監管部門的代表。自成立以來，巴塞爾委員會制定了一系列重要的銀行監管規定，如一九八三年的銀行國外機構的監管原則（又稱巴塞爾協定，Basel Concordat）和一九八八年的巴塞爾資本協議（Basel Accord）。這些規定不具有法律約束力，但十國集團監管部門一致同意在規定時間內在十國集團實施。經過一段時間的檢驗，鑑於其合理性、科學性和可操作性，許多非十國集團監管部門也自願地遵守了巴塞爾協定和資本協議，特別是那些國際金融參與度高的國家。

一九九七年，有效銀行監管核心原則的問世是巴塞爾委員會歷史上又一項重大事件。核心原則是由巴塞爾委員會與一些非十國集團國家聯合起草，得到世界各國監管機構的普遍贊同，並已構成國際社會普遍認可的銀行監管國際標準。

至此，雖然巴塞爾委員會不是嚴格意義上的銀行監管國際組織，但事實上已成為銀行監管國際標準的制定者。

## （二）《巴塞爾協議Ⅰ》的主要內容

《巴塞爾協議》（又稱《巴塞爾協議Ⅰ》，Basel I）是國際清算銀行的巴塞爾銀行業條例和監督委員會的常設委員會——巴塞爾委員會於一九八八年七月在瑞士的巴塞爾通過的《關於統一國際銀行的資本計算和資本標準的協議》的簡稱，其目的是通過規定銀行資本充足率，減少各國規定的資本數量差異，加強對銀行資本及風險資產的監管，消除銀行間的不公平競爭。該協議第一次建立了一套完整的、國際通用的、以加權方式衡量表內與表外風險的資本充足率標準，有效地扼制了與債務危機有關的國際風險。基本內容由以下四方面組成：

### 1. 資本的組成

巴塞爾委員會認為銀行資本分為兩級：第一級是核心資本，要求銀行資本中至少有百分之五十是

❶ 指七國集團加上比利時、荷蘭、瑞典和瑞士。該集團雖然有十一個成員國，但仍稱為十國集團（G 10）。

實收資本及從稅後利潤保留中提取的公開儲備所組成；第二級是附屬資本，其最高額可等同於核心資本額。附屬資本由未公開的儲備、重估儲備、普通準備金（普通呆賬準備金）、帶有債務性質的資本工具、長期次級債務和資本扣除部分組成。

### 2. 風險加權制

《巴塞爾協議I》確定了風險加權制，即根據不同資產的風險程度確定相應的風險權重，計算風險加權資產總額：一是確定資產負債表內的資產風險權數，即將不同資產的風險權數確定為五個檔次，分別為0、10、20、50、100；二是確定表外項目的風險權數，即確定了1、20、50、100四個檔次的信用轉換係數，以此再與資產負債表內與該項業務對應項目的風險權數相乘，作為表外項目的風險權數。

### 3. 目標標準比率

銀行資本充足率（Capital Adequacy Ratio；資本適足率）即資本與風險加權資產之比不低於百分之八，其中核心資本部分至少為百分之四。

### 4. 過渡期和實施安排

過渡期從協議發佈起至一九九二年年底止。到一九九二年年底，所有從事大額跨境業務的銀行資本金要達到百分之八的要求。

一九八八年的《巴塞爾協議I》主要有三大特點：一是確立了全球統一的銀行風險管理標準；二是突出強調了資本充足率標準的意義，通過強調資本充足率，促使全球銀行經營從注重規模轉向注重資本、資產質量等因素；三是受二十世紀七〇年代發展中國家債務危機的影響，強調國家風險對銀行信用風險的重要作用，明確規定不同國家的授信風險權重比例存在差異。

《巴塞爾協議Ⅰ》的不足：對風險的理解比較片面，忽略了市場風險和操作風險；對金融形勢的適應性不足；忽視了全面風險管理的問題。

## （三）《巴塞爾協議Ⅱ》的主要內容

《巴塞爾協議Ⅱ》是由國際清算銀行下的巴塞爾銀行監理委員會（Basel Committee on Banking Supervision, BCBS）所促成，針對一九八八年的巴塞爾協議做了大幅修改，以期標準化國際上的風險控管制度，提升國際金融服務的風險控管能力。新協議將風險擴大到信用風險、市場風險、操作風險和利率風險，並提出「三個支柱」要求，強化資本監管，更為準確地反映銀行經營的風險狀況，進一步提高金融體系的安全性和穩健性。

《巴塞爾協議Ⅱ》有三大支柱，即最低資本要求、監管部門的監督檢查和市場約束。

### 1. 第一大支柱：最低資本要求

該部分涉及與信用風險、市場風險以及操作風險有關的最低總資本要求的計算問題。最低資本要求由三個基本要素構成：受規章限制的資本的定義、風險加權資產以及資本對風險加權資產的最小比率。

新協議在原來只考慮信用風險的基礎上，進一步考慮了市場風險和操作風險。信用風險的計量方法包括：標準法（根據借款人的外部評估結果確定其風險權重，權重層級分為0、20%、50%、100%、

150%五級）、初級內部評級法（允許銀行測算與每個借款人相關的違約機率，其他數值由監管部門提供）及高級內部評級法（允許銀行測算其他必需的數值）。

市場風險和操作風險的計量方法是在量化操作風險時，提出了三個處理方案：一是基本指標法，即資本要求可依據某一單一指標（如總收入）乘以一個百分比；二是標準法，即將銀行業務劃分為投資銀行業務、商業銀行業務和其他業務，各乘以一個百分比；三是內部計量法，則是由銀行自己收集相關數據，計算損失機率。

總的風險加權資產等於由信用風險計算出來的風險加權資產，再加上根據市場風險和操作風險計算出來的風險加權資產，要求信用風險、市場風險和操作風險的最低資本充足率為百分之八。在計算資本比率時，市場風險和操作風險的資本要求乘以一・五（即最低資本比率百分之八的倒數），再加上針對信用風險的風險加權資產，就得到分母，即總的風險加權資產。分子是監管資本，兩者相除得到資本比率的數值。

### 2. 第二大支柱：監管部門的監督檢查

監管部門的監督檢查，是為了確保各銀行建立起合理有效的內部評估程序，用於判斷其面臨的風險狀況，並以此為基礎對其資本是否充足做出評估。監管當局要對銀行的風險管理和化解狀況、不同風險間相互關係的處理情況、所處市場的性質、收益的有效性和可靠性等因素進行監督檢查，以全面判斷該銀行的資本是否充足。

在實施監管的過程中，應當遵循如下四項原則：其一，銀行應當具備與其風險相適應的評估總量資本的一整套程序，以及維持資本水平的戰略；其二，監管當局應當檢查和評價銀行內部資本充足率的評估情況及其戰略，以及銀行監測和確保滿足監管資本比率的能力，若對最終結果不滿意，監管當局應採取適當的監管措施；其三，銀行管理者應意識到目前所處的經濟週期，進行嚴格、具有前瞻性的壓力測試；其四，監管當局應爭取及早干預，從而避免銀行的資本低於抵禦風險所需的最低水平，如果得不到保護或恢復則需迅速採取補救措施。

為了促使銀行的資本狀況與總體風險相匹配，監管當局可以採取現場和非現場稽核等方法審核銀行的資本充足率。當銀行資本低於需求水平時，監管當局要及時對銀行實施必要的干預，加強對銀行的監測，限制其支付股息，要求銀行準備並實施滿意的恢復資本充足率的計劃，要求銀行立刻籌措額外資本。

### 3. 第三大支柱：市場約束

市場紀律具有強化資本監管、提高金融體系安全性和穩定性的潛在作用，並在應用範圍、資本構成、風險披露的評估和管理過程以及資本充足率四個方面提出了定性和定量的資訊披露要求。

對於一般銀行，要求每半年進行一次資訊披露；而對那些在金融市場上活躍的大型銀行，要求它們每季度進行一次資訊披露；對於市場風險，在每次重大事件發生之後都要進行相關的資訊披露。

《巴塞爾協議II》開創了國際金融合作的典範，其意義表現在：在全球建立了統一的銀行監管框架，為國際銀行業的監管提供了統一標準，有利於平等競爭；強調了風險管理的重要性，對商業銀行的信貸風險、市場風險、操作風險等做了詳細的規定，並且對一些衍生金融工具的風險計算做了有益的嘗試；把表外業務也列入風險資產的衡量框架中，監管內容更全面，約束力更強；開創了國際金融合作的典範。

## 四、二〇〇八年國際金融危機後全球金融治理體系的改革

二〇〇八年國際金融危機發生後，針對全球金融治理基本框架中的缺陷，國際社會採取了幾項主要改革舉措。

### （一）制定《巴塞爾協議III》

《巴塞爾協議III》的草案於二〇一〇年提出，在當年十一月韓國首爾召開的二十國集團峰會上獲得正式批准。《巴塞爾協議III》於二〇一三年一月六日發佈其最新規定。新規定放寬了對高流動性資產的定義和實施時間，確立了微觀審慎和宏觀審慎相結合的金融監管新模式，大幅度提高了商業銀行資本監管要求，建立全球一致的流動性監管量化標準，將對商業銀行經營模式、銀行體系穩健性乃至宏觀經濟運行產生深遠影響。

#### 1. 強化資本充足率監管

改進資本充足率的計算方法。一是嚴格資本定義，提高監管資本的損失吸收能力。將監管資本從現行的兩級分類修改為三級分類，即核心一級資本、其他一級資本和二級資本；嚴格執行對核心一級資本的扣除規定，提升資本工具吸收損失能力。二是優化風險加權資產計算方法，擴大資本覆蓋的風險範圍。採用差異化的信用風險權重方法，推動銀行業金融機構提升信用風險管理能力；明確操作風險的資

本要求；提高交易性業務、資產證券化業務、場外衍生品交易等複雜金融工具的風險權重。

提高資本充足率監管要求。將現行的兩個最低資本充足率要求調整為三個層次的資本充足率要求：一是明確三個最低資本充足率要求，即核心一級資本充足率、一級資本充足率和資本充足率分別不低於百分之四・五（原為百分之二）、百分之六（原為百分之四）和百分之八；二是引入逆週期資本監管框架，包括百分之二・五的留存超額資本（防護緩衝資本）和百分之○至百分之二・五的逆週期超額資本；三是增加系統重要性銀行的附加資本要求，暫定為百分之一。新標準實施後，正常條件下系統重要性銀行和非系統重要性銀行的資本充足率分別不低於百分之十一・五和百分之十・五；若出現系統性的信貸過快增長，商業銀行須計提逆週期超額資本。

建立槓桿率監管標準。引入槓桿率監管標準，即一級資本佔調整後表內外資產餘額的比例不低於百分之三，彌補資本充足率的不足，控制銀行業金融機構以及銀行體系的槓桿率積累。

合理安排過渡期。新資本監管標準從二○一二年一月一日開始執行，系統重要性銀行和非系統重要性銀行應分別於二○一三年年底和二○一六年年底前達到新的資本監管標準。過渡期結束後，各類銀行應按照新監管標準披露資本充足率和槓桿率（Leverage Ratio）。

## 2. 改進流動性風險監管

建立多維度的流動性風險監管標準和監測指標體系：建立流動性覆蓋率、淨穩定融資比例、流動性比例、存貸比以及核心負債依存度、流動性缺口率、客戶存款集中度以及同業負債集中度等多個流動性風險監管和監測指標，其中流動性覆蓋率、淨穩定融資比例均不得低於百分之一百。同時，推動銀行業金融機構建立多情景、多方法、多幣種和多時間跨度的流動性風險內部監控指標體系。

引導銀行業金融機構加強流動性風險管理：進一步明確銀行業金融機構流動性風險管理的審慎監管要求，提高流動性風險管理的精細化程度和專業化水平，嚴格監督檢查措施，糾正不審慎行為，促使商業銀行合理匹配資產負債期限結構，增強銀行體系應對流動性壓力衝擊的能力。

合理安排過渡期：新的流動性風險監管標準和監測指標體系自二〇一二年一月一日開始實施，流動性覆蓋率和淨穩定融資比例分別給予兩年和五年的觀察期，銀行業金融機構應於二〇一三年年底和二〇一六年年底前分別達到流動性覆蓋率和淨穩定融資比例的監管要求。

### 3. 強化貸款損失準備監管

建立貸款撥備率和撥備覆蓋率監管標準：貸款撥備率不低於百分之二．五，撥備覆蓋率（provisioning coverage ratio）不低於百分之一百五十，原則上按兩者孰高的方法確定銀行業金融機構貸款損失準備監管要求。

建立動態調整貸款損失準備制度：監管部門將根據經濟發展不同階段、銀行業金融機構貸款質量差異和盈利狀況的不同，對貸款損失準備監管要求進行動態化和差異化調整。經濟上行期適度提高貸款損失準備要求，經濟下行期則根據貸款核銷情況適度調低；根據單家銀行業金融機構的貸款質量和盈利能力，適度調整貸款損失準備要求。

過渡期安排：新標準自二〇一二年一月一日開始實施，系統重要性銀行應於二〇一三年年底前達到標準。對非系統重要性銀行，監管部門將設定差異化的過渡期安排，並鼓勵提前達到標準：盈利能力較強、貸款損失準備補提較少的銀行業金融機構應在二〇一六年年底前達到標準；個別盈利能力較低、貸款損失準備補提較多的銀行業金融機構應在二〇一八年年底前達到標準。

## （二）強制實施「金融部門評估規劃」

「金融部門評估規劃」（Financial Sector Assessment Program, FSAP）是國際貨幣基金組織和世界銀行對成員國金融體系和相關領域定期聯合開展的評估，以衡量一國金融風險狀況，並促進金融穩定。在總結東南亞金融危機教訓的基礎上，國際貨幣基金組織和世界銀行於一九九九年五月聯合推出了「金融部門評估規劃」，旨在加強對國際貨幣基金組織成員國金融脆弱性的評估與監測，減少金融危機發生的可能性，同時推動成員國的金融改革和發展。該項目由兩大部分組成：由國際貨幣基金組織負責的「金融穩定評估」（Financial Stability Review），及由世界銀行負責在發展中國家和新興市場國家進行的「金融發展評估」（Financial Development Review）。

二〇〇八年的國際金融危機突顯了「金融部門評估規劃」的重要性。二〇一〇年九月，國際貨幣基金組織將「金融部門評估規劃」中的「金融穩定評估」部分作為國際貨幣基金組織對那些具有系統重要性的成員國每五年進行一次的強制性評估。中國是接受此項評估的二十五個系統重要性國家之一。這二十五個國家佔全球GDP的百分之八十，覆蓋全球金融體系的近百分之九十。

## （三）推進國際貨幣基金組織改革，完善金融危機國際救助機制

首先，發揮國際貨幣基金組織穩定國際貨幣金融秩序的功能作用。國際貨幣基金組織的新借款安排（NAB）擴充至五千億美元規模。國際貨幣基金組織還鼓勵組織成員增強自身貨幣政策的透明度，促

進多種形式的監督來保障金融穩定運作；創新並實施統一的准入標準，促進金融部門推行結構性改革以適應整體層面的合作；擴大私營部門的權限來規避多重風險，保障金融市場運行順暢；針對匯率制、資本市場開放度等突出問題予以專門研究，尤其是通過強化融資便利設施、增加金融資本規模和調整人員結構來促進全球貨幣體系的重塑。

其次，國際貨幣基金組織增強了透明度、公正性和適應性。適時發佈工作計劃、政策措施，對其中的爭議性內容進行平等協商並取得共識；執委會強化其監督成員國的履責進程，防範怠政和舞弊行為的發生；組織秘書長的選舉和任職程序要公正、民主，防止以大欺小，尤其是在決策過程中要廣泛尊重、徵求並吸納不同立場、觀點、建議和設想。

此外，對國際貨幣基金組織現有決策和議事規則進行調整和改造。國際貨幣基金組織將超過百分之六的份額從代表性過高的國家轉移到代表性不足的新興市場國家，同時改革負責國際貨幣基金組織日常業務的執行董事會，保持二十四名執行董事規模不變，但減少兩個歐洲發達國家席位，並全部改由選舉產生。國際貨幣基金組織改革方案生效後，中國的投票權增至百分之六·〇七，居第三位；印度、巴西也進入前十，國際貨幣基金組織十大成員國中新興市場國家佔據四席。改革方案對國際貨幣基金組織成員的出資股份比例和機構人事安排上，也進行了針對性調整，增加發展中國家和新興經濟體的代表權和話語權（包括議事和運作規則制定權以及救助機制投票權等），改變少數發達國家對於主導權力的壟斷和掌控。

## （四）設立金融穩定委員

二〇〇九年四月的倫敦二十國集團峰會決定設立一個全球性金融監管體系，金融穩定委員會應運而生。二〇〇九年六月，金融穩定委員會正式開始運作。

金融穩定委員會的具體職能包括：評估全球金融系統脆弱性，監督各國改進行動；促進各國監管機構合作和資訊交換，對各國監管政策和監管標準提供建議；協調國際標準制訂機構的工作；為跨國界風險管理制訂應急預案等。

為履行好這些職能，金融穩定委員會設立全體會議和指導委員會，同時成立三個常設委員會——脆弱性評估委員會、監管和管理合作委員會以及標準執行委員會。另外，金融穩定委員會成立一個工作組以推動跨境風險管理的落實。

金融穩定委員會的成員機構包括二十多個國家的央行、財政部和監管機構以及主要國際金融機構和專業委員會。中國財政部、中國人民銀行、中國銀監會以及中國香港金融管理局均為該委員會的成員機構。

# 五、中國參與全球金融治理的戰略意義

全球治理，你中有我，我中有你。沒有亙古不變的世界秩序，只有不斷轉換的時代主題。當今時代，和平與發展構成主題，但主線始終是利益。在國際金融左右資源配置和利益博弈的大背景下，金融治理已成為全球治理的轉型命脈。治理沒有所謂的「普世標準」，需要的是「強者擔當」。中國金融正在並還將長期承擔起引領全球金融治理的重任，這不僅是中國的訴求，也是世界的渴求。中國金融引領全球金融治理，是有底氣的：一方面，中國金融具備了推動全球金融治理變革的實力；另一方面，中華文明賦予了中國金融變革的智慧。雖然中國金融自身仍處在發展過程中，但同時也已經站在了參與治理和引領變革的歷史風口，已經迎來了奮發圖強、有所作為的大時代。

## （一）從時代觀的演進看，金融是多極博弈時期的主題核心

時代觀是對自身所處歷史階段時代主題的認識，反映了頂層設計者對世界潮流和國際趨勢大背景的理解。從「戰爭與革命」轉向「和平與發展」，是此前兩個三十年的時代主題的演進趨勢。在新時期下，對時代主題的認識進一步擴展至「多極與博弈」。二〇一三年三月二十三日，中國國家主席習近平在莫斯科國際關係學院的演講中指出：「我們所處的是一個風雲變幻的時代，面對的是一個日新月異的世界。這個世界，和平、發展、合作、共贏成為時代潮流，舊的殖民體系土崩瓦解，冷戰時期的集團對抗不復存在，任何國家或國家集團都再也無法單獨主宰世界事務。」冷戰結束後全球霸權力量的日漸式微反映了「多極」，而對時代潮流的表述裡，合作與共贏都是「博弈」的結果。

從時代觀的演進來看，金融在世界潮流中的重要性不斷提升。進入新時期，金融已經變成「多極與博弈」的趨勢核心。一方面，金融是多極格局形成並不斷深化的核心推力。在此前兩個三十年裡，金融的力量都尚不足以改變世界政治經濟的大格局，而進入新時期，金融危機重創了美國霸權力量，全球金融秩序重建和國際貨幣體系改革則將全球政治經濟發展導向多極方向，金融已成為主導格局轉變的關鍵

變量。另一方面，金融成為影響利益博弈的重要因素。在此前兩個三十年裡，各國國家利益最大化的對抗主要體現於軍事、政治和貿易領域；而進入新時期，金融市場定價權、金融體系影響力和金融制裁掌控權成為決定大國博弈均衡走向的重要因素。

## （二）從認識觀的演進看，金融是把握歷史機遇的有效手段

認識觀是對自我的認知，反映了頂層設計者對中國國情和綜合國力的理解。

中國改革開放前的三十年，認識觀的核心關鍵詞是「中間地帶」。「中間地帶」理論隨後發展為「三個世界」理論，但中國夾縫中求生存的狀態卻沒有大的改變。改革開放以來三十多年，認識觀的核心關鍵詞轉為「初級階段」，中國的「一切都要從這個實際出發，根據這個實際來制定規劃」。在新時期，認識觀的核心關鍵詞加上了「歷史機遇」。二〇一二年，中共總書記習近平在中央經濟工作會議上明確指出，「我國發展仍處於重要戰略機遇期的基本判斷沒有變」；同年在參觀「復興之路」展覽時，進一步指出，「現在，我們比歷史上任何時期都更接近中華民族偉大復興的目標，比歷史上任何時期都更有信心、有能力實現這個目標」。

從認識觀的演進看，金融實力伴隨著綜合國力同步提升。進入新時期，金融力量已成為把握重大歷史戰略機遇的有效手段。一方面，將金融置於發展核心是迫切需要。在此前兩個三十年裡，或是生存需求集中於政治方面，或是市場經濟體制的建立是重中之重。進入新時期，解決金融瓶頸問題則是進一步解放生產力的關鍵。另一方面，把金融作為改革抓手是勢在必行。過去中國金融處於發育不足的狀態，進入新時期，中國金融已初步成長為調節和優化資源配置的重要手段，並對謀求中國在全球利益分配中

的有利地位發揮著「牛鼻子」作用。

## （三）從利益觀的演進看，金融是實現偉大復興的關鍵力量

利益觀是對國家利益的認識，反映了頂層設計者對國家利益主要內容、目標排序和核心關切的理解。在「政權鞏固」的基礎上注重「經濟發展」，是此前兩個三十年利益觀的演進趨勢。在新時期，利益觀的核心擴展至「偉大復興」。二〇一二年十一月，中共總書記習近平在參觀「復興之路」展覽時，明確提出：「實現中華民族偉大復興，就是中華民族近代以來最偉大的夢想。」中國夢的核心目標可以概括為「兩個一百年」，即到二〇二一年中國共產黨成立一百週年和二〇四九年中華人民共和國成立一百週年時，逐步並最終順利實現中華民族的偉大復興，具體表現是國家富強、民族振興和人民幸福。

從利益觀的演進看，金融的決定性作用日益突顯。進入新時期，經濟發展的物質積累和金融體系的持續建設已經賦予了金融以強大的力量，使其能夠對中國追夢和圓夢真正起到關鍵作用。一方面，金融是實現國家富強和人民幸福的重要手段，無論對於宏觀經濟的「穩增長」，還是對於微觀層面的「惠民生」，金融都大有可為；另一方面，金融是追求民族振興的有效途徑，用好金融手段，有助於中國破解周邊困局，促進經濟影響力轉化為政治影響力，提升金融的國際地位，則有助於中國在民族之林中穩健崛起。

# 六、中國參與全球金融治理改革的金融實力與基礎

伴隨著經濟持續增長並成為全球第二大經濟體，中國快速建立了一個規模龐大的現代金融體系。中國銀行業資產規模迅速擴大，在所有國家中排名第一。截至二〇一三年年底，中國銀行業資產規模佔全球銀行業的百分之二十二，銀行業資產對GDP的比例為百分之兩百六十，遠高於美國百分之九十二和全球百分之一百六十五的平均水平。二〇一四年年底，中國A股市場上市公司約兩千六百家，市值總規模達三十七兆一千一百億人民幣（二〇一五年四月末市值五十八兆五千七百億人民幣），已超過日本，僅次於美國。二〇一四年保險業中國保費收入超過兩兆人民幣，保險業總資產突破十兆人民幣。從規模和數量角度來看，中國已經成為一個金融大國。中國要實現從金融大國到金融強國的蛻變，改革開放是必然之路。

同時，中國從長期以來的國際金融規制的跟隨者，逐步成為規制的參與制定者，解決方案的提出者。中國融入全球金融市場，更高層次地主動參與全球金融治理，亦正在成為廣泛共識。

橫看全球，縱觀歷史，中國金融引領全球金融治理，既是中國有所作為、謀求更好外部發展環境的客觀需要，也是全球金融治理因時而變、尋求更優發展路徑的必然趨勢。沒有亙古不變的所謂「普世標準」或最佳模式，在以共同發展為核心的變革過程中，全球金融治理應當體現中國金融的作用、吸收中國金融的經驗、融入中國金融的理念。中國金融也飽含著全球金融治理變革迫切需要的「物質之鈣」和「精神之鈣」。

## （一）全球金融治理變革需補中國金融「物質之鈣」

全球金融治理處在歷史轉折期的根本原因是：決定上層建築的物質基礎已經發生了根本變化。從全球經濟結構看，新興市場強勢崛起；從全球發展模式看，平等共贏訴求強烈；從國際金融秩序看，美元霸權日漸式微。這三個層面的物質基礎變化，都體現了中國崛起的客觀趨勢，也賦予了中國金融引領全球金融治理的「物質之鈣」。

**第一，目前的全球治理規則下，大多數國家的權利和義務並不平衡，意願和利益也得不到反映，共同發展難以實現。**中國應該代表發展中經濟體獲得更多話語權，中國金融也有實力承擔起相應責任。從境內看，中資銀行在全球銀行十強排行榜中已佔據半壁江山，中國證券市場體量已位居世界第二，中國金融正在不斷向外釋放長期穩定、公平公正、可預期的政策信號。從境外看，中國已成為改革後的世界銀行第三大股東國，推動設立了金磚銀行、亞投行以及絲路基金、南南基金等多邊金融組織，正在帶動廣大發展中國家積極參與國際金融規則的制定。

**第二，自第二次世界大戰以後，全球治理一直表現為「泛多邊化的單中心」治理模式。**在全球一體化進程中，這種模式往往導致某些國家將自己意志強加給別國，進而產生越來越多的全球治理失靈問題。很多發展中國家與小國貌似處於治理體系中，但話語權、決定權被排除在外，利益訴求無法實現，與其說是參與治理，不如說是「被治理」。中國金融長期伴隨、支持中國經濟成長，更能理解發展中經濟體的成長訴求，具有更好的國際兼容性和學習性。中國金融更注重國家間長遠的理解與認同，在自身主導設立的亞投行中也沒有謀求一票否決權。中國金融的這種「去霸權」做法，使其在全球治理體制中具有很強的感染力、滲透力和共鳴度，能夠推動全球治理體系實現真正的「多邊共治」。

第三，《聯合國憲章》曾提出「促成全球人民經濟及社會之進展」的基本理念與精神，而在現有的治理體制中，美元核心地位已經限制甚至損害了全球整體利益，需要更合理的全球貨幣體系來踐行《聯合國憲章》。人民幣作為新興市場貨幣，以中國強大的經濟實力和外匯儲備為後盾。截至二〇一五年十月，與三十三個國家與地區簽訂了貨幣互換協議，具有幣值穩定的客觀基礎。人民幣已成為國際貿易融資的第二大貨幣、全球第四大最常用支付貨幣和外匯交易第七大貨幣。人民幣對國際貨幣體系的改造，能夠有效解決經濟發展成果分配的不公以及風險和責任匹配的不公。因此，人民幣國際化表面上是中國的需要，其實更是國際社會改進現有國際貨幣體系的需要。

## （二）全球金融治理變革需補中國金融「精神之鈣」

現有全球金融治理模式的價值主張實質上是零和價值優先、個別利益優先和既得利益優先。中國金融主張共同發展、平衡發展與長遠發展，最終實現同呼吸、共命運，這正是全球治理變革急需的「精神之鈣」。

以「一帶一路」倡議為例，中國與沿線國家正建立起超越純粹逐利性和單一經濟性的多邊合作關係，以金融為重要媒介和內在驅動，將中國改革開放的共同發展模式帶入到一個更為廣闊的空間，最大程度地避免對排他性利益的單純追求。在二〇一五年聯合國成立七十週年大會上，中國國家主席習近平宣佈中國將成立南南合作援助基金，並免除部分不發達國家對中國的債務，更是中國金融促進全球發展成果公平分享的實際舉措。

從更長遠的角度看，全球資源的有效配置、世界經濟的普遍增長和人類文明的深層進步需要一種和諧、穩定和可持續的全球金融治理理念，而這恰與中國金融的價值觀不謀而合。

現代西方文化的資本主義內核，以純粹逐利為基礎，不考慮交易對手與市場整體利益得失，常常對全球經濟產生掠奪性後果。並且，西方的資本已經「民主化」，發展中國家必須做到「政治上正確」才能獲得。而現實情況是，大部分發展中國家很難達到西方「政治上正確」的要求。中國金融深受儒家文化影響，核心思想是一個「和」字。圍繞「和而不同」的合作觀、「和衷共濟」的產業觀、「和風細雨」的發展觀、「和諧有序」的監管觀，中國金融不僅注重發揮市場作用，激發創新活力，更注重營造市場秩序，推動交易公平與透明，以穩定的金融環境促進經濟發展。

# 七、中國參與全球金融治理的途徑

## (一)在國際金融規則制定中發揮更重要作用

二〇〇八年國際金融危機後，全球金融版圖發生重大變化，在化解危機的巨大壓力下，全球經濟的核心治理機制實現了從G7/G8時代向G20時代的突變。二十國集團峰會被認為是開啟了全球治理改革的先河，中國開始首次進入全球經濟和金融治理的核心圈。中國隨之成為金融穩定委員會、巴塞爾銀行監理委員會等國際金融組織和俱樂部的新成員。在此背景下，中國參與全球金融治理的中心問題是：

中國能否在全球金融治理規則的制定與調整中，發揮與其經濟金融規模相適應的重要作用，並承擔相應的責任。新成立的絲路基金、亞洲基礎設施投資銀行、金磚國家新開發銀行，以及上海合作組織融資機構等安排，已成為中國參與全球金融治理、發揮相應作用的新平台。這些平台一方面將成為中國構建支持「走出去」的金融支持體系的重要部分，另一方面中國發起的這些多邊機構也應通過其自身高標準的有效運作和良好治理，成為現有國際金融秩序的良好補充。

## （二）推動人民幣更深入參與全球資產配置

人民幣的國際化進程是二十一世紀繼歐元誕生以來最為重要的國際貨幣事件。

自二〇〇九年人民幣國際化序幕正式拉開後，中國一方面通過改革國內制度，釋放人民幣走向海外的市場活力，另一方面也通過全球層面的外交努力與地區層面的制度建設，為人民幣國際化提供制度保障。二〇一三年，根據SWIFT（Society for Worldwide Interbank Financial Telecommunication）數據，人民幣已成為第九大外匯交易貨幣和第五大支付結算貨幣。截至二〇一五年四月末，不算中央銀行和主權基金，已有一百五十二家外資機構獲准投資中國境內債券市場。然而，雖然也有少數國家將人民幣作為外匯儲備貨幣，但人民幣還遠未成為國際貨幣，在全球資產配置中的使用度仍然有限，其背後的一個重要原因就在於國際認可的合法性的缺失，缺乏相關國際制度安排為人民幣做背書，許多偏保守型的養老基金或儲備基金仍缺乏配置人民幣資產的信心和動機。

為此，特別提款權同意納入人民幣，就是人民幣爭取國際貨幣的合法性證明和信心保障。在地區層面，中國圍繞新興國家和周邊國家，通過建立金磚機制貨幣合作、「10＋3」機制貨幣合作、上合組織貨幣合作等區域性制度平台，在未來有望首先實現人民幣的區域化，進而推動人民幣國際化進程。然而，無論是國際層面還是區域層面，都存在複雜的利益衝突和軟實力競爭，中國既要擴大自身影響力，也要在其中學習權力分享、利益讓步和軟實力建設，以制度為人民幣成為國際貨幣提供合法性保證，以國力和軟實力在全球提高配置人民幣資產的信心和動力。

當然，人民幣國際化需要完善市場化金融體系，目前中國尚未實現資本項目可自由兌換，這是人民幣國際化的重要步驟，也是風險最為集中的環節。對於高度依賴對外貿易的中國而言，人民幣國際化所蘊含的匯率風險，對中國跨境投資貿易活動和整體經濟的潛在影響不可小視。同樣，對於中國的商業銀行而言，人民幣國際化對其日趨國際化的資產負債管理、資訊系統建設和國際清算服務能力都將帶來新的挑戰。

### （三）對內對外雙向開放金融市場和金融機構

中國目前金融業的開放水平，總體滯後於中國經濟對外開放的步伐，也落後於其他發展中國家或發達國家。隨著中國經濟整體實力提升以及對外拓展加速，中國金融業開放也應進入更具廣度和深度的新階段。國內、國外兩個金融市場的對接，將在資源配置、投資和財富管理等方面發揮融通效應，國外資產可以植根中國（如蘋果公司）、佈局中國（如機構投資者），中國的個人和企業也將在海外資產配置中獲得更大的自由度，中國金融的國際化將進入一個新階段。提升金融業的開放質量，完善能夠支持「走出去」和「走進來」的金融體系，可從以下兩個層次著手。

**第一個層次是金融機構的對內、對外開放。**一是引入海外多元化的金融機構，豐富中國金融市場的參與者類型。截至二〇一四年年底，外資銀行在中國銀行業市場份額佔比仍不足百分之二，而經濟合作與發展組織、金磚其他四國在二〇〇九年就已分別高達百分之十二和十五·五，世界平均水平則為百分之十三。保險業中以人壽市場為例，二〇一四年年底，外資人壽保險公司的市場份額在百分之五左右，而馬來西亞、菲律賓、越南和新加坡均超過百分之五十。外資金融機構先進的管理理念、豐富的產品服務類型，以及創新精神，能夠激發市場活力，更能帶來新的風險管理理念。中國應以准入前國民待遇和負面清單為原則，擴大金融業對外開放。二是進一步為中資金融機構「走出去」提供便利。目前雖然大型金融機構「走出去」已進入2.0時代，從早期的「試著走出去」，到目前加快在海外通過綠地投資、兼併收購進行跨市場、跨行業的佈局，但中資金融機構的海外業務所佔份額仍十分有限。未來在鼓勵中資金融進一步走出去的同時，應引導其繼續合理佈局和探索服務的模式，研究中資企業走出去的路徑和需求，由坐商成為行商，跟隨客戶，提供綜合金融服務。以中國銀行倫敦分行和英國子行為例，其二〇一三年年底有三十九家中資企業客戶，到二〇一四年年底增長至七十五家，「走出去」客戶貢獻淨利潤年增長率近百分之五十。

**第二個層次是金融市場的改革和開放**。一是要建立多層次的融資市場，推進股票發行註冊制改革，發展和規範債券市場，拓展資本市場，提高直接融資比重，形成更為合理的社會融資構成和金融資源配置能力。二是要發展多維度的金融產品，發展外滙、黃金、商品和金融衍生產品市場，形成層次合理、功能互補的金融市場體系。三是要特別吸引外資金融機構參與高端和複雜金融市場的建設與發展中。以金融衍生品為例，一個具有深度和廣度的衍生品市場是代表一國金融體系韌性的關鍵指標之一，但目前其在中國的發展程度遠落後於發達國家。

二〇一四年年底美國銀行業的衍生產品規模與資產規模之比約為十五倍，而在中國僅為〇·一六，上海也僅有〇．六六，而且產品類型以基本產品為主。但上海的數據顯示，二〇一四年年底，在滬中資法人銀行衍生交易名義本金與資產規模比例為百分之三十二，而外資法人和外資分行的這一比例分別為百分之兩百三十一和百分之六百二十三。換而言之，外資銀行在高端和複雜市場領域的經驗和人才優勢明顯，這也是這一領域需要外資機構更多參與的最重要原因。

### （四）堅持對外開放與對內改革的良性互動

對外開放是中國的基本國策。中國應從實現堅持對外開放與對內改革的良性互動角度出發，在審慎管控風險的前提下擴大金融業對外開放，在建立完善的市場化金融體系的前提下，推進人民幣國際化進程，在統籌中國國內改革發展的同時，進一步參與全球金融治理，在全球金融治理的重要領域主動設置議題，提出中國的思路和路線，制定於中國有利的國際新規則。

## 八、中國參與全球金融治理的政策建議

### （一）堅定釋放長期、穩定、公平、可預期的政策信號

改革開放不僅是過去三十多年來中國經濟社會取得輝煌成就的最大制度保障，也是中國能在較短時間內，初步建成一個規模較大的現代金融體系的最重要原因，更將是未來一個相當長時期，實現中國金

融體系向更高層次躍遷的動力源泉。特別是十八大和十八屆三中、四中全會以來，中國金融深化改革、擴大開放的步伐明顯加快，在降低門檻、放開市場、完善監管等方面政策頻出，已經得到國內外各界的充分認可。這一良好局面的形成來之不易。今後，要始終強調和堅持改革開放是中國的基本國策，對於出台的各項政策措施，需要從落實這一基本國策的高度加以闡釋和宣傳。對於國際上對中國金融問題的懷疑和不信任，要更加積極地用國際上聽得懂、能理解的語言解釋說明，向國際社會釋放長期、穩定、公平、可預期的政策信號。

## （二）更加重視完善法治建設和優化市場環境

**一是要發揮法治的引領和推動作用。**在充分考慮中國經濟金融體系基本情況和特點的前提下，在制定和修改金融法律法規的過程中，應盡可能與國際通行做法接軌。以保護產權、維護契約、統一市場、平等交換、公平競爭、有效監管為基本導向，推進對內、對外開放的立法、執法與司法建設。

**二是要維護市場公平競爭的環境。**進一步簡政放權，加快梳理並公開中國政府和監管部門的權力清單，讓市場發揮更明顯的決定性作用。整合多方資源，建立涵蓋財產、稅務、抵押、徵信等內容的信息登記和查詢平台，加大對違法失信行為的懲戒力度和公開力度，健全全社會誠信體系，為金融機構和金融市場正常運行創造必要的信用環境。

在以上這些方面，中國目前設立的四個自貿區是一個較好的試驗平台。特別是上海自貿區，作為金融領域先行先試的試驗田，有責任也有能力在構建更加市場化、國際化、法治化的營商環境方面做出更積極的探索，包括更大立法授權、更密切的跨部門監管協作與資訊共享等。

## （三）提高金融業的綜合競爭能力

一方面，要釐清中國金融業的優劣勢所在，明確核心戰略目標，建立有層次、多樣化的金融機構體系。中國金融業當前存在的最大問題在於「規模大而不強」，經營同質化的現象較嚴重。下一步，有必要引導各類金融機構發揮各自特長、各司其職，而不是推動一類機構「通吃」所有業務。比如，對於當前最主要的綜合化經營和國際化經營需求，監管機構可以設置必要的清晰明確的評價標準、特定的監管框架和指標約束，只允許滿足相關風控和經營質量要求的金融機構獲得經營資格。這種安排有助於引導金融機構不斷通過做強，而不是通過做大，來獲得更多金融創新的機會。就拿銀行業來說，最終若能形成一至兩家具有全球競爭力的國際性銀行，三至五家具有區域競爭優勢的地區性銀行，幾十家各有業務特色的全國性銀行，和一大批根植於社區、服務於基層的地方性銀行，將是一個較完善的差異化銀行體系。

另一方面，要著力提高對於跨境跨業新型風險的管理能力。強化金融機構風險管理的主體責任，提高其對表內外、境內外、本外幣和母子公司的集團並表全面風險管理能力，進一步擴大風險監測和管理的覆蓋面，確保其建立與其業務、機構相應風險程度相適應的風險管理能力。提前思考未來資本項目進一步開放、利率市場化完全到位等對自身的潛在影響，特別是對於更開放體系下國別風險、流動性風險和市場風險的監測、防範和管理做出適應性安排。

## （四）構建開放型金融體系下的安全保障體系

在擴大開放的同時，也要揚長避短、因勢利導、防範風險，堅定地維護國家的核心利益，建立科學有效的金融安全保障體系。

**一是要完善對外商投資的國家安全審查機制**。對於可能產生系統性影響或削弱國家對金融業實質性控制力的外資併購或投資行為要加以限制。清醒認識中國金融業所處的發展階段，在金融市場韌性和彈性仍相對不足的情況下，審慎評估資本項目完全開放和人民幣完全自由兌換的系統性影響，堅持以我為主，有序推進。

**二是要建立對外投資的風險防控機制**。相對於利用外資，中國在對外投資方面的經驗仍顯不足。特別是全球金融危機期間，中國金融業在境外投資方面曾經出現過一些失敗的案例。因此，有必要引導金融機構深入評估併購或投資的政治風險和經濟風險，並加強對境外風險防控體系的建設。

**三是要形成適應開放需要的金融監管新制度**。高度重視中國國內監管與國際制度框架的接軌，加強「以開放促改革」的頂層設計，完善監管制度設計和執行，防範違規監管套利和資金跨境流動風險。順應市場發展需要，在現有分業監管架構下，加強「一行三會」（即中國人民銀行、中國銀行業監督管理委員會、中國證券監督管理委員會和中國保險監督管理委員會）的協調合作，規範跨業金融業務的標準、建立定期溝通機制，有效落實防火牆機制，保證金融市場的穩定和健康發展，最大程度避免監管真空。

## （五）要加強跨國性金融機構培育，在參與全球金融體系治理中尋求最大公約數

要加強跨國性金融機構培育。通過組建跨區域金融集團、保險業聯合體等複合型金融機構以擴大資產規模，並借助投資參股方式建立區域性清算銀行及其相關金融機構，在充分利用外部資本基礎上，充分借鑑國外金融領域前沿資訊、先進經驗和技術，提升中國金融國際化營運能力。二〇一四年成立的金磚國家新開發銀行、二〇一五年成立的亞洲基礎設施投資銀行就是「特殊的金融監管治理嘗試」。

要通過多種途徑和方式，主動開展雙邊和多邊溝通，積極參與國際金融事務，參與金融規則框架的擬定，包括參與二十國集團、金融穩定委員會、國際貨幣基金組織、世界銀行、絲路基金、亞洲基礎設施投資銀行、金磚國家新開發銀行等國際和區域金融合作組織和平台。特別是在一些重大金融規則的制定過程中，要抱有「雙贏」和「多贏」的信念，提前溝通，互諒互讓。主要國家意見的統一，對於全球規則的成功制定和順利執行具有關鍵意義。事實上，中國和美、歐處於金融發展的不同階段，中國金融業仍處於以傳統業務為主的規模擴張階段，而美歐等發達國家則更擅長高端、複雜的金融業務。因此，雙方合作發展的空間依然很大，若能發揮各自優勢，必能做大合作共贏，正所謂「合則利」。

要強化中國與其他主權國家間的磋商與協調。主動倡導構建區域國家間的政策協調機制，在求同存異基礎上推進合作。例如，在經濟政策方面，追求區域內國家能夠增強其經濟政策的連續性、透明度，定期召開聯席會議以分享相關資訊；在貿易政策方面，通過協調產業政策和調整貿易方式來構建區域分工體系，防止重複建設、以鄰為壑、互相抵制等現象的發生，保障不同國家進出口能力和收支項目的相對平衡；在宏觀調控方面，採取定期定點溝通磋商方式來探討貿易夥伴之間宏觀政策的適應性和對接

度，以達成具有可行性的共識。

## 九、未來的全球金融治理需要依托中國智慧

二〇一五年九月二十二日，中國國家主席習近平指出，隨著人類面臨的重大跨國性和全球性挑戰日益增多，中國將積極推動完善全球治理機制。在二〇一六年三月五日的政府工作報告上，中國國務院總理李克強強調，中國將繼續高舉和平、發展、合作、共贏的旗幟，完善全球金融治理，建設性參與解決全球性和熱點問題。從全球金融治理轉型升級的角度看，中華文化的哲學基礎、中國對外的發展理念、蒸蒸日上的中國金融，正是處理當代國際關係、完善全球治理的中國智慧。

### （一）中華文化哲學基礎為全球治理指明新方向

在分析全球治理格局和全球治理體制問題時，中國國家主席習近平指出，「全球治理體制變革離不開理念的引領，全球治理規則體現更加公正合理的要求離不開對人類各種優秀文明成果的吸收。」在五千多年連綿不斷的文明歷史中，中華民族創造了博大精深、源遠流長的中華文化，講仁愛、重民本、守誠信、崇正義、尚和合、求大同等一系列文化精髓不斷得到發揚，強調兼收並蓄、百花齊放，一直具備著良好的國家形象和歷史文化感染力，為人類文明進步做出了不可磨滅的貢獻。因此，應該「積極發

掘中華文化中積極的處世之道和治理理念同當今時代的共鳴點。繼續豐富打造人類命運共同體等主張，弘揚共商、共建、共享的全球治理理念」。❷

中華文化的哲學基礎強調連續、動態、關聯、關係和整體，呈現四大基本特點：責任先於自由，義務先於權利，群體高於個人，和諧高於衝突。全球治理轉型升級的目標是共同和平發展，中華文化四大基本特點契合全球治理變革的需要，為全球金融治理指明了破題的方向。在二十一世紀全球化發展大背景下，經濟貿易、金融市場，尤其是互聯網技術將世界各國緊密相連，「地球村」早已成為人們所熟知的概念。但總體而言，人類面臨的處境卻仍然值得憂慮，個別領域的問題甚至變得更加嚴峻。僅靠西方以個人為中心的文化思想和理念，顯然不能夠解決問題。心懷天下的中華文化，在共同創建美好家園過程中積累形成的思想精華與先進理念，為當前全球金融治理轉型升級指明了方向。

## （二）中國對外發展理念為全球治理打造新思路

中華人民共和國在建立之初提出的「和平共處五項基本原則」，為國際社會長期以來的零和博弈與衝突對抗提供了新的發展思路，為推動建立更加公正合理的國際政治經濟秩序發揮了積極作用，是加強全球治理，構建國際關係新秩序的基礎。在新的時期下，中國國家主席習近平進一步提出了以合作共贏為核心的新型國際關係理念，系統地提出了打造人類命運共同體的具體途徑，為國際關係的發展提供了新理念，開闢了新願景。

當今世界正在發生深刻複雜變化，全球金融治理迎來歷史轉折點，但個別國家仍固守冷戰思維、零和博弈舊框架，形形色色的保護主義明顯升溫。在此背景下，中國作為一個發展中大國，堅決舉起了和平發展的大旗，體現了大國擔當與責任。一方面，在處理重要大國的關係中，中國向來主張建立「對話而不對抗」的國際關係新格局；另一方面，在處理周邊國家和發展中國家的關係中，中國也歷來堅持「結伴而不結盟」的交往原則，貫徹「親誠惠容」的外交方針。從利益共同體、責任共同體，到命運共同體，當國際上有些國家還用零和思維，甚至冷戰眼光看待國際關係時，中國以「共同體」的外交理念給全球治理變革提出全新視角。

「一帶一路」倡議的提出，順應了時代要求和各國加快發展的願望，提供了一個包容性巨大的發展平台，能夠把快速發展的中國經濟同沿線國家的利益結合起來，為全球金融治理輸出了共同和平發展的合作機制，在改革和完善全球經濟治理體系中做出了重大貢獻。二〇一五年十月，中國共產黨的十八屆五中全會提出「創新、協調、綠色、開放、共享」的五大發展理念，更加緊密地契合了當代世界人類社會和平發展與全球金融治理轉型升級的大勢。它不僅展開了未來一段時間內中國發展的藍圖，也突顯了以習近平為中共總書記的本屆領導集體，對世界經濟發展規律與全球治理潮流的審時度勢；不僅向世界展示了新興大國之擔當，更為全球金融治理提出中國思路，貢獻中國智慧。

## （三）中國金融為破題全球金融治理提供新動力

中國是全球治理變革的中流砥柱，金融是全球治理的關鍵抓手，兩大趨勢深度結合，將中國金融推上了參與治理和引領變革的歷史風口。中國金融所具備的價值觀、時代觀、變革觀、實踐觀和公平觀，

❷ 二〇一五年十月十二日，中共中央總書記習近平在中共中央政治局就全球治理格局和全球治理體制進行第二十七次集體學習上的發言。

與中國國家主席習近平提出的全球治理五點判斷遙相呼應。中國金融在加強自身建設的同時引領全球治理變革，既是實力的展現，更是責任的體現。中國金融必須「自強不息」，時刻以提升自身實力、完善金融服務功能、維護金融安全為己任，然後在此基礎上，加大「走出去」，突破「小我」，避免「獨樂樂」。借鑑發達國家的經驗，中國金融應在貨幣、市場、監管、理念等方面大膽「走出去」，再造國際貨幣體系，推動全球金融市場更加高效多元，傳播金融服務實體經濟理念。

具體而言，一是中國貨幣要「走出去」，實現國際貨幣體系公平再造。借助人民幣國際化參與全球治理，從「術」的角度看是一個重要突破口，從「道」的高度看是增強全球平衡能力，實現共同發展的關鍵。二是中國金融機構要「走出去」，推動全球金融治理的增量改革，實施中國金融治理措施，通過積極參與，在全球金融大數據中贏得主導權。三是中國資本市場要「走出去」，推動全球金融市場更加高效、多元和活躍。四是中國金融監管要「走出去」，傳播金融服務實體經濟的監管思想，以拋棄零和遊戲，獲取共贏為原則，促進全球金融治理體現廣大發展中國家的利益訴求。五是中國金融理念要「走出去」，踐行正確的義利觀，講信義、重情義、揚正義、樹道義，將金融作為全球共同發展的工具，而非某一方謀取私利的工具。

在政策層面，要進一步統籌好國際、國內兩個大局，為中國金融加快「走出去」創造良好條件。在操作層面，中國金融應智能集成多種工具，打造中國金融的菁英團隊，通過推動國際貨幣體系、國際金融機構、國際金融協定、國際金融市場、國際金融數據、國際金融監管多個層面的「共商、共建、共享」，以共同發展為唯一目標，通過構建利益共同體，實現責任共同體，最終打造命運共同體。總之，中國與全球發展新常態下，中國金融深度參與全球治理是必然選項。我們應通過更富成效地「走出去」，推動全球治理的轉型升級，實現「中國夢」和「世界夢」的深度共鳴。

第七章

# 國際貨幣的全球治理

在經濟全球化時代，經濟行為體、國家、地區之間的經濟依賴日益增強，貨幣政策與匯率政策的外溢效應十分明顯，金融危機的傳染速度極為迅猛，但全球沒有統一的央行，貨幣發行與流動處於無政府狀態。在美國霸權相對衰落、新興經濟體群體性崛起之際，國家之間通過合作實現國際貨幣治理顯得尤為重要。二〇〇八年國際金融危機以來，中國倡導積極推動人民幣國際化，「建立超主權儲備貨幣體系」，促進國際金融機構改革，為國際貨幣的全球治理改革做出重大貢獻。隨著人民幣國際化、東亞區域貨幣合作以及「一帶一路」倡議的實施，中國將為國際貨幣的全球治理變革做出更大的貢獻。

# 一、國際貨幣的全球治理的產生背景與發展

## （一）金本位時期——國際貨幣治理的源起

第一個正式的國際貨幣體系是在英國霸權主導下建立的金本位制。其國際匯率機制是典型的固定匯率制，匯率由市場自發調節，匯率變動則以法定平價為基礎，但波動幅度受黃金輸送點限制，因此是「有體系無治理」的非正式治理機制。隨著英國霸權的衰落、世界性經濟危機頻發和第一次世界大戰的爆發，歐美等資本主義國家將保障本國經濟穩定、維持國際收支平衡等目標作為首要選擇，紛紛實行「以鄰為壑」的貨幣貶值政策，國際貨幣政策協調失敗，金本位制崩潰。

第一次世界大戰結束後，歐美各國為恢復經濟發展，促進貿易增長，開始謀劃恢復金本位制。一九二二年，在意大利熱那亞（Genova）召開了國際經濟與金融會議，會議建議採取金匯兌本位制（Gold Exchange Standard）以節約黃金的使用。一九二九至一九三三年的世界經濟危機和一九三九年爆發的第二次世界大戰，徹底摧毀了金匯兌本位制。在經濟危機爆發之際，歐美國家紛紛放棄金匯兌本位制，實行紙幣流通制度，並成立封閉且相互競爭的貨幣集團，如英鎊集團、美元集團、法郎集團等。為加強貨幣和匯率政策的協調，一九三六年英、美、法三國簽訂了三國貨幣政策合作協議。第二次世界大戰爆發後，金匯兌本位制正式宣告終結，但一九三六年貨幣政策合作協議的積極意義在於它奠定了布雷頓森林體系的基礎。❶

## （二）布雷頓森林體系——國際貨幣治理的形成

兩次世界大戰和一九二九至一九三三年世界經濟大蕭條對國際政治經濟的權力格局產生了重大影響，英國、法國、德國等歐洲老牌資本主義衰落，美國迅速崛起，權力中心由歐洲轉向北美。❷一九四四年七月，美國主導建立了正式的國際貨幣治理機制——布雷頓森林體系，包括：固定匯率制度，即美元

❶關於這一時期英國、美國、法國在英鎊、美元、法郎之間的博弈與合作，可具體參見：肯尼斯・奧耶（Kenneth A. Oye），〈英鎊－美元－法郎三角：貨幣外交一九二七－一九三七年〉，載《無政府狀態下的合作》，田野、辛平譯，上海世紀出版集團，二〇一〇年。

❷第二次世界大戰結束後，歐洲國家大量黃金儲備和海外資產喪失，由戰前的債權國紛紛淪為債務國，無力維持以黃金為儲備貨幣的國際貨幣體系。美國經濟實力大增，其GNP佔全部資本主義國家GNP的百分之六十，黃金儲備佔世界黃金儲備的百分之五十九，相當於整個資本主義世界黃金儲備的百分之七十五。

與黃金掛鉤、各國貨幣按照固定的比率同美元掛鉤的「雙掛鉤」制度；國際貨幣基金組織、世界銀行等國際貨幣政策調節和治理機構。布雷頓森林體系正式確立了以美元為中心的國際貨幣體系，標誌著美元霸權的建立。

為了在不犧牲經濟相互依賴的同時，實現各國最大程度的經濟政策自主性，進而重建和保護國內金融結構，實現國內經濟穩定發展，布雷頓森林體系體現了嵌入式的自由主義思想。但是該體系存在先天性缺陷，即儲備貨幣發行國無法在為世界提供流動性的同時確保幣值穩定，且這一制度設計和正常運行嚴重依賴美國霸權，尤其是美國經濟在資本主義世界的主導地位，隨著美國經濟實力下滑、國內經濟問題的日益複雜，特里芬難題日益顯露，資本主義世界經濟由二十世紀五〇年代的「美元荒」，發展到六〇年代的「美元災」。二十世紀六〇年代中期，美國財政狀況惡化，國際收支開始趨向惡化。美元出現全球流動性過剩，各國紛紛拋出美元、兌換黃金，黃金大量從美國流出。為緩解國際儲備貨幣流動性不足等問題，一九六九年國際貨幣基金組織設立了特別提款權。到了一九七一年，美國黃金儲備銳減，難以支撐氾濫的美元，尼克森政府宣佈美元與黃金脫鉤，實行黃金與美元比價的自由浮動，其他國家也紛紛宣佈匯率浮動。

### （三）牙買加體系——國際貨幣治理的發展

布雷頓森林體系崩潰後，為加強國際貨幣治理，穩定國際匯率體系，主要發達國家開始加強國際協調，國際貨幣治理機制由霸權主導向國際協調轉型。一九七六年，國際貨幣基金組織理事會通過《牙買加協定》（Jamaica Accords）建立了牙買加體系，允許各國匯率政策自主，匯率可以自由浮動，成員國家維護匯率穩定的義務被解除，而作為替代美元的國際儲備資產——特別提款權（SDR）很難發揮作用。因此，牙買加體系本質上是「無體系的體系」。

牙買加體系不能解決特里芬難題，反而使該問題更為嚴重。美國依然享有美元特權，但卻不再承擔維護國際貨幣穩定的義務，美國貨幣政策和財政政策的制定更為傾向於依據國內的經濟形勢，而非世界經濟的需要。二十世紀八〇年代以來，美國財政赤字巨大，國債迅速累積，國際收支失衡，美元全球流動性過剩，加劇全球經濟失衡的問題。為穩定主要發達國家的匯率，解決美國與日本、德國等國存在的經濟嚴重失衡以及貿易競爭的矛盾，一九八五年美國、日本、德國、英國和法國的央行行長和財長達成「廣場協議」（Plaza Accord）；一九八七年美國、日本、德國、英國、法國、意大利、加拿大七國央行行長和財長簽訂《盧浮宮協議》（Louvre Accord），達成匯率合作協議。

## （四）歐元的誕生與發展——區域貨幣治理的出現

一九六一年以來，蒙代爾（Robert Mundell）、麥金農（Ronald Ian Mckinnon）、英格拉姆（James Ingram）等學者提出了最優貨幣區理論（Optimum Currency Areas, OCA），為國際貨幣體系改革提供了區域貨幣一體化的路徑。最優貨幣區是在一種最優的地理區域內，一般的支付手段是單一共同貨幣，或幾種貨幣之間具有無限可兌換性，其匯率在內部經常性交易和資本交易時保持不變，與區域外貨幣保持浮動。一九九〇年德國統一，蘇聯解體，歐洲地緣政治格局發生根本性變化，受此驅動，法國、德國作為歐洲一體化進程的核心國家加快推動歐洲貨幣一體化進程。一九九一年十二月歐洲經濟共同體（European Economic Community，歐盟的前身）首腦會議簽訂《馬斯垂克條約》（Maastricht Treaty，即《歐洲聯盟條約》）決定建立歐元。一九九七年六月十七日歐盟首腦會議通過《穩定與增長公約》（Stability and Growth Pact），明確規定了歐元區成員國的財政紀律。《穩定與增長公約》規定「成員國的預算赤字不能超過國內生產總值的百分之三，通貨膨脹率不能超過百分之三，公債水平不能超過國內生產總值的百分之六十。」一九九九年一月一日，歐元啟用後，在國際貨幣體系中迅速成為僅次於美元的通用貨幣，被視為能夠替代美元，並挑戰美元在國際貨幣體系中的主導地位的貨幣，推動國際貨幣體系進入「美元－歐元」雙本位的貨幣體系。

與此同時，一九九七至一九九八年東南亞金融危機之後，國際貨幣基金組織救援不力，美國主導的國際貨幣治理體系的弊端再度暴露。自此，東亞各經濟體就開展和深化區域貨幣合作的必要性等問題達成共識，並取得諸多進展，如開展區域貨幣與匯率政策協調，啟動清邁倡議（Chiang Mai Initiative, CMI）並推動其多邊化，推進亞洲債券市場建設。隨著歐元的啟用，東亞貨幣合作的展開，「亞元」作為未來亞洲區域的共同貨幣成為政策制定者和學界熱議的對象，也是東亞貨幣合作的未來方向之一。[3]區域貨幣合作成為重塑國際貨幣體系格局的重要力量。

## 二、國際貨幣的全球治理體系的主要內容

科恩（一九七一）等對國際貨幣的概念和職能做了較早的討論，在他們看來國際貨幣的基本職能包括交易媒介、價值儲存和計價單位等，一國貨幣國內職能通過私人部門和官方機構貨幣的使用在國外的擴展，就是國際貨幣。[4]由貨幣之間的相互關係，特別是國際貨幣之間的相互關係與機制構成了國際貨

幣體系。一般而言，國際貨幣體系必須包括四方面內容：國際貨幣本位的選擇；**匯率制度的選擇；國際收支調節機制；國際貨幣的發行機制**。國際貨幣體系主要包括三種職能：**清償能力、調整和信心**。功能健全的貨幣體系是國際經濟極為重要的環節，它能夠促進世界貿易發展、對外投資和全球經濟相互依存關係。

當前國際貨幣的全球治理體系是基於國際貨幣體系的規則治理基礎。國際貨幣的全球治理涉及正式和非正式的規則和制度，以及區域性的貨幣治理機制。現行的國際貨幣體系主要治理機制體現在《國際貨幣基金組織協定》之中，主要規則和制度形成於布雷頓森林體系和牙買加體系時期。現行國際貨幣體系存在美元、歐元、日圓、英鎊等多種國際貨幣，美元在國際貨幣體系中居於中心地位，本質上是「美元本位」的國際貨幣體系，主要架構是二十世紀七〇年代形成的牙買加體系。美國霸權雖然相對衰落，但受國際貨幣網絡外部性與路徑依賴等因素影響，美元在全球貨幣網絡中依然處於中心地位；美元作為國際金融、國際貿易交易的主要媒介，充當多數國家的外匯儲備，是石油等重要大宗商品的計價單位；美元在國際貨幣基金組織、世界銀行等國際金融機構中依然是清算和貸款的貨幣單位，而且是特別提款權的主要組成貨幣。主要發達國家之間採取浮動匯率制，缺乏足夠的協調機制來保證國際貨幣體系的清償能力、調節作用與信心維持的功能。美國、英國、日本、德國等發達國家主要通過七國集團這一平台來對貨幣、匯率政策進行協調，來維護國際貨幣體系的穩定。

❸ 參見：曹和平，〈二十一世紀世界貨幣體系的三大缺陷——兼論二十一世紀世界貨幣體系和亞元建立設想〉，《北京大學學報》（哲學社會科學版），二〇〇三年第四十卷第四期，三一－四〇頁；劉紅忠、戚海，〈亞元誕生的現實性思考〉，《世界經濟文匯》，二〇〇一年第二期，四二－四六頁。

❹ Cohen, Benjamin J., *The future of sterling as an international currency*. London: Macmillan, 1971. 轉引自：吳惠萍，〈國際貨幣和貨幣國際化研究成果綜論〉，《現代財經》，二〇一〇年第七期，第三八頁。

國際貨幣的全球治理體系的主要機構包括：國際貨幣基金組織、世界銀行等正式機構，是布雷頓森林體系的重要遺產之一。美國在國際貨幣基金組織和世界銀行中都佔有最大的份額，在最終決議中擁有一票否決權。自兩所機構建立以來，世界銀行的行長一直是由美國人擔任，國際貨幣基金組織的總裁則一直由歐洲人把持。國際貨幣基金組織的首要目標是保障國際貨幣體系穩定、監察匯率體系和國際支付，以使得成員國能夠正常交易，全球宏觀經濟穩定等。❺凡是參加世界銀行的國家必須首先是國際貨幣基金組織的會員國。世界銀行自一九四五年成立以來，經過七十多年的發展，目前主要由國際復興開發銀行（International Bank for Reconstruction and Development, IBRD）、國際開發協會（International Development Association, IDA）、國際金融公司（International Finance Corporation, IFC）、多邊投資擔保機構（Multilateral Investment Guarantee Agency, MIGA）和國際投資爭端解決中心（International Centre for Settlement of Investment Disputes, ICSID）五個機構組成。❻國際貨幣基金組織旨在維護國際貨幣秩序穩定，負責監督國際貨幣體系和各成員國的經濟與金融政策，提供金融和技術援助，穩定國際匯率，提供清償能力。世界銀行主要作用是：向中等收入國家政府和信譽良好的低收入國家政府提供貸款；向最貧困國家的政府提供無息貸款（也稱信用貸款）和贈款；通過投融資、動員國際金融市場資金以及為企業和政府提供諮詢服務，幫助發展中國家實現可持續增長；提供針對國際投資爭端的調解和仲裁機制。

區域性貨幣治理機制主要包括區域貨幣一體化，如較為成熟的範例——歐洲貨幣一體化。正處於建設和發展過程之中的東亞貨幣合作等，在推動區域貨幣一體化進程中發揮著至關重要的作用。區域性開發銀行，如亞洲開發銀行、歐洲復興開發銀行（European Bank for Reconstruction and Development, EBRD）在維護地區貨幣秩序，促進經濟增長方面產生了積極的影響，對於世界銀行、國際貨幣基金組織等國際金融機構起到了必要的補充作用。

## 三、二〇〇八年國際金融危機後國際貨幣的全球治理體系改革

二〇〇八年國際金融危機的爆發再次表明，現行的國際貨幣體系不僅是全球經濟失衡的關鍵原因，而且是金融危機頻繁發生的重要原因。❼首先，美國作為儲備貨幣發行國無法在為世界提供流動性的同時確保幣值的穩定，以美元為中心的國際貨幣體系存在先天缺陷。金融危機爆發後，美國為拯救國內經濟實施多輪量化寬鬆的貨幣政策，造成美元在全球的氾濫，國際資本流動波動劇烈，對全球經濟產生了負面的影響。其次，以七國集團為代表的發達國家集團的貨幣與匯率政策協調機制不足以應對全球金融危機。本次金融危機的中心是美國等發達國家，新興經濟體雖受到衝擊，但經濟迅速復甦回升，國際貨幣的權力格局向新興經濟體傾斜，治理格局隨即需要相應變革。最後，國際貨幣基金組織、世界銀行等國際金融機構存在權力有限、援助資金不足、體制僵化等問題，面臨來勢洶洶的金融危機難以發揮有效的資金支持和救助功能，難以承擔最後貸款人的重任。因此，國際貨幣的全球治理改革勢在必行。

國際貨幣體系改革的重點是「去美元化」，改變布雷頓森林體系以來長期存在的美元獨大的弊端。關於國際貨幣體系的代表性的改革方案有兩種：一是從美元為中心的國際貨幣體系過渡到多元儲備貨

❺ 參見國際貨幣基金組織官方網站：http://www.imf.org/external/about.htm。

❻ 參見世界銀行官方網站：http://www.shihang.org/zh/about。

❼ 王道平、范小雲，〈現行的國際貨幣體系是否是全球經濟失衡和金融危機的原因〉，《世界經濟》，二〇一一年第一期。據統計，布雷頓森林體系崩潰後的三十多年裡，全世界一共發生了一百次金融危機，其中每八年發生一次重大危機。特別是二十世紀九〇年代後，國際金融危機頻繁發生，如一九九一年英鎊危機、一九九二年歐洲匯率機制危機、一九九四年墨西哥等拉丁美洲國家的金融危機、一九九七至一九九八年的東南亞金融危機、一九九八年的俄羅斯金融危機，直至二〇〇八年九月由美國次貸危機引發國際金融危機。

幣體系，增強主要國際貨幣之間的協調與合作。多元的貨幣體系可以改變美元霸權對全球經濟的負面影響，但不能在根本上消除由於主權國際貨幣承擔國際儲備貨幣所存在的特里芬難題。二是建立超主權儲備貨幣體系，例如將特別提款權（SDR）打造成超主權貨幣，同時把國際貨幣基金組織改造成真正的「全球央行」。國際貨幣體系改革是國際貨幣治理長期課題，任重而道遠，建立超主權儲備貨幣可能是國際貨幣全球治理的理想目標，短期內難以實現。目前來看，隨著全球國際經濟格局的調整，以美元、歐元、人民幣及特別提款權共同發揮國際儲備貨幣功能，進而形成一個多元的國際貨幣體系是國際貨幣體系改革最有可能實現的方案。

但是，就目前形勢來看，隨著美聯儲（Federal Reserve System, Fed）加息預期強烈，美元走強趨勢明顯，美元在國際貨幣體系居於中心地位恐怕在短期內難以改變。據國際貨幣基金組織最新數據顯示（見表7-1），截至二〇一五年四季度末，全球已分配外匯儲備（Allocated Reserves）總額約六兆八千億美元，佔比百分之六十二．三。其中美元儲備四兆三千六百億美元，佔已分配外匯儲備總額的百分之六十四．〇六；歐元儲備一兆三千五百億美元，佔已分配外

**表7-1　全球外匯儲備構成情況**

（單位：%）

| | 2014 Q 1 | 2014 Q 2 | 2014 Q 3 | 2014 Q 4 | 2015 Q 1 | 2015 Q 2 | 2015 Q 3 | 2015 Q 4 |
|---|---|---|---|---|---|---|---|---|
| 未分配儲備 | 47.30 | 47.28 | 47.37 | 47.51 | 46.98 | 41.85 | 41.01 | 37.70 |
| 分配儲備 | 52.70 | 52.70 | 52.63 | 52.49 | 53.02 | 58.15 | 58.99 | 62.30 |
| 美元份額 | 61.01 | 61.04 | 62.71 | 63.32 | 64.38 | 63.80 | 64.06 | 64.06 |
| 歐元份額 | 24.13 | 23.81 | 22.30 | 21.90 | 20.59 | 20.42 | 20.21 | 19.91 |
| 英鎊份額 | 3.86 | 3.87 | 3.84 | 3.79 | 3.91 | 4.71 | 4.72 | 4.88 |
| 日圓份額 | 3.93 | 4.02 | 3.93 | 3.90 | 4.20 | 3.84 | 3.80 | 4.08 |
| 澳元份額 | 1.90 | 1.92 | 1.87 | 1.78 | 1.72 | 1.90 | 1.83 | 1.90 |
| 加元份額 | 1.87 | 1.99 | 1.94 | 1.89 | 1.84 | 1.90 | 1.87 | 1.88 |
| 瑞士法郎份額 | 0.26 | 0.27 | 0.26 | 0.27 | 0.29 | 0.32 | 0.31 | 0.31 |
| 其他國家貨幣份額 | 3.04 | 3.08 | 3.15 | 3.15 | 3.06 | 3.11 | 3.20 | 2.98 |

資料來源：國際貨幣基金組織，http://data.imf.org/regular,aspx?key=41175

匯儲備的百分之十九・九一；日圓、英鎊、加元、澳元等貨幣在已分配外匯儲備總額中的比重較小，僅佔百分之十六・〇三。

國際貨幣政策協調方面最為重要的改革是二十國集團機制升級為首腦峰會，成為國際經濟合作的首要平台，全球經濟治理平台從七國集團轉向二十國集團。自二〇〇八年十一月首次二十國集團峰會召開以來，二十國集團在加強國際貨幣與匯率政策協調與合作，推動世界銀行和國際貨幣基金組織等機構改革方面發揮了重要的作用（見表7-2）。

在二十國集團框架下國際貨幣基金組織的改革啟動。二〇一〇年在第十四次份額❽總檢查的框架下，特別提款權份額將從二〇〇八年份額發言權改革期間商定的兩千三百八十四億特別提款權增加一倍至四千七百六十八億特別提款權，國際貨幣基金組織總份額增加一倍，並對成員國的份額比重進行重大調整。❾該決議生效後，超過百分之六的份額比重將從代表性過高的國家轉移到代表性不足的國家，同時，最貧窮成員國的份額比重和投票權將受到保護。主要表現為：新興市場經濟體和發展中國家份額和投票權增加，歐洲國家份額和投票權減少，美國投票權並沒有受到實質性影響。改革之後，國際貨幣基金組織的十個最大成員國是美國、日本、「金磚四國」（中國、巴西、印度和俄羅斯），以及四個最大的歐洲國家（法國、德國、意大利和英國）。按照改革後重新分配的份額比重，美國的份額由百分之

❽ 份額主要有四個作用：一是決定了成員國向國際貨幣基金組織認繳的資金數額，構成國際貨幣基金組織主要資金來源；二是決定了成員國投票權的大小；三是決定了可以獲得國際貨幣基金組織貸款的最高限額；四是決定了可以從國際貨幣基金組織獲得特別提款權分配的數量。投票權等於基本票和認繳份額所代表的加權票之和。每個成員國都擁有兩百五十票，反映了主權國家平等的原則。此外，每增加十萬特別提款權份額便增加一票，反映了成員國的經濟實力。

❾ 基金組織的每個成員國被分配一定的份額，份額大致基於成員國在世界經濟中的相對地位。成員國認繳的份額是基金組織的主要資金來源。成員國的份額決定了其向基金組織出資的最高限額和投票權，並關係到其可從基金組織獲得貸款的限額。

表7-2　2008年以來 G20 框架下國際貨幣治理變革

| | | |
|---|---|---|
| 2008 年<br>11 月 15～16 日 | 美國<br>華盛頓 | 吸收新興經濟體加入金融穩定論壇，強化 IMF 職能，檢驗整合國際金融監管機制，增加新興經濟體和發展中國家獲得信貸的機會，中期目標是全面改革世界銀行和國際貨幣基金組織 |
| 2009 年<br>4 月 1～2 日 | 英國<br>倫敦 | 將 IMF 的可用資金提高兩倍，達到7,500億美元；支持2,500億美元的最新 SDR 配額；支持多邊發展銀行至少1,00億美元的額外貸款；確保為貿易融資提供2,500億美元的支援 |
| 2009 年<br>9 月 24～25 日 | 美國<br>匹茲堡 | 承諾新興經濟體和發展中國家在 IMF 的份額提高到至少 5%以上；決定發展中國家和轉型經濟體在世界銀行將至少增加 3%的投票權；承諾各方注資超過5,000億美元，用於擴大 IMF 的“新借款安排”機制 |
| 2010 年<br>6 月 26～27 日 | 加拿大<br>多倫多 | 提高新興經濟體國家官員和學者擔任 IMF、 世界銀行以及其他國際金融機構高官的比例，在首爾峰會前完成 IMF 份額改革 |
| 2010 年<br>11 月 11～12 日 | 韓國<br>首爾 | 完善世界銀行和 IMF 未能完成的改革問題，建立一個更加穩定、更有活力的國際貨幣體系；鞏固全球金融安全網 |
| 2011 年<br>11 月 3～4 日 | 法國<br>戛納 | 構築基於市場的國際匯率體系，提升匯率靈活性；敦促 IMF 成員國完成 IMF 2010年的配額和管理改革 |
| 2012 年<br>6 月 18～19 日 | 墨西哥<br>洛斯卡沃斯 | 承諾建立市場為基礎的利率體系，避免匯率失調和貨幣競爭性貶值；承諾 IMF 配額增加超過4,500億美元，該儲備資產適用于全體成員；2013年 1 月前完成全面份額公式的審查，2014 年 1 月前完成下一次全面配額審查 |
| 2013 年<br>9 月 5～6 日 | 俄羅斯<br>聖彼得堡 | 調整政策，促進全球經濟再平衡，赤字國建立靈活的匯率制度，並將定期評估進展；以公式為基礎的份額分配應該更好地反映國際貨幣基金組織成員在全球經濟中的權重 |
| 2014 年<br>11 月 15～16 日 | 澳大利亞<br>布里斯班 | 重申將繼續落實聖彼得堡峰會承諾，落實2010 年 IMF 改革方案是首要工作；承諾維護一個強健、以份額為基礎、資源充足的國際貨幣基金組織；敦促美國批准上述改革方案 |
| 2015 年<br>11 月 15～16 日 | 土耳其<br>安塔利亞 | 落實2010年改革方案仍是我們關於 IMF 的最優先工作；敦促美國儘快批准改革方案；要求 IMF 完成過渡方案，包括新的份額計算公式在內的第 15 次份額檢查應以第 14 次份額檢查為基礎；重申對所有國際金融機構領導人和高級領導層均應經由公開、透明、擇優的程式任命的共識，並重申國際金融機構加強職員多樣性的重要性；特別提款權（SDR）貨幣籃子的構成應繼續反映各國貨幣在全球貿易和金融系統中的作用，並期待完成對 SDR 估值方法的審議工作 |
| 2016 年<br>9 月 4～5 日 | 中國<br>杭州 | —— |

資料來源：中國人民大學重陽金融研究院，《2016：G20與中國》，中信出版集團，2016；李曉、馮永琦，〈國際貨幣體系改革的集體行動與二十國集團的作用〉，《世界經濟與政治》，2012年第2期，第137頁；各年G20峰會公告全文。

十七・六七下降為百分之十七・四〇，投票權由百分之十六・七二下降至百分之十六・四七九，但依舊保持超重大決策否決權（決議通過需要百分之八十五以上的投票權）；中國的份額則由百分之三・九九上升為百分之六・三九，投票權由百分之三・八〇上升至百分之六・〇七，均有較大增幅（見表7-3）。⑩

世界銀行在二〇一〇年四月春季會議上通過了世界銀行成員投票構成中發達國家向發展中國家轉移投票權百分之三・一三的改革方案，使新興經濟體和發展中國家整體投票權總額由百分之四十四・〇六增加至百分之四十七・一九（見表7-4）。美國、日本、英國、法國、德國、意大利投票權由百分之十六・

⑩ 關於改革後國際貨幣基金組織成員國的份額和投票權分配情況，參見：http://www.imf.org/external/np/sec/pr/2010/pdfs/pr10418_table.pdf。

**表 7-3　國際貨幣基金組織提議份額與投票份額變動表**　　（單位：%）

| | 計算份額佔比 | 計算份額佔比 | 份額佔比 | | | 投票份額 | | |
|---|---|---|---|---|---|---|---|---|
| | | | 新加坡之前 | 第二輪之後 | 提議 | 新加坡之前 | 第二輪之後 | 提議 |
| 發達經濟體 | 58.2 | 60.0 | 61.6 | 60.5 | 57.7 | 60.6 | 57.9 | 55.3 |
| 七國集團 | 42.9 | 48.0 | 46.0 | 45.3 | 43.4 | 45.1 | 43.0 | 41.2 |
| 美國 | 17.0 | 21.6 | 17.4 | 17.7 | 17.4 | 17.0 | 16.7 | 16.5 |
| 其他 | 25.9 | 26.4 | 28.6 | 27.7 | 26.0 | 28.1 | 26.3 | 24.7 |
| 其他發達經濟體 | 15.3 | 11.9 | 15.6 | 15.1 | 14.3 | 15.4 | 14.9 | 14.1 |
| 新興市場與發展中國家 | 41.8 | 40.0 | 38.4 | 39.5 | 42.3 | 39.4 | 42.1 | 44.7 |
| 發展中國家 | 34.1 | 33.2 | 30.9 | 32.4 | 35.1 | 31.7 | 34.5 | 37.0 |
| 非洲 | 3.1 | 2.9 | 5.5 | 4.9 | 4.4 | 6.0 | 6.2 | 5.6 |
| 亞洲 | 17.7 | 17.3 | 10.3 | 12.6 | 16.1 | 10.4 | 12.8 | 16.1 |
| 中東、馬爾他、土耳其 | 6.2 | 5.2 | 7.6 | 7.2 | 6.7 | 7.6 | 7.3 | 6.8 |
| 西半球 | 7.0 | 8.0 | 7.5 | 7.7 | 7.9 | 7.7 | 8.2 | 8.4 |
| 轉型國家 | 7.7 | 6.8 | 7.6 | 7.1 | 7.2 | 7.7 | 7.6 | 7.7 |
| 總 計 | 100 | 100 | 100 | 100 | 100 | 100 | 100 | 100 |

資料來源：IMF Executive Board Approves Major Overhaul of Quotas and Governance Press Release No. 10/418, November 5, 2010. http://www.imf.org/external/np/sec/pr/2010/pr10418.htm

表7-4　2010 年世界銀行投票轉移方案　　　　（單位：%）

| | 世界銀行投票權改革 | | | 國際金融公司投票權改革 | | | |
|---|---|---|---|---|---|---|---|
| | 第一階段前 | 第一階段 | 第二階段 | 當前投票權 | 方案 1 | 方案 2 | 方案 3 |
| **七國集團** | 42.85 | 41.58 | 39.26 | 51.60 | 47.45 | 46.74 | 45.39 |
| 美國 | 16.36 | 15.58 | 15.58 | 23.59 | 21.38 | 20.96 | 20.18 |
| 日本 | 7.58 | 7.62 | 6.84 | 5.86 | 5.91 | 6.01 | 6.18 |
| 英國 | 4.30 | 4.17 | 3.75 | 5.02 | 4.57 | 4.48 | 4.31 |
| 法國 | 4.30 | 4.17 | 3.75 | 5.02 | 4.57 | 4.48 | 4.31 |
| 德國 | 4.48 | 4.35 | 4.00 | 5.35 | 4.86 | 4.77 | 4.59 |
| 意大利 | 2.78 | 2.71 | 2.64 | 3.38 | 3.08 | 3.02 | 2.91 |
| 加拿大 | 2.78 | 2.71 | 2.43 | 3.38 | 3.08 | 3.02 | 2.91 |
| **金磚國家** | 11.26 | 11.21 | 13.10 | 10.10 | 12.16 | 12.86 | 14.14 |
| 中國 | 2.78 | 2.77 | 4.42 | 1.02 | 1.98 | 2.30 | 2.89 |
| 印度 | 2.78 | 2.77 | 2.91 | 3.38 | 3.70 | 3.81 | 4.01 |
| 俄羅斯 | 2.78 | 2.77 | 2.77 | 3.38 | 3.70 | 3.81 | 4.01 |
| 巴西 | 2.07 | 2.06 | 2.24 | 1.65 | 2.11 | 2.27 | 2.56 |
| 南非 | 0.85 | 0.84 | 0.76 | 0.67 | 0.67 | 0.67 | 0.67 |

資料來源：World Bank Group Voice Reform: Enhancing Voice and Participation of Developing and Transition Countries in 2010 and Beyond, DC2010 – 0006 April 19, 2010. http://siteresources.worldbank.org/DEVCOMMINT/Documentation/22553921/DC2010-006(E)Voice.pdf.

轉引自：徐秀軍〈新興經濟體與全球經濟治理結構轉型〉，《世界經濟與政治》，2012 年第 10 期，第49-79頁。

三六、百分之七・八五、百分之四・一七、百分之四・一七、百分之四・三五、百分之二・七一分別下降至百分之十五・五八、百分之六・八四、百分之三・七五、百分之三・七五、百分之四・〇〇、百分之二・六四。中國增幅最大，投票權從百分之二・七七提高到百分之四・四二，佔讓渡投票權的一半，成為世界銀行中僅次於美國、日本的第三大股東國。印度由百分之二・七七上升到百分之二・九一，韓國由百分之一・〇上升到百分之一・六。[11]世界銀行集團的另外一個重要的機構——國際金融公司也進行了類似的投票權改革，但是從投票權來看，美國仍然牢牢掌握著該機構的決策大權。

區域貨幣治理層面，東亞貨幣合作取得重要進展，歐元區改革取得較大進展，受篇幅所限，本書主要論述東亞貨幣合作的最新進展。二〇〇八年國際金融危機爆發後，受危機驅動，東亞區域貨幣合作進程加快。二〇〇九年五月，東盟和中日韓「10＋3」財長在巴厘島（Bali）宣佈，在二〇〇九年年底建立總規模達到一千兩百億美元的亞洲區域外匯儲備庫。二〇一二年十一月，東盟與中日韓「10＋3」財長及央行行長會議在菲律賓首都馬尼拉召開，會議就東亞區域外匯儲備庫擴容一倍至兩千四百億美元達成一致，以提高應對金融危機的能力，維護亞洲經濟金融穩定。區域宏觀經濟政策協調方面，二〇一一年成立東盟與中日韓宏觀經濟研究辦公室。該機構的職能類似於國際貨幣基金組織，主要作用是：成為獨立的、具有亞洲特色的宏觀經濟監測及危機救助機制，旨在推動區域經濟監測與分析，支持清邁倡議多邊化協議的實施。[12]二〇一六年二月，該機構正式升級為國際組織。

## 四、中國對國際貨幣的全球治理的貢獻

二〇〇八年國際金融危機以來，國際政治經濟格局進入深度調整階段，發達國家相對衰落，新興經濟體群體性崛起，國際貨幣治理體系改革進程日漸加速。中國作為世界第二大經濟體和最大的發展中國

⓫ 關於世界銀行改革的詳細內容，可參見：http://siteresources.worldbank.org/DEVCOMMINT/Documentation/22553921/DC2010-006(E)Voice.pdf。

⓬ 根據清邁倡議多邊化協議，AMRO在向成員提供其總借款額度百分之二十以內的資金支持時不會附加任何條件，超出總借款額度百分之二十以上的部分將與國際貨幣基金組織的借款機制掛鉤。參見：〈東盟與中日韓宏觀經濟研究辦公室正式成立〉，《人民日報》，二〇一一年五月六日。

家正在積極推動全球貨幣治理改革，並做出了重大貢獻。

中國在推進傳統全球貨幣治理和區域貨幣體系改革中發揮重要作用。第一，提供重要資金。中國在國際貨幣基金組織、世界銀行增加份額中發揮重要作用。第二，貢獻中國智慧。二〇〇八年以來，中國籍經濟學家在世界銀行和國際貨幣基金組織等國際金融機構任職明顯增多，甚至出任高級職務。例如，林毅夫曾出任世界銀行首席經濟學家，朱民目前擔任國際貨幣基金組織高級副總裁。第三，人民幣國際化戰略，推動國際儲備貨幣多元化。二〇〇九年人民幣國際化進程加快了中國資本賬戶開放的進程，特別是二〇一五年是人民幣國際化中關鍵一年，人民幣成功加入特別提款權貨幣籃子，在特別提款權中的份額達到百分之十．九二，僅次於美元（百分之四十七．一三）與歐元（百分之三十．九三），已經超過了日圓（百分之八．三三）與英鎊（百分之八．〇九），成為其中的第三大儲備貨幣，如表7-5所示。

中國在推動全球貨幣治理體系創新上起了關鍵性作用。金磚國家新開發銀行的起始資金為五百億美元，與其他地區銀行的起始資金量相近，五個國家將各自出資一百億美元。金磚國家新開發銀行投票權將基於各個國家所佔股份決定。金磚銀行總部設在中國上海，二〇一五年七月二十一日，金磚銀行正式營運。金磚國家同時還建立了一千億美元外匯儲備基金（Contingency Reserve Arrangement, CRA），

**表7-5　1981 年以來特別提款權貨幣籃子中各貨幣權重的變化**

| | 1981～1985 | 1986～1990 | 1992～1995 | 1996～2000 | 2001～2005 | 2005～2010 | 2011～2015 |
|---|---|---|---|---|---|---|---|
| 美元 | 42 | 42 | 40 | 39 | 45 | 44 | 41.5 |
| 歐元 | – | – | – | – | 29 | 34 | 37.4 |
| 馬克 | 19 | 19 | 21 | 21 | – | – | – |
| 法郎 | 13 | 12 | 11 | 11 | – | – | – |
| 日圓 | 13 | 15 | 17 | 18 | 15 | 11 | 9.4 |
| 英鎊 | 13 | 12 | 11 | 11 | 11 | 11 | 11.3 |

資料來源：中國人民大學重陽金融研究院，《2016：G20與中國》，中信出版集團，2016年，第110頁。

用於在遇到資金問題時向其成員國家提供額外的流動性保護。中國資本佔百分之四十一，巴西、印度和俄羅斯佔百分之十八，南非佔百分之五。金磚國家新開發銀行作為現有全球多邊開發機構的重要補充，將有力促進發展中國家的經濟發展和全球經濟增長，完善國際貨幣治理格局。

中國秉持共商、共建、共享的原則提出「一帶一路」倡議，為全球貨幣治理直接提供國際公共產品。「一帶一路」倡議標誌著中國逐步邁入了主動引領全球經濟合作和推動全球經濟治理變革的新時期，「一帶一路」相關議程著眼於為全球經濟治理輸出公共產品，體現了中國作為負責任大國的作用與地位，「一帶一路」倡議是對全球經濟治理理論的重大貢獻。為了向「一帶一路」有關沿線國家的基礎設施建設提供資金支持，促進區域經濟合作，中國利用強大外匯儲備優勢，在現行國際金融規則下發起並同一些國家合作建立亞洲基礎設施投資銀行，設立絲路基金（Silk Road Fund）直接支持「一帶一路」建設。亞洲基礎設施投資銀行和絲路基金已經成為全球和區域多邊開發銀行的重要補充。近年來中國所倡導和組織建立的國際金融機構如**表7-6**所示。

**表7-6　中國倡導和組織建立的國際金融機構**

| 名稱 | 性質 | 資金來源國 | 資金規模 | 主要職能 |
|---|---|---|---|---|
| 亞洲基礎設施投資銀行 | 區域多邊金融開發機構 | 中國等 | 註冊資本1,000億美元 | 基礎設施投資，資源開發利用，產能合作 |
| 絲路基金 | 主權財富基金 | 中國 | 400億美元 | 基礎設施投資 |
| 金磚國家新開發銀行 | 區域多邊金融開發機構 | 金磚五國 | 初始資本1,000億美元 | 基礎設施投資，資源開發利用 |
| 金磚國家外匯儲備庫 | 多邊貨幣互換協定 | 金磚五國 | 1,000億美元 | 緩解流動性危機，防範金融風險 |
| 上海合作組織開發銀行 | 區域多邊金融開發機構 | 上海合作組織成員 | 籌備中 | 能源、交通等 |

# 五、中國參與國際貨幣的全球治理的途徑與建議

在後金融危機時期，國際貨幣治理體系難度加大，中國人民幣國際化處於關鍵階段，中國應該積極推動國際貨幣治理體系改革，為人民幣國際化提供良好的國際環境。

積極推動人民幣國際化，促進國際儲備貨幣多元化。推動國際貨幣體系多元化是國際貨幣治理體系改革的重要階段。然而當前美聯儲加息臨近，美元走強。受歐債危機餘波和英國退歐等負面因素影響，歐元和英鎊難以強勢。日本長期實施量化寬鬆的貨幣政策，日圓成為典型的避險貨幣，難以成就大業。二〇〇九年人民幣開啟國際化進程，到二〇一五年成功加入特別提款權，人民幣國際化取得重大進展，推動國際貨幣體系多元化的重任歷史性地落在了人民幣的「肩上」。然而人民幣加入特別提款權並不代表其已經成為國際儲備貨幣，人民幣國際化乃至成為國際貨幣體系中重要的一極仍然有很長的路要走。人民幣國際化必須實現人民幣資本項目可兌換。因此，必須推進資本賬戶開放，實現資本市場雙向開放，逐步取消境內境外投資額度限制，如二〇一六年六月中國將向美國提供兩千五百億美元人民幣境外合格投資者（Renminbi Qualified Foreign Institutional Investor, RQFII）額度，轉變外匯管理和使用方式，從正面清單轉變為負面清單。隨著資本賬戶對外開放，資本流動的規模和速度將更為劇烈，應該加強國際金融改革，加強宏觀審慎管理，防範系統性金融風險。

促進東亞區域貨幣合作。東亞國家普遍採取有管理的浮動匯率制，或者是盯住美元的匯率制度，東亞區域本質上是以美元為本位的貨幣體系。因此，東亞經濟體深受以美元為主導的國際貨幣體系弊端所引發的經濟災難影響。加強本地區貨幣合作，塑造新的區域貨幣治理體系，進而推動國際貨幣體系變革

是多數東亞經濟體的共同利益。一九九七至一九九八年東南亞金融危機之後，在開放的區域主義原則之下，東亞地區開啟貨幣合作進程。二〇〇八年國際金融危機加快了東亞貨幣合作的進程。在此進程中，中國發揮了重要的作用。儘管東亞貨幣合作取得重大成就，但是依然存在許多問題：亞洲債券市場建設緩慢；多邊化的清邁倡議的可用性受到質疑；救助機制與國際貨幣基金組織相掛鉤；經濟評估與政策監控機制虛化，難以發揮實質性作用。因此，必須在中國周邊以及東亞區域推動人民幣國際化，擴大雙邊以及多邊貨幣互換規模，為東亞提供美元的替代選擇。

加強東亞區域外匯儲備庫建設，特別是在東盟與中日韓宏觀經濟辦公室升級為國際組織之後，加強成員國之間經濟評估與政策監控，擴大本地區貨幣在本區域貿易結算和金融資本交易計價等功能。中國－東盟自由貿易區升級版等雙邊自由貿易協議以及區域全面經濟夥伴關係協定等多邊自由貿易協議談判正在推進過程中，東亞地區國家間貿易量將有更大程度的提升。而且隨著人民幣國際化進程，熊貓債券的發行規模與範圍的擴大，必將推動亞洲債券市場的擴大。「一帶一路」倡議的推進也將推動人民幣貸款以及國際貿易中人民幣結算比例的提高。因此，擴大本地區貨幣在區域的貿易結算和金融資本交易計價等功能對於改變東亞地區「美元本位」的貨幣治理體系意義重大。

倡導國際金融機構改革。隨著美國等發達經濟體逐漸走出國際金融危機，經濟日益復甦，發達國家推動國際貨幣全球治理改革的動力明顯不足，最主要的表現是：美國國會一直不願批准二〇一〇年國際貨幣基金組織份額和治理改革計劃，直到二〇一五年年底，才在國際社會的敦促和壓力下批准通過。因此，中國應該在以下幾方面倡導國際金融機構改革：首先，在二十國集團框架下加強與發達經濟國家的對話與合作，聯合其他國家對美國等國施加壓力，推動國際金融機構改革的推進。其次，金磚國家合作機制是中國推動國際貨幣治理體系變革的重要機制與平台。隨著美國經濟復甦，美聯儲加息的步伐加快，未來美元走強的預期日益強烈，這對於改變以美元為中心的國際貨幣體系增加難度。更為嚴峻的是，美元走強可能導致國際資本從新興經濟體和發展中國家流出，對於經濟基本面較差的經濟體產生負面的外溢影響，「金磚失色」的國際聲音再度響起。維護國際金融穩定，保障本國利益成為金磚國家加強合作的共同利益基礎，因此，未來應強化金磚國家合作機制務實合作，推動國際貨幣治理體系轉型。最後，中國增加在國際貨幣基金組織、世界銀行等國際金融機構的任職人員，在國際金融機構內部推動改革，並以此為基礎，為國際貨幣治理改革提供中國智慧，推動國際貨幣治理體系變革。

# 全球貿易治理

全球貿易治理（Global Trade Governance）是全球經濟治理的重要組成部分。國際貿易作為各國間最為傳統的經濟往來，是各國經濟關係中最重要的紐帶。在第二次世界大戰結束後，全球貿易的自由化和世界經濟的發展成為全球貿易治理的主要目標，關稅暨貿易總協定及之後的世界貿易組織開啟了全球貿易治理的新時代。

伴隨著經濟全球化和區域經濟一體化的蓬勃發展，各國間通過參與國際貿易分工而更加緊密地聯繫在一起，以中國為代表的新興經濟體通過積極參與國際貿易分工不斷融入國際經濟體系，實現了經濟騰飛。與此同時，國際貿易分工從產業間分工向產業內分工和產品生產環節分工深化，世界經濟格局和國際貿易格局發生了巨大的變化，全球貿易治理的機制和方式也隨之不斷調整，二十國集團的成立以及歐盟、北美自貿區等區域經濟協定的不斷簽訂一定程度上彌補了世界貿易組織多邊貿易體系在眾多成員方之間難以取得協調的困境，民間非政府組織也成為參與全球貿易治理的新生力量。

自二〇〇一年中國正式加入世界貿易組織已有十五年，隨著對外開放的不斷深入，制約商品、服務、資本和勞動力跨國流動的自然壁壘和政策壁壘大幅削減，中國已迅速躍升為世界第一貿易大國，經濟總量也上升為世界第二。而當前國際貿易糾紛的許多議題都與中國有關，因此，中國的立場和行動對全球貿易的影響重大，已成為全球貿易治理不可或缺的重要力量。

## 一、全球貿易治理的產生背景與發展

全球貿易治理制度誕生於第二次世界大戰結束期間，為促進世界和平與穩定以及全球經濟復甦而建立的一系列制度和組織。關稅暨貿易總協定及以其為基礎成立的世界貿易組織在對全球貿易和經濟實現恢復性增長上發揮了重要作用。但在迅速變化的經濟全球化條件下，各國在全球貿易治理的目標、理念、機制和方式的訴求依然存在較大差異，二十國集團的出現以及區域經濟一體化的蓬勃發展正是世界各國為適應經濟全球化變化對全球貿易治理方式進行變革的表現。

## （一）全球貿易治理產生的背景

二十世紀三四十年代第二次世界大戰期間，世界貿易保護主義盛行，戰爭和國際貿易的國家間相互限制成為造成世界經濟蕭條的重要原因。第二次世界大戰結束後，除美國外的資本主義國家經濟遭到嚴重破壞，都希望重建世界經濟，因此解決當時複雜的國際經濟問題，特別是制定國際貿易政策，成為戰後各國所面臨的重要任務之一。

一九四六年二月，在美國的提議下，聯合國經社理事會舉行第一次會議，呼籲召開聯合國貿易與就業問題會議，成立國際貿易組織，起草國際貿易組織憲章，進行世界性削減關稅的談判。隨後，由美、英等十九個國家組成的聯合國貿易與就業會議籌備委員會起草了《聯合國國際貿易組織憲章》（Havana Charter For An International Trade Organization），該憲章於一九四七年十一月在古巴哈瓦那舉行的聯合國貿易和就業會議上通過，即《哈瓦那憲章》（Havana Charter）。鑑於各國對外經濟政策方面的分歧以及多數國家政府在批准《哈瓦那憲章》這樣範圍廣泛、具有嚴密組織性的國際條約所遇到的法律困難，該憲章在短期內難以被所有國家接受通過。因此，美國邀請包括中國在內的二十三個國家，根據這一憲章中有關國際貿易政策的內容，進行了減讓關稅的多邊談判，採納了《哈瓦那憲章》中關於國際貿易政策的內容，簽訂了臨時議定書，即《關稅暨貿易總協定》，承諾在今後的國際貿易中遵循該協定的規定，並於一九四八年一月一日起生效。按照計劃，關稅暨貿易總協定只是在國際貿易組織成立前的一個過渡性步驟，它的大部分條款將在《哈瓦那憲章》被各國通過後納入其中。但此後，經歷了從日內瓦回合到烏拉圭回合八個回合的談判，關稅暨貿易總協定的有效期一再延長，並為適應情況的不斷變化，多次加以修訂。於是，關稅暨貿易總協定便成為當時確立各國共同遵守的貿易準則，協調國際貿易與各國經濟政策的唯一的多邊國際協定。

關稅暨貿易總協定的主要宗旨是通過大幅度削減關稅和其他貿易壁壘、取消國際貿易中的歧視，促進貿易自由化，以期達到充分利用世界資源和擴大生產與貿易的目的。在第二次世界大戰結束後，關稅暨貿易總協定在促成各國削減關稅和非關稅貿易壁壘、解決貿易爭端上的工作卓有成效，其無歧視性、透明性、公正性原則被眾多國家所接受。但這一系列原則比較適合於處理國與國之間的貨物貿易，面對國際經貿領域不斷湧現的服務貿易、技術貿易、與貿易有關的知識產權和投資措施等新的貿易形式，不能通過削減關稅和解除非關稅壁壘的自由化貿易措施來加以協調，因此，世界貿易組織於一九九五年一月一日正式成立，見表8-1。

世界貿易組織是關稅暨貿易總協定國際貿易治理的繼續發展。世界貿易組織作為正式的國際組織，不僅管理範圍擴大，涵蓋內容從貨物貿易擴展到服務貿易、與貿易有關的知識產權協議和投資措施協議等，世界貿易組織還完善了爭端解決機制，建立了貿易政策審議機制，並加強與世界銀行、國際貨幣基金組織、經濟合作與發展組織等國際組織之間的關係，以更有效地進行全球經濟決策的協調。

表8-1　從GATT到WTO

| 談判回合和談判範圍 | 時間（年份） | 參與國（地區）數量（個） | 工業品關稅削減幅度（%） |
|---|---|---|---|
| 涉及關稅 | | | |
| 日內瓦回合 | 1947 | 23 | 35 |
| 安納西回合 | 1949 | 23 | 35 |
| 托奎回合 | 1951 | 39 | 26 |
| 日內瓦回合 | 1956 | 28 | 15 |
| 狄龍回合 | 1960～1961 | 45 | 20 |
| 涉及關稅和非關稅 | | | |
| 甘迺迪回合 | 1964～1967 | 54 | 35 |
| 東京回合 | 1973～1979 | 99 | 33 |
| 烏拉圭回合 | 1986～1993 | 105 | 40 |
| 多哈發展回合 | 2001～ | 147 | — |

## （二）全球貿易治理的演化發展

冷戰結束以來，隨著通信、運輸物流等技術進步以及各國貿易政策調整，全球經濟一體化迅速推進。在經濟全球化的過程中，一方面，跨國公司主導的國際生產分工從以往的產業間分工向產業內分工和產品生產環節分工深化，使得國際貿易的原因、形式和地理分佈都發生了巨大的變化；另一方面，發展中國家積極參與國際分工，強有力地推進市場化和國際化改革，成為貿易大國和國際收支順差國，迅速地融入國際經濟體系，而一些發達國家則在經歷或面臨經濟發展緩慢、債務危機和國際收支赤字等困境，世界各國經濟間的相互依存和競爭也因此進入一個前所未有的、全新的境界，世界經濟體系也更加複雜和龐大，超過了歷史上的任何一個時期。

在這樣一個相互關聯的世界經濟體系下，全球性的產品生產與協作使得任何一國的經濟都不可能脫離全球分工體系而獨立發展，各國經濟對國際貿易的依賴程度不斷增加，這一點也集中體現在近年來發生的全球金融危機上。

根據世界貿易組織《世界貿易報告》的數據，如圖8-1所

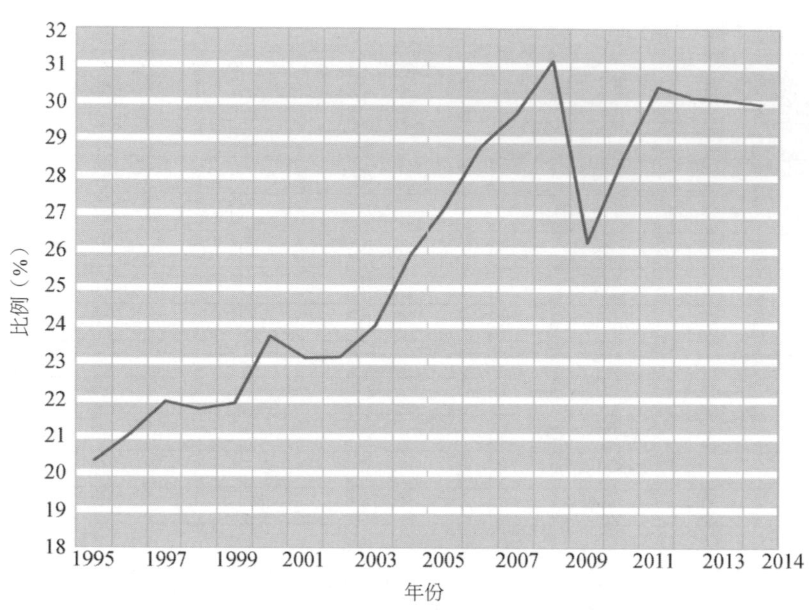


**圖8-1　一九九五至二〇一四年國際貿易佔世界GDP的比例變化**

資料來源：WTO, *International Trade Statistics 2015*, p17。

示，一九九五至二〇一四年，國際貿易佔世界GDP的比重從百分之二十上升到百分之三十，二〇〇九年的金融危機影響深刻，使得國際貿易佔世界GDP的比重從二〇〇八年百分之三十一下降到百分之二十六，降了五個百分點，目前正在復甦中，但仍沒有超過二〇〇八年的峰值。這一方面反映了經濟全球化背景下各國經濟的相互依賴，另一方面也揭示了全球貿易關係和金融體系緊密相關。國際貿易不僅對各國經濟發展狀況十分敏感，還會通過分工傳遞到全球生產價值鏈的各個環節，再加上貿易信貸、保護主義等，金融危機在國際貿易的傳遞效應會被放大，造成國際貿易的波動性超過GDP的波動性，進而影響世界經濟增長和發展。

伴隨著成員數量的增多和議題的擴大，世界貿易組織進一步推動貿易自由化的難度也在加大。二〇〇一年十一月啟動的多哈回合談判原定於二〇〇五年一月一日全面結束，但至今仍然久拖未決。在二〇〇八年國際金融危機發生後，雖然世界貿易組織在防止貿易保護主義蔓延、維持貿易秩序上起到了一定的作用，但成員方並未在農產品和服務業開放、國際收支平衡、政府採購政策、碳減排和知識產權保護等議題上取得突破性的進展，曾在二十世紀末瀰漫世界的自由主義風潮退縮為保護主義盛行的狀態，因此，世貿組織改革被提上議程。但如何改革，到目前也並未形成一個可以被成員方廣泛接受的觀點。

二十世紀九〇年代以來，區域經濟一體化蓬勃發展。北美自由貿易協定（NAFTA）的建立、歐盟東擴和歐元的誕生、中日韓三國與東盟即「10＋3」機制的建立等一系列區域經濟一體化協定簽訂，通報世界貿易組織的區域貿易協定數量多達約四百個，絕大多數國家參與了一項以上的區域自由貿易安排，這對世界貿易格局和全球貿易治理產生了深刻的影響。在區域經濟一體化的發展中，區域內國際貿易的比重上升，國家之間的競爭向區域集團之間的競爭演變。

應對全球貿易問題需要世界各國的溝通協商，全球化過程中存在利益衝突的國家之間能否取得一致，直接影響到世界貿易秩序。在過去的全球貿易治理中，美國發揮著中心作用，G7/G8曾經是以美國為中心的發達國家對話的平台，對於解決發達經濟大國之間的貿易糾紛、實現大國之間的政策協調發揮過重要的作用。

但隨著中國等新興經濟大國的崛起和美國干預全球治理能力的相對下降，世界經濟趨於多極化，要解決全球的貿易問題，離不開發展中國家的參與。二十國集團的出現是適應世界經濟格局變化的、全新的全球治理方式。自從二〇〇八年十一月華盛頓峰會召開以來，作為一個新興的對話組織，二十國集團成員國之間雖然仍存在很大分歧，但二十國集團在應對金融危機過程中仍發揮了重大作用，並且從成立之初的危機應對向長效治理機制轉變。

除此之外，民間非政府組織參與全球治理的力量也在日益加強，並影響著全球貿易治理的變化發展。

# 二、全球貿易治理體系的主要內容

## （一）全球貿易治理的主體

全球貿易治理的主體根據當前全球貿易治理的方式可以分為多邊形式、地區性形式和代表性大國集團形式三類。其中，多邊形式的關稅暨貿易總協定及其後來取而代之的世界貿易組織是第二次世界大戰結束以來全球貿易治理的主要平台。以雙邊貿易協定為基礎的區域經濟一體化以及由世界主要經濟體構成的國家集團，例如二十國集團，則通過參與國之間的相互磋商取得共識、達成協議，對全球貿易治理或推進貿易自由化做出貢獻。區域一體化和國際集團的發展一定程度上補充了世界貿易組織的不足，對全球貿易治理形成較大影響。

### 1. 世界貿易組織是全球貿易治理的主要平台

世界貿易組織一直被視為全球貿易治理的核心，它既是一個多邊貿易體制的框架，又是一套全球貿易治理的規範集合體，也是全球貿易治理的主體。世界貿易組織成員數量已達到一百五十多個，加上二十多個觀察國，最終成員突破一百七十個。除貨物貿易、服務貿易、知識產權、貿易爭端解決機制外，世界貿易組織議題還涉及金融服務、補貼和農業的國內支持措施等方面，調整範圍從規範關稅等邊境措施延伸到成員方的內部政策和制度，如圖8-2所示。

世界貿易組織的成立啟動了全球貿易治理的新航程，是所有國家邁向由共同的承諾、規則與機會組成的一個全球貿易體系的重大一步，標誌著人類歷史上第一個以普遍公認的原則與規則為基礎的經濟共存與合作制度的建立。世界貿易組織的主要協議框架如圖8-3所示。

## 2. 區域一體化和國際集團的發展是全球貿易治理的重要補充

區域經濟一體化使得各國參與國家貿易分工的形式和選擇多樣化。區域一體化的蓬勃發展一定程度上彌補了多邊貿易體系在眾多成員方之間難以取得協調的不足，在促進區域貿易自由化、深化雙邊經濟全方位合作上發揮著重要的作用。

以自由貿易區協定和關稅同盟為主導形式的區域經濟一體化不僅涉及貿易的自由化，而且涉及投資、知識產權保護等多方面的合作。尤其是在東南亞金融危機、美國次貸危機和歐洲債務危機出現後，區域經濟組織成員方之間的相互支持，突顯出全球治理中區域合作的必要。目前世界上幾乎所有的國家都簽訂了區域合作協議，整個世界的區域協定交叉重疊，如同「意大利麵條碗」。

但在另一方面，區域經濟合作將國家之間的合作和競爭關係轉變為區域集團之間的關係，雖然這一合作有助於解決全球貿易治理中的區域問題，但一定程度上削弱了多邊貿易體系的作用，對全球貿易治理的影響存在一定的負面效應。儘管區域合作與世界貿易組織規則之間並不存在根本的衝突，但對於區域經濟一體化到底是促進還是阻礙了全球貿易自由化，是「墊腳石」還是「絆腳石」，依然有待深入探

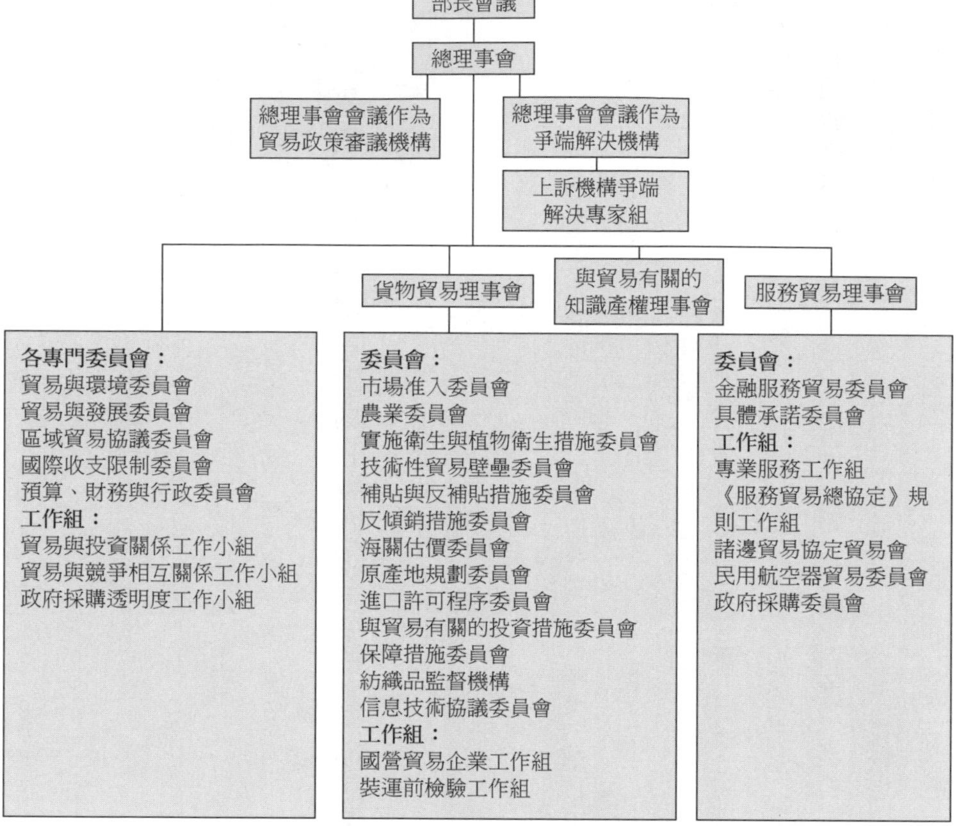

部長會議
總理事會
總理事會會議作為貿易政策審議機構
總理事會會議作為爭端解決機構
上訴機構爭端解決專家組
貨物貿易理事會
與貿易有關的知識產權理事會
服務貿易理事會
各專門委員會：
貿易與環境委員會
貿易與發展委員會
區域貿易協議委員會
國際收支限制委員會
預算、財務與行政委員會
工作組：
貿易與投資關係工作小組
貿易與競爭相互關係工作小組
政府採購透明度工作小組
委員會：
市場准入委員會
農業委員會
實施衛生與植物衛生措施委員會
技術性貿易壁壘委員會
補貼與反補貼措施委員會
反傾銷措施委員會
海關估價委員會
原產地規劃委員會
進口許可程序委員會
與貿易有關的投資措施委員會
保障措施委員會
紡織品監督機構
信息技術協議委員會
工作組：
國營貿易企業工作組
裝運前檢驗工作組
委員會：
金融服務貿易委員會
具體承諾委員會
工作組：
專業服務工作組
《服務貿易總協定》規則工作組
諸邊貿易協定貿易會
民用航空器貿易委員會
政府採購委員會

**圖8-2　世界貿易組織機構圖**

- 貨物貿易協議
  - 非關稅措施協議——《實施動植物衛生檢疫措施的協議》（SPS）、《技術性貿易壁壘協議》（TBT）、《與貿易有關的投資措施協議》（TRIMs）、《海關估價協議》、《裝運前檢驗協議》、《原產地規則協議》、《進口許可程序協議》
  - 貿易救濟協議——《反傾銷措施協議》、《保障措施協定》、《補貼與反補貼措施協議》
  - WTO 的協議——《農業協議》、《紡織品與服裝協議》(ATC)
- 服務貿易總協定
- 與貿易有關的知識產權協定

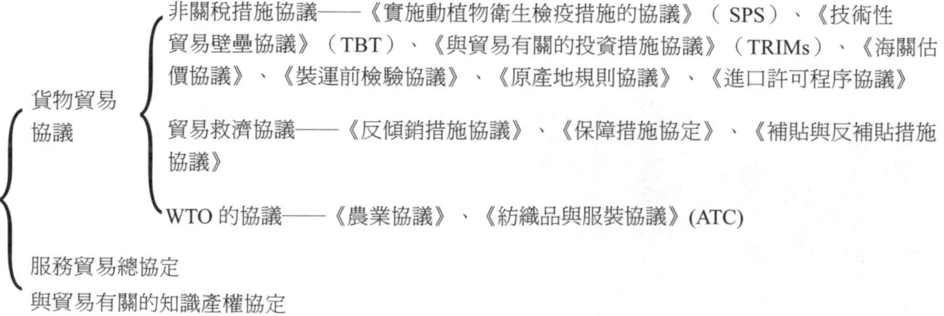

**圖8-3　世界貿易組織的主要協議**

討和檢驗。

二十國集團即是在區域經濟一體化的大背景下出現的，是為了應對金融危機的發展和擴散而形成的國際經濟合作的主要論壇。它囊括了佔全球GDP的近百分之九十、全球貿易的百分之八十、全球人口的三分之二的主要經濟體，不僅包括美國、日本、德國、法國、英國、澳大利亞、意大利、加拿大、韓國，以及歐盟等發達經濟體，還包括俄羅斯、中國、阿根廷、巴西、印度、印度尼西亞、墨西哥、沙烏地阿拉伯、南非、土耳其等新興經濟體和發展中國家。二十國集團成員國既有足夠份量，又有新興經濟體與發達國家共同參與，是到目前為止能讓最多的主要經濟體的領導人坐下來討論危機及應對策略的對話機制，因此具有很高的全球代表性和權威性。二十國集團對於解決這些大國之間的貿易糾紛、實現這些國家之間的政策協調發揮了重要作用。

## 3. 民間非政府組織參與全球貿易治理的力量日益加強

第二次世界大戰結束以來的幾十年裡，世界經濟治理通過國家間的協商形成一系列國際制度、國際規則和國際機構來實現，國家政權尤其是大國政府佔據了全球經濟治理的權力高地。然而近年來，隨著全球化的深入發展和國際非政府組織在國家體系中的日益活躍，非政府組織在全球貿易治理中也發揮著越來越重要的作用，其參與全球貿易治理最為直接的方式和途徑就是積極地組織跨國活動，尤其是在環境氣候等貿易與發展議題上。國際非政府組織還通過更廣泛的途徑參與區域國際政府間以及各國政府的立法和決策，對全球貿易治理體系的發展和演變產生影響。

## （二）全球貿易治理的內容

### 1. 推進貿易自由化是全球貿易治理的基本使命與核心目標

以世界貿易組織為核心的全球貿易治理體系自建立之初就是以削減關稅、促進自由貿易為目的的。世界貿易組織通過談判降低各國間的關稅，有效約束補貼等非關稅貿易壁壘；通過貿易政策審議機制確保成員貿易政策與實踐符合世界貿易組織的要求和推進自由貿易的發展，這一機制對金融危機和經濟衰退中各國貿易保護主義的衝動和新措施的出台進行了有效抑制。世界貿易組織深入人心的自由貿易觀念，也使它成為推進貿易自由化的精神力量。

### 2. 貿易與發展是全球貿易治理的中長期目標

貿易自由化的最終目的是實現世界經濟的恢復性增長和最終發展。世界貿易組織在成立之初就設立了貿易與發展委員會，通過技術援助和培訓、對不發達成員的特別關注等行動和措施，推動貿易與發展。

這一點也集中體現在多哈貿易回合談判中。二〇〇一年十一月第四次部長級會議啟動多哈回合談判，又稱多哈發展議程談判，該輪談判維持改革進程和貿易自由化政策，確保全力推動經濟復甦和增長，特別是發展。多哈回合談判還是聯合國千年發展目標的重要組成部分，與糧食安全、氣候變化以及建立有關發展的全球夥伴框架有著緊密聯繫。此外，由於世界貿易組織在促進國際貿易自由化方面十分有效，與良好的收入分配等經濟政策相結合，世界貿易組織為世界經濟發展，尤其是減貧工作做出了卓越的貢獻。

### 3. 國際貿易法治是全球貿易治理有效實施的保障

二十世紀以來，世界治理模式的進步就是不斷邁向法治理想與目標的制度發展與制度建設進步，推動或促進國際貿易治理法治化進程更是其中的重要方面。

全球貿易治理不是一個簡單的組織框架，而是代表了由一整套得到廣泛認可和接受的規則來調整世界貿易和各國政府貿易行為的史無前例的國際貿易法治。

這種國際貿易法治已經越過邊境措施，深入到了成員的國內，並且隨著世界經濟貿易的發展而不斷擴展。因此，國際貿易法治是全球貿易治理的又一個主要內容，為全球貿易治理有效開展和實施提供有力保障。以世界貿易組織為例，世界貿易組織各適用協定組成的法律文本和規則規範了各成員方的行為，在金融危機中有效遏制並避免了嚴重的貿易保護主義；世界貿易組織爭端解決機制通過規則和規範提供了強有力的震懾，保證了世界貿易組織的執行力。

### 4. 國際協調合作是全球貿易治理秩序和平演進的途徑

國際合作是保證國際關係和國際法律秩序和平演進的唯一途徑，也是確保全球貿易治理合法性和貿易規則有效性的關鍵。因此，作為全球治理的重要方面，全球貿易治理不僅在各治理主體和治理機制內部加強協調與合作，還與其他相關治理主體即其他政府間組織如聯合國、聯合國貿易與發展會議（UNCTAD）、經濟合作與發展組織（OECD）、國際勞工組織（ILO）和聯合國環境規劃署（UNEP）等加強聯繫和機制性的協調合作，共同有效應對全球挑戰。

## 三、全球貿易治理體系的未來改革方向

隨著全球經濟一體化和區域經濟一體化的深化發展、世界經濟和國際貿易格局不斷變化，全球貿易治理出現了新問題，也驅使著全球貿易治理的主體力量、內涵和機制的變革。

### （一）發展中國家成為全球貿易治理中不可或缺的重要力量

在世界經濟格局和貿易格局急劇變化的形勢下，以中國、印度、巴西和俄羅斯為代表的新興經濟體的貿易地位和經濟地位迅速上升，成為全球貿易治理不可或缺的重要力量，如表8-2所示。

參與全球化的過程既是新興經濟體國家經濟迅速發展的過程，也是新興經濟體國家與發達國家的經濟關聯不斷強化的過程。在維護全球貿易秩序和加強全球貿易治理上，新興經濟體國家表現出的更多是積極推動者的角色。充分尊重新興經濟體的利益、提升新興經濟體在國際組織的話語權，是全球貿易治理機構必須重視的問題。尤其是在金融危機後，發達國家承擔全球治理的能力相對削弱，讓具有承擔能力的新興經

表8-2　新興經濟體貿易和經濟地位（2014）

| 國家或地區 | GDP／億美元 | 世界排名／位 | 進出口貿易總額／億美元 | 世界排名／位 |
|---|---|---|---|---|
| 中國 | 52700.6 | 2 | 46675.2 | 2 |
| 俄羅斯 | 9998.3 | 14 | 9925.6 | 14 |
| 巴西 | 12118.7 | 11 | 5832.4 | 21 |
| 印度 | 15983.2 | 8 | 10390.1 | 13 |
| 墨西哥 | 10685.3 | 13 | 8529.3 | 17 |
| 土耳其 | 6731.2 | 17 | 4774.2 | 26 |
| 印尼 | 4717.1 | 20 | 4006.7 | 29 |

資料來源：世界銀行 WDI 資料庫。

注：GDP 為市場價格（按2005年不變價格）。

濟體國家共同治理全球貿易，可以調動這些國家承擔國際責任的積極性。

## （二）區域合作協議在全球貿易治理中作用越來越大

區域經濟一體化是在全球貿易發展新階段逐步出現的，很大程度上減輕了貿易衝突和金融危機的風險。更為重要的是，面對多邊貿易體系出現的僵局，區域一體化成為成員國在金融危機後推進貿易自由化和擴展市場的必由之路。

區域經濟一體化同時具有「多米諾骨牌效應」，在其他國家參與區域經濟一體化的情況下，一國的最好選擇就是也參與其中。而這也更容易形成以區域合作組織為基礎的貿易保護集團。

## （三）二十國集團將在全球貿易治理中扮演更加積極的角色

當前國際形勢與全球治理的發展對二十國集團提出了新要求，推動二十國集團從成立之初的危機應對向長效治理、從週期性政策向結構性改革轉型，二十國集團將在未來處理全球重大問題和指導全球經濟治理中發揮協商和政策指導的作用。

二十國集團的成員國既包括了主要發達國家，也包括了中國等發展中國家，具有較好的代表性。儘管還存在一系列問題，但這一協商平台至少可以在促進主要國家之間的相互溝通上發揮作用，對解決世界經濟面臨的迫切問題大有裨益。在今後的一段時期，二十國集團將會在全球貿易治理中扮演更加積極的角色。

## （四）與其他全球經濟治理機構合作將進一步加深

在全球生產分工中，國際貿易的利益基礎發生了重要變化，國際貿易對國際金融體系的依賴性加大，進而對一國的生產、消費和流通等多方面產生聯動影響。因此，加強世界貿易組織與國際貨幣基金組織等其他國際組織之間的協調，一方面有助於及時發現和處理國際貿易的新問題，另一方面也可以利用其他組織的力量，增強世貿組織解決問題的能力，更好地發揮相互之間的協同作用。

## （五）中國由參與者逐步轉變為規則制定者和責任者

中國加入世界貿易組織已有十五年，經濟實力和貿易地位得到了極大的提升，已躍升為世界第一貿易大國和經濟總量世界第二大國。當前國際貿易紛爭的許多議題均與中國有關，中國的立場和行動對全球貿易治理的影響重大。

近年來，中國也在積極參與全球治理，實施互利共贏的開放戰略，在擴大內需、增加匯率彈性、加強知識產權保護和環境保護上實施了一系列強有力的政策，在全球貿易治理中奉行「均衡、普惠、共贏」的原則。兼有經濟大國和發展中國家雙重身份的中國將在全球經濟治理和貿易治理中發揮更加積極的作用。

# 四、中國對全球貿易治理的貢獻

中國是世界貿易組織的第一百四十三個成員，入世十五年以來，中國由世貿組織的一般成員向重要成員轉變。國際金融危機使中國在全球內獲得全新影響力，中國自此走向了全球貿易治理的前台，完成了全球貿易治理一般角色到重要角色的轉換，正日益發揮著重要的作用，以積極協商、平等互利、認真負責的態度參與全球貿易治理。

隨著中國改革開放的深化，「十三五」規劃的實施，中國參與全球貿易治理的能力將更加扎實，並將繼續為全球貿易治理發揮重要的建設性作用。

## （一）以身作則，堅決反對貿易保護主義

面對日益興起的全球新貿易保護主義，中國認真履行入世承諾，大幅度降低進口關稅，取消非關稅措施，開放服務貿易市場，加強對知識產權保護，同時大規模清理與貿易有關的法律法規，以自身「重承諾、負責任、守信用」的實際行動，推動國際貿易自由化的進程。中國始終堅持反對貿易保護主義的立場，並依靠自身不斷增長的貿易與經濟影響力，在充分把握和理解世界貿易組織規則的基礎上，以科學和符合國際規範的手段積極應對國外針對中國產品濫用反傾銷、反補貼措施，在維護中國廣大企業合法權益的同時，有力地抑制了全球貿易保護主義。

中國在多個場合也表達了反對貿易保護主義的態度。二〇一三年九月，中國國家主席習近平在二十

國集團聖彼得堡峰會上表示，「反對貿易保護主義，維護和發展開放型世界經濟」，指出「貿易保護主義損人不利己」，並在二〇一四、二〇一五峰會上多次強調。中國國務院總理李克強在博鰲亞洲論壇發表主旨演講時，也特別強調了反對貿易保護主義的重要性，呼籲世界各國共同反對任何形式的保護主義，維護開放自由的貿易投資環境。

## （二）積極協調，堅定推動多哈回合談判

入世十五年來，由於中國政治、經濟和貿易地位的特殊性，決定了其與世界貿易組織各類成員都有共同利益和趨近利益的重疊，這在客觀上賦予了中國充當起各類成員在多邊貿易體制內的協調角色。尤其在多哈回合談判過程中，中國充分利用自己既是發展中國家，又是貿易大國的特殊地位，在堅持從發展的角度出發、努力維護發展中國家利益的同時，加強與發達國家之間的政策協調，多次在談判的關鍵時刻擔當了協調者的角色，促進成員間的相互溝通、減少分歧，為推進談判向前發展、維持多邊貿易體制內的平衡，發揮了建設性的橋樑作用。

例如，中國加入了由巴西帶頭發起的發展中國家重要農業談判集團（發展中國家二十國集團）和由印尼帶頭的四十五個發展中國家成員組成的農業談判組織（G33）；受邀參加了世界貿易組織「綠屋」會議，參與世界貿易組織主要成員的決策會議，開始進入世界貿易組織規則制定的核心層；中國已有若干位專業人員、學者和專家進入世界貿易組織秘書處和專家組與上訴機構，擔任主席或成員，他們的出色工作得到各成員的好評，在這些機構中發揮的影響與作用不斷提升。

## （三）廣泛參與，提高發展中國家影響力

充分利用日益增長的貿易優勢、金融實力和經濟規模，中國在入世後積極參與貿易有關的其他領域的國際會議、國際組織的活動，代表發展中國家發出聲音，在國際上的影響力不斷提升。

發展問題在多邊貿易體制中集中體現為發達成員和發展中成員之間的矛盾。中國在不同議題上廣泛參與，代表發展中國家在國際組織活動中發聲。例如，二〇〇三年世界貿易組織第五屆部長級會議前後，中國與廣大發展中成員站在一起，據理力爭，最終使歐盟等發達國家成員放棄了貿易與投資、競爭政策和政府採購透明度等三個新加坡議題；二〇〇五年十二月世界貿易組織第六屆部長級會議上，中國同巴西、印度等發展中成員積極協調立場，最終確定了發達國家嚴重扭曲貿易的農業出口補貼要在二〇一三年前取消；二〇〇八年七月在日內瓦舉行的小型部長會上，中國在農業的多數問題上採取了務實的立場，既堅決維護自身利益，表達了與廣大發展中成員共同的關注，也顯示出一定的靈活性，甚至在導致最終破裂的特殊保障機制問題上，中國也表示只要美國與印度能最終就觸發門檻達成一致，中國也是可以顯示一定靈活性的。中國作為發展中國家，根據多哈回合談判授權，僅以與發達成員兩個百分點之差，向不發達國家提供其關稅稅則百分之九十五稅號產品的「雙免」市場准入，體現並落實了多哈回合「發展」的核心等。

長期以來中國還一直致力於國際金融體系改革，堅持推動國際貨幣基金組織的份額改革，將中國的份額從百分之三．七二升至百分之六．三九，投票權也從百分之三．六五升至百分之六．〇七，超越德國、法國和英國，位列美國和日本之後，得到在國際貨幣基金組織中更大的話語權。在二十國集團峰會上，中國也提出具體的改革舉措，並在便於協同應對國際金融危機方面給予了切實有力的行動支持，二

〇一六年的二十國集團峰會也在中國杭州召開。

## （四）完善規則，支持世貿組織進行改革

世界貿易組織於一九九五年一月一日啟動，替代一九四七年成立的關貿總協定，成為當今世界多邊貿易體制的組織和法律基礎，也是全球貿易治理最主要的平台。然而由於世界貿易組織的治理結構最近一次修改是基於一九八六年烏拉圭回合談判所確定的日程，當時不可能設想三十年後世界貿易出現的新情況和新問題並設計出應對的規定，因而出現了如今二十世紀的貿易治理結構「管理」二十一世紀貿易的嚴重脫節現象。

世界貿易組織面臨著短期和長期的諸多挑戰，需要適應世界經濟貿易格局的變化趨勢，完善自身治理結構，平衡各方利益訴求，協調各成員共同推進多邊貿易體制的變革與完善。

中國加入世貿組織後，面對世界貿易組織的這些障礙和困難，作為重要成員盡力從各方面進行支持。一方面，中國全面履行入世承諾、接受過渡期審議和定期審議，同時，通過例會等方式監督其他成員履行義務情況，對美國、歐盟、日本等世貿組織主要成員違反世貿組織規則的措施提出質疑，對在雙邊經濟合作中久拖未決的問題在多邊場合表達關注，通過世貿組織多數成員集體的呼聲推動問題的解決。另一方面，面對國際金融危機給經濟全球化與貿易自由化造成的衝擊，以及多哈回合談判一籌莫展的局面，中國積極參與了對世界貿易組織的改革與不斷完善的討論。在世界貿易組織第七屆貿易部長會上，中國在發言中指出：「世界貿易組織需要通過必要的改革，不斷完善規則，強化自身職能，增強對其他重要國際協調機制的影響力，在全球經濟治理中承擔更高的責任，發揮更大的作用。」

## 五、中國參與全球貿易治理的途徑和政策建議

### （一）推動世界貿易組織談判，在貿易規則制定中發揮更重要作用

世界貿易組織多哈回合談判不僅是迄今涉及範圍最廣、參加成員最多的一輪談判，而且是中國入世後參加的首輪多邊貿易談判，還被視為舊貿易秩序的舊治理模式向新貿易秩序的新治理模式轉變的標誌。傳統的貿易規則由經濟實力最強的美、歐所主導，而在新一輪全球治理結構調整中，隨著中國在全球經濟和貿易格局中已經佔有舉足輕重的地位，應該更主動地謀求與自身實力相當的地位，在全球貿易規則治理中發揮核心作用。

目前中國已履行完畢所有的入世承諾，建立了符合規則要求的經濟貿易體制，成為可與美歐比肩的、全球最開放的市場之一。這也要求中國改變適應國際貿易條件的思維方式，不僅僅局限於入世承諾，而應該繼續推進「超世界貿易組織」改革，從國際貿易規則的參與者向制定者轉變，從發揮「建設性作用」向發揮「有意義的全球領導作用」轉變。在全球貿易治理中採取更加主動的態度，推出中國版的國際貿易新規則建議。

從二〇〇八年開始，美國、歐盟等通過主導跨太平洋夥伴關係協定、跨大西洋貿易與投資夥伴關係協定、國際服務貿易協議、歐盟－加拿大自由貿易協定、歐盟－日本自由貿易協定等貿易投資協定，力

圖加強主要發達經濟體之間的區域貿易談判，並以此推行高標準的貿易投資規則，這給以中國為代表的新興經濟體帶來了壓力，但同時也為中國提升在全球貿易治理結構中的地位以及促進中國國內改革帶來了機遇。

這些規則不僅包括「對國有企業競爭中立」、電子商務、中小企業等規範和管制，還包括知識產權保護、原產地規則、服務業開放、投資、高標準的環境和勞工規則等方面。但這一「2.0版本」的規則與目前眾多發展中國家的發展現實並不相符，中國可以結合「1.0版本」和「2.0版本」，推出折中的「1.5版本」，以平衡發展中國家與發達國家的利益訴求。

## （二）推動區域全面經濟夥伴關係協定談判，在區域經濟合作中發揮更積極的作用

除了與大國直接進行新規則的對接和談判外，中國應該在區域全面經濟夥伴關係協定、中日韓自由貿易協定等區域、三邊和雙邊自由貿易協定談判中發揮主導作用。

亞洲區域一體化是目前區域經濟合作中的討論熱點，有APEC、TPP、ASEAN、ASEAN＋1、ASEAN＋3、中日韓自由貿易協定等合作機制。中國應在此基礎上，倡導適合中國等發展中國家特點的能平衡各國利益並能滲透和體現國際貿易新規則的區域全面經濟夥伴關係協議——在充分考慮各成員經濟發展差異性和多樣性的基礎上，循序漸進地推進亞太區域經濟一體化進程。與此同時，通過主導區域內部貿易談判，加強在亞太區域各國間的聯繫，促進各國的共同發展。

此外，中國應堅持並推進既具有中國傳統文化特色，又兼具區域發展現實的戰略理念——「一帶一路」，並通過在這一理念指導下設立的亞洲基礎設施投資銀行和絲路基金，宣揚並深化「共同發展」的理念，進一步與周邊各國分享發展紅利，為全球經濟治理與發展貢獻經驗。

## （三）通過二十國集團等國際集團和其他全球治理機構參與全球貿易治理

作為發展中國家、新興經濟體和東亞國家的代表，中國不僅應該從規則和理念層面關注國際經貿規則的動向，還應該從戰略層面在國際上構建廣泛的利益共同體，在國際經貿規則變革博弈中，不僅與具有利益一致性或近似性的廣大發展中國家和新興市場國家尋求合作，而且要善於利用發達經濟體之間的矛盾或利益差異，通過二十國集團等國際集團，以及國際貨幣基金組織、UNCTAD、經濟合作與發展組織等國際組織增進與發達經濟體的經貿合作，遵循互利共贏的理念，協同推進戰略互信、互聯互通、國際產能合作、人文交流，增加對世界公共產品的供給，拓展國際經貿合作。

## （四）促進中國國內經濟改革，適應並引領新的規則制定

國際貿易新規則調整不僅帶來了挑戰，也帶來了機遇。中國應利用國際貿易規則重建來引領國內重點領域改革，包括：促進服務業發展，推進放開服務業的市場准入條件；深化國有企業改革，加強分類

監管，以市場化為主導，推進產權多元化；加強知識產權保護，營造有利於創新的市場運行環境，促進可持續發展與勞動者權益保護。

從中國目前面臨的需要改革的重要問題來看，國際貿易新貿易規則的調整與中國正在進行的全面深化改革有很多相呼應的地方。中國應該通過國內經濟體制改革和涉外經濟體制改革，促進國內政策與國際經濟新規則的對接，積極參與和引領新貿易投資規則的制定。

第九章

# 全球糧食安全治理

改革開放三十多年來，中國在同世界緊密聯繫、積極參與全球化進程中發展，一直參與著全球經濟治理。近年來，隨著全球化深入發展，也隨著中國的迅速發展、實力與地位的提高和與世界經濟聯繫的加深，中國以更加積極的姿態參與全球經濟治理，既是客觀必然，又恰逢其時。中國與外部世界經貿、金融的聯繫越密切，相互依存和相互影響也就越大。這要求我們必須積極參與全球經濟治理和治理體系的改革，維護一個良好的外部世界經濟、世界市場環境，為進一步發展對外經貿關係創造更加有利的條件。同時，中國與世界經貿關係的密切和影響力的擴大，也為中國積極參與全球經濟治理和治理體系的改革創造了客觀條件。在糧食安全的全球治理這一領域內，同樣如此。

## 一、全球糧食安全治理的產生背景與發展

在深入探討國際糧食安全治理這一問題之前，我們首先明確「糧食安全」的定義。一般意義上，我們將「糧食」定義為可供食用的穀物（小麥、稻穀、玉米）、豆類和薯類。因此「糧食安全」這一概念，其直觀含義就是保證所有人都有足夠的食物。二十世紀七〇年代糧食危機在全球內爆發，一九七四年聯合國糧農組織（Food and Agriculture Organization of the United Nations, FAO）在第一次世界糧食首腦會議上向全球敲響警鐘，首次提出了「食物安全」問題。一九八三年四月聯合國糧農組織糧食安全委員會通過了「糧食安全」概念，並得到聯合國糧農組織、世界糧食理事會（World Food Council）、聯合國經濟和社會理事會（Economic and Social Council, ECOSOC）等國際組織和國際社會的廣泛贊同和支持。一九九六年第二次世界糧食首腦會議通過的《羅馬宣言》（Rome Declaration on World Food

Security）對「糧食安全」做出了更全面的解釋：「只有當所有人在任何時候都能夠在物質上和經濟上獲得足夠、安全和富有營養的糧食，來滿足其積極和健康生活的膳食需要及食物喜好時，才實現了糧食安全。」國際糧農組織提出了判斷糧食安全的三個標準：一是國家糧食的自給率必須達到百分之九十五以上（糧食生產安全）；二是人均糧食應達到四百公斤（糧食消費安全）；三是糧食的庫存儲備應該達到本年度糧食消費的百分之十八，低於百分之十四的警戒線則為糧食緊急狀態。

## （一）產生背景

糧食作為人類生存的必需品，不可缺少。但是自從人類進入農耕時代，就總是伴隨著週期性的糧食危機。從全球角度來看，糧食危機也一直是影響人類生存和社會穩定的重大因素。特別是自二十世紀七〇年代以來，全球爆發了兩次大規模的糧食危機，分別發生在一九七二至一九七四年與二〇〇七至二〇〇九年。第一次糧食危機主要起因是二十世紀七〇年代的惡劣天氣、冷戰後各國糧食儲備的下降、蘇聯應災手段轉向及糧食相關產業產品價格高昂等幾項因素。這場危機使得世界糧食庫存量、進口量及援助數量銳減，廣大發展中國家的底層人民受災嚴重。二〇〇七至二〇〇九年的糧食危機產生的原因除自然因素和人為因素導致的糧食產量與供給減少外，還有人口大量增長導致食物需求量增加及需求結構改變、發達國家生物燃料計劃，以及美國金融危機影響與商業壟斷炒作等新的因素。這次危機的影響比上一次危機更廣，世界主要糧食品種價格大漲，導致一些國家發生糧荒甚至社會動亂，危機中各國群起而動，採用了各種關稅保護措施保障本國糧食安全。

這兩次大的糧食危機以及多次小的糧食危機對全球人口的生存發展和社會發展產生了重大的不利影

響。為了有效應對全球糧食危機，建立各國之間合作解決糧食安全問題的體制機制，國際社會一致同意建立協調促進糧食安全的國際機構組織，隨著這些機構組織的發展，各國在糧食安全問題上持續努力，逐步建立了糧食安全全球治理的體系。

### （二）發展

以聯合國糧農組織和世界糧食計劃署（World Food Programme, WFP）為首的聯合國相關組織，從短期緊急糧食援助和長期糧食安全機制建設兩個方面入手，綜合採取了各種措施，對穩定與解決糧食危機、緩解全球糧食安全局勢起到了極其重要的作用。這些組織努力推動了世界糧食安全體系的初步形成與發展，自身籌資能力和救援投資力度不斷加強，促使各國政府深化了共識以及鼓勵相關機構拓展活動領域並進行機構改革等。

同時也有更多的國家、組織以及有能力的個人參與到國際糧食安全問題的解決當中，還有更多的國際政治經濟組織把糧食安全作為主要議題，這些都推動了糧食安全全球體系的發展和走向成熟。

## 二、全球糧食安全治理體系的主要內容

全球糧食安全治理體系包括國際組織、國家和跨國公司三大部分。

## （一）國際組織

為了滿足全球糧食安全的治理需要，國際上了成立了三大組織機構，包括聯合國糧農組織、世界糧食計劃署、國際農業發展基金（International Fund for Agricultural Development, IFAD）。這些國際機構在協調各國糧食安全政策的制定實施，支援貧困國家和地區的糧食供給，平衡國際間糧食供需和保障國際糧食安全狀況的改善等方面都起到了巨大作用，是國際糧食安全全球治理體系的核心組成部分。

聯合國糧農組織是聯合國系統內最早的常設專門機構。其宗旨是提高人民的營養水平和生活標準，改進農產品的生產和分配，改善農村和農民的經濟狀況，促進世界經濟的發展並保證人類免於飢餓。聯合國糧農組織是聯合國專門機構之一，是各成員國間討論糧食和農業問題的國際組織。聯合國糧農組織的成立先於聯合國本身。第二次世界大戰爆發後，經當時的美國總統羅斯福倡議，四十五個國家的代表於一九四三年五月十八日至六月三日在美國弗吉尼亞州的溫泉城（Hot Springs）舉行了同盟國糧食和農業會議。會議決定建立一個糧食和農業方面的永久性國際組織，並起草了《糧食及農業組織章程》（Constitution of the Food and Agriculture Organization）。一九四五年十月十六日，糧食及農業組織第一屆大會在加拿大的魁北克城召開，四十五個國家的代表與會，並確定這天為該組織的成立之日。至十一月一日大會結束，四十二個國家成為創始成員國。一九四六年十二月十六日與聯合國簽署協定，從而正式成為聯合國的一個專門機構。中國是該組織的創始成員國之一。一九七三年，中華人民共和國在該組織的合法席位得到恢復，並從同年召開的第十七屆大會起一直為理事國。該組織的最高權力機構為大會，每兩年召開一次。常設機構為理事會，由大會推選產生理事會獨立主席和理事國。至一九八五年年底，理事會下已設有計劃、財政、章程及法律事務、商品、漁業、林業、農業、世界糧食安全、植物遺傳資源等九個辦事機構。該組織的執行機構為秘書處，其行政首腦為總幹事。秘書處下設總幹事辦公室和七個經濟技術事務部。總部自一九五一年起遷往意大利羅馬，此外還在非洲、亞洲和太平洋、拉丁美洲和加勒比、近東和歐洲等五個地區設有區域辦事處，在北美（美國華盛頓）和聯合國（美國紐約和瑞士日內瓦）分別設有聯絡處。聯合國糧農組織的宗旨：保障各國人民的溫飽和生活水準；提高所有糧農產品的生產和分配效率；改善農村人口的生活狀況，促進農村經濟的發展，並最終消除飢餓和貧困。聯合國糧農組織現有一百九十一個成員國和一個成員組織（歐盟），各成員國政府通過大會、理事會行使其權力。兩年一度的大會是成員國行使決策權的最高權力機構。大會的主要職責是選舉總幹事、接納新成員、批准工作計劃和預算、選舉理事國、修改章程和規則，並就其他重大問題做出決定，交由秘書處貫徹執行。大會休會期間，由四十九個成員國組成的理事會在大會賦予的權力範圍內處理和決定有關問題。聯合國糧農組織在總幹事領導下，由秘書處負責執行大會和理事會決議，並負責處理日常工作。聯合國糧農組織在全世界共有四千三百名職員，其中總部兩千三百人。

世界糧食計劃署由聯合國和聯合國糧農組織合辦，是聯合國內負責多邊糧食援助的機構，於一九六一年第十六屆聯大和第十一屆糧農組織大會決定成立，原定於一九六三年開始運作，但因一九六二年多地遭遇糧食危機，提前投入運作。總部設在意大利羅馬，出版有《世界糧食計劃署新聞》（*Newsletters from World Food Programme*）與《世界糧食計畫署年度報告》（*Annual Reports of World Food Programme*）。世界糧食計劃署的宗旨是以糧食為手段，幫助受援國在糧農方面達到生產自救和糧食自給的目的。援助方式分緊急救濟、快速開發項目和正常開發項目三種。其活動資源主要來自各國政府自願捐獻的物資、現金和勞務。目前主要認捐者有中國、美國、歐盟、加拿大、荷蘭、日本、德國、瑞典、英國、丹麥和澳大利亞。

國際農業發展基金是聯合國系統專門向發展中成員國提供糧食和農業發展貸款的金融機構。根據一九七五年世界糧食會議於一九七六年籌建，一九七八年正式開始業務活動，有成員國一百四十二個，總部設在意大利羅馬。其宗旨是籌集資金，以優惠條件向發展中成員國發放農業貸款，扶持農業發展，消除貧困與營養不良，促進農業範圍內南北合作與南南合作。

## （二）美國

早在二十世紀七〇年代，糧食外交和美國主導的糧食霸權就走向美國全球戰略的核心地位。美國前國務卿基辛格（Henry Alfred Kissinger）曾說過：「誰控制了石油，誰就控制了所有國家；誰控制了糧食，誰就控制了人類；誰掌握了貨幣發行權，誰就掌握了世界。」美國作為世界上唯一的超級大國，世界第一農業生產大國，在糧食安全問題上極具話語權，對國際糧食安全治理具有重大影響作用。

美國是世界上真正建立糧食國際戰略體系的國家，作為全球第一糧食生產大國，其對世界糧價的話語控制權早就展開。為了壟斷世界糧倉，建立糧食霸權，美國借助或實施了綠色革命和轉基因革命、長期巨額農業補貼政策和新能源革命等一系列措施。第二次世界大戰後，美國洛克菲勒家族（Rockefeller family）主導了以化肥、農藥和高產種子應用為標誌的農業技術革命，它大幅度增加了糧食產量，重要的是農業已經成為石油化學農業，石油能源成本佔總成本的比重已經超過百分之六十，主要包括化肥、農藥和石油驅動的機械的能耗。更重要的是，這使美國彈藥原料生產商轉為化肥農藥生產商（氮是高能炸藥和化肥的基礎原料），並直接形成了對世界雜交種子專利、農藥專利的壟斷，這些公司包括標準石油（Standard Oil）、陶氏化學（Dow Chemical）、杜邦（DuPont，先鋒良種）和孟山都（Monsanto

Company，迪卡）等。當前，世界公認的擁有強大實力的轉基因糧食巨頭有三家屬於美國的公司，這三家農業巨頭公司（孟山都、杜邦、陶氏化學）控制了全球百分之八十以上轉基因種子的主要專利，包括玉米、大豆、水稻、小麥，甚至蔬菜、水果和棉花等。

美國內政外交的大前提是「以糧食為國家根本」，而不是核武器和金融。核武器不能使用，金融也會週期性地引起恐慌。為了控制全球農產品市場，美國長期實施巨額的農業補貼政策。每年被世界貿易組織認可或不認可的各類補貼〔前者如「綠箱補貼」（Green Box Subsidies）、「藍箱補貼」（Blue Box Subsidies），後者如「琥珀箱補貼」（Amber Box Subsidies）〕超過千億美元。美國國土遼闊，農業經營規模天然具有規模優勢，但這遠不及美國的農業補貼影響大。美國的農業補貼制度從大蕭條時期的一九三三年就開始，僅在二〇〇八年，美國農業補貼就達到兩千九百億美元，分別相當於當年糧食價格的約百分之三十和百分之二十五。也就是說，美國的小麥和玉米從政府補貼中獲得了相應的價格空間和比較優勢。實際上，眾多糧食生產國家與美國之間的農業競爭在本質上已經演變為小農生產與美國財政部的競爭。同時，美國農田長期有三分之一處於休耕狀態，以便控制糧價。當其他後發國家拚命擠佔自己耕地用來發展工業，從而製造出廉價消費品輸往美國時，美國卻又通過減少糧食出口，抬高糧價。多年來，壟斷全球百分之八十糧食交易量的ABCD四大糧商（即ADM、邦吉、嘉吉和路易達孚），三家由美資控股，一家有美資滲透。世界其他主要糧食出口國如澳大利亞、加拿大、法國及阿根廷等國，要麼是美國盟國，要麼早已被美國資本滲透控制。

## （三）跨國公司

在糧食安全領域，有幾家極具實力的跨國公司成為影響全球糧食安全的重要力量，它們就是ABCD四大糧商。要想保障國際糧食安全，與跨國公司的合作也具有積極意義。

A，即ADM（Archer Daniels Midland, ADM）公司，它是世界上最大的農業加工企業之一。ADM的創始人於一九〇二年開始經營相關業務，公司成立於一九二三年，初期以單一亞麻加工為主。隨著ADM逐漸擴大經營範圍，增加了麵粉工業、食品加工業、飼料業、特殊食品業、可可業以及營養品工業等。二十世紀八〇年代起，ADM開始走向世界，一九八六年在歐洲擴張，在荷蘭和德國進行收購；二〇〇〇年正式進入中國。時至今日，ADM已成為巨大而又盤根錯節的跨國公司。它旗下的企業包括食品、飲料、食療以及飼料等，共約兩百七十家各種各樣的製造工廠，分佈在世界各地，從事可可、玉米加工、食品添加物、營養補助品、類固醇、食用油等的生產和市場推銷。除此之外，它還從事有關農糧儲備與運輸交通等大型行業。ADM是當今世界第一的穀物與油籽處理廠，美國最大的黃豆壓碎處理廠和玉米類添加物製造廠，美國第二大麵粉廠和世界第五大穀物輸出交易公司。今天，ADM位於全球一百六十個國家的三萬多名員工，運用公司全球領先的農作物收儲、運輸和加工網絡，採購和銷售農產品，將農場與餐桌連接起來。ADM公司在二〇〇九、二〇一〇、二〇一一連續三年被《財富》（*Fortune*）雜誌評為食品生產行業最受尊敬的企業。二〇一四年以八百九十八億美元的營業收入，在《財富》世界五百強中排八十七位。

B，即邦吉集團（Bunge）。邦吉集團由荷蘭創始人Johann Peter Gottlieb Bunge在一八一八年荷蘭的阿姆斯特丹創立，一八五九年由其孫子將總部遷至比利時。公司初期主要從事海外殖民地香料與橡膠生意。一八七六年，公司遷至阿根廷，開始在美洲的發展。在猶太糧食交易商赫斯（Alfred Hirsch）加盟後，生意開始擴及其他農作物，包括各種糧食與油籽。一九三五年，邦吉進入北美地區。之後，公司在南北美地區迅速發展。一九九九年，其將總部正式遷至美國紐約。二〇〇〇年邦吉正式進入中國。目前邦吉在四十個國家擁有四百五十多家實體店，擁有員工三萬五千多名，致力於整合全球農業、食品業供應鏈和生產鏈，為世界六十多億人口提供產品與服務。在二〇一四年《財富》雜誌評選的世界最大的五百家公司中，邦吉公司以六百二十五億美元的年銷售額排名第一百五十三位。邦吉目前是巴西最大的穀物出口商，美國第二大大豆產品出口商、第三大穀物出口商、第三大大豆加工商，全球第四大穀物出口商、最大油料作物加工商。除了糧食加工與出口，邦吉還將營業範圍擴展到了紡織、化肥、油漆以及銀行等行業，工廠和業務遍及巴西、美國。在四大糧商中，邦吉以注重從農場到終端的全過程聞名。

C，即美國嘉吉公司（Cargill）。嘉吉公司是世界上最大的私人控股公司、最大的動物營養品和農產品製造商，總部設在美國明尼蘇達州。嘉吉公司的歷史始於一八六五年。二十一歲的美國人威廉·華萊士·嘉吉（William Wallace Cargill）在美國愛荷華州建立了第一家嘉吉的小穀倉，當地農民把收穫的糧食存放在這裡，付一些保管費和保險金，等價格合適了再賣出去；農民們也可以把糧食直接賣給威廉，威廉轉賣後從中賺取差價。威廉的倉庫採用了先進高效的糧食傳送帶，生意不錯。家族成員隨後加入，嘉吉公司的事業擴展至全美。一九〇九年，六十五歲的威廉去世，他的女婿約翰·麥克米蘭（John Hugh MacMillan）繼任，從那至今，麥克米蘭家族和嘉吉家族一起成為嘉吉公司的實際控制人。經過一百五十年的經營，嘉吉公司目前已成為大宗商品貿易、加工、運輸和風險管理的跨國專業公司，是一家全球性的貿易、加工和銷售公司，經營範圍涵蓋農產品、食品、金融和工業產品及服務。目前嘉吉公司在全球六十七個國家開展業務，擁有一萬三千名雇員，是美國最大的非上市公司，已連續六年被評為全美最大的二十家私人公司之首。二〇一三年度營業收入一千三百四十九億美元。因其未上市，沒有公開數據，《財富》世界五百強中沒有列入，如果以二〇一四年數據排名，嘉吉公司在世界五百強的排名應為三十一位，位列一些赫赫有名的公司，如谷歌、亞馬遜、微軟之前，遠超過ADM公司。

D，即路易達孚。路易達孚公司（Louis Dreyfus）是一家跨國集團，由法國人列路易．達孚成立於一八五一年，有一百六十多年的歷史，總部設於法國巴黎，開創和發展了歐洲穀物出口貿易，現在是世界第三及法國第一糧食輸出商和世界糧食輸往俄羅斯的第一出口商，號稱糧商之中的「拿破侖．波拿巴」。路易達孚已經在全世界五十五個國家設立了辦事機構，包括北京、布宜諾斯艾利斯、巴黎、日內瓦、聖保羅、新加坡、美國維爾頓（康涅狄格州）和孟菲斯（田納西州）。全球雇員總數約三萬五千名，二〇一三年營業收入六百三十六億美元，在二〇一四年《財富》世界五百強中排一百五十名。

四大跨國糧商常常被稱為國際糧食市場的「幕後之手」。這些國際巨頭憑借資本與經驗的優勢，已完成對上游原料、期貨，中游生產加工、品牌和下游市場渠道與供應的絕對控制權。目前，全球前十位的穀物出口國中，四大糧商佔據主導地位的就有九個。它們從種子、飼料、化肥這些最初環節直到產、供、銷一條龍經營，在市場幾乎每一個層面都佔據絕對優勢。由於四大糧商在農產品領域都有自己完整的產業鏈，一旦在目的國站穩腳跟，就利用資本優勢迅速破壞該國原有的經營鏈條，使之由自成體系變為依附於四大糧商的一個「細胞」：種子要用ABCD的，否則種出來的東西賣不出去；化肥農藥要用ABCD的，否則伺候不好作物。在一些國家，ABCD向農民發放小額貸款，使之產生更多依賴性，種ABCD的作物，有人提供資金，有人負責收購，這樣一來，其他本土企業自然很難應付。不僅如此，一旦出現糧油價格的大幅度波動，ABCD可以通過期貨交易平衡盈虧，甚至反過來順勢打擊競爭對手，這更讓大批中小糧油企業破產。

# 三、全球糧食安全治理體系的未來改革方向

二〇〇八年十一月，聯合國糧農組織總幹事迪烏夫（Jacques Diouf）指出：「目前的世界糧食安全體系因農業補貼、關稅和技術性貿易壁壘，以及官方發展援助資源分配不合理所造成的國際市場扭曲，導致世界糧食不安全。為此，各國必須改革當前的糧食安全體系。」雖然迪烏夫只是指出了糧食安全全球治理中的一些問題，但是也可以由此管中窺豹，基於當下糧食安全問題的實際情況，提出國際糧食安全治理體系未來的改革方向。

## （一）改革組織機制

糧食安全問題並非一個或幾個國家和區域性組織的單兵作戰所能解決的，未來需要制定一個全球性的應對方案。

### 1. 創建協調性與聯動性的國際機制

聯合國可建立一個全球性糧庫，履行「世界糧食銀行」（World Food Bank）職能，並制定「特別借糧權」（Special Food-Borrowing Privileges），幫助最不發達國家應對糧食危機，同時，「世界糧食銀行」可以以優惠條件向出現短期糧荒的國家借糧；世界貿易組織擔負著監控與協調全球糧食貿易的職能，因此可以賦予其撤銷相關國家糧食貿易限制性規定的職權，即使一些國家需要設立新的限制規定，

也必須提前通報世界貿易組織進行協商；經合組織負責制定全球性的生物燃料指南和保障措施，審查和評估相關國家發展生物質能的長期影響，並且指定相應的政策對其進行指導，以此減少對全球糧食安全的不利影響；國際貨幣基金組織與世界銀行負責監控一國宏觀經濟指標變動對糧食生產與經營的影響，評估相關國家應對糧食安全危機的財政政策，加強對國際市場糧食產品及期貨的分析和監督，建立對糧食投機行為的糾錯機制和嚴懲規則。

### 2. 塑造公平合理的國際農產品貿易秩序

發達國家和發展中國家都應該從人類生存的角度考慮問題，在協調各方利益的基礎上都做出相對的讓步，主要是：以美國為代表的農產品出口國凱恩斯集團（Cairns Group）應當大幅削減對農產品的出口補貼，以歐盟、日本、韓國等為代表的農產品自給國集團必須大量削讓關稅和配額限制，而代表發展中國家的發展中國家二十國集團也應當盡可能地降低市場准入的門檻。唯有這樣，才能糾正國際農產品貿易機制，通過有序的國際糧食市場靈活配置和調節全球糧食的供應與需求。

### 3. 增加發展中國家的話語權

國際糧食安全治理體系以國際組織和美國以及大型跨國公司為主，發展中國家，特別是農業生產不發達的國家在這一問題上話語權太小，過去只是單方面接受糧食援助，在糧食貿易中也經常受制於人，承受了很多損失。因此必須在國際經濟組織以及其他的經濟和糧食安全組織、平台逐步增強發展中國家和不發達國家的話語權，避免在這一問題中，大國話語權過於集中帶來的問題。

## （二）防禦跨國公司對糧食安全的威脅

以ＡＢＣＤ四大糧商為首的國際糧食貿易、農業跨國公司體量巨大，控制了世界糧食生產貿易的很大一部分，加之它們都為私人企業，首要經營目的就是取得利潤，因此可能存在與穩定國際價格、保障糧食供給這兩項國際糧食安全治理目標相背離的情況，必須通過國際組織和國家對跨國公司進行監管和干預，降低其對國際糧食安全的威脅，促進糧食安全問題的改善和解決。

## （三）遏制投機

大宗農產品以美元標價，美元的波動對國際糧食安全有直接影響。上一次糧食危機就是美元對歐元及其他重要貨幣貶值，使以美元標價的商品價格上漲。各種投機資金，例如養老金基金、對沖基金、指數基金等為應對通貨膨脹紛紛買入農產品期貨。從二〇〇七年以來，對食品貨物的投機性投資快速增加。在科技股崩盤、房地產衍生品危機後，農產品期貨成為熱錢瞄準的下一個高回報投資目標。

據國際清算銀行估計，有幾千億美元投資於商品基金。投機資金熱炒農產品期貨價格，導致農產品期貨價格大漲或急跌，偏離了期貨消除貿易風險的初衷，反而加劇了農產品市場的波動，影響農民對未來收益的預期，不利於維護農民種糧積極性。因此必須遏制投機，防止最終令農民遭受損失的泡沫的形成。

### (四) 改革糧食援助制度

糧食援助體系中，各國對實物援助和現金援助這兩種方式的利弊爭論由來已久。美國通常的做法是實物援助，歐洲則提供現金用於在當地購買糧食。美國提供了世界上一半的糧食援助，但美國法律規定糧食必須在美國採購並用掛美國國旗的船隻運輸。通常美國政府採購後，通過美國的運輸工具轉往受援方當地的人道主義機構，最終由這些機構轉運並以極低價格出售或免費分發。美國的這種實物援助對當地農民的生產構成打擊，並導致囤糧等現象的滋生。現金購買糧食儘管短期可能導致糧價上漲，但有助於增加長期糧食供應。聯合國糧食計劃署認為現金形式的糧食援助能在離受援地更近的地區採購糧食，這意味著採購價格更低、運輸成本更低、運輸時間更短。這也是糧食援助制度未來的一個改革方向。

## 四、中國對全球糧食安全治理的貢獻

### (一) 積極加入國際糧食安全治理體系

中國是聯合國糧農組織的理事國，也積極參與其他國際糧食安全治理機構和平台的合作事項，很好地履行了作為發展中大國在解決世界糧食危機和援助貧困國家的責任和義務。中國已經是國際糧食安全問題的主要參與者和領導者之一，也是主要的對外糧食援助國家，同時通過與美國等發達國家的政治經濟合作，糧食貿易往來，穩定了國際糧食價格，保障了糧食供給，有效緩解了國際糧食危機。

## （二）保證中國的糧食安全，就是為國際糧食安全做貢獻

中國作為世界上人口最多的國家，保障中國自己的糧食安全，就是為世界糧食安全治理做出的巨大貢獻。中國以佔世界百分之七的耕地養活了世界四分之一的人口，不得不說是對世界糧食安全的巨大貢獻。二〇一五年五月七日，在意大利羅馬舉行的聯合國糧農組織「反飢餓傑出進展」特別活動中，中國被授予世界糧食峰會目標獎。聯合國糧農組織向中國頒發證書，表彰中國提前完成世界糧食首腦會議（World Food Summit）目標。聯合國糧農組織二〇一四年夏天已向中國政府頒發證書，認定中國提前實現聯合國千年發展目標有關減少飢餓的目標。這兩份證書體現了國際社會對中國農業發展和減貧成就的肯定。中國農業的發展，持續改善了中國的糧食安全狀況和人民的營養水平，為中國經濟的健康發展奠定了堅實基礎，也為世界糧食安全做出了貢獻。

## （三）支持發展中國家解決糧食安全問題

近些年，中國在亞洲、非洲、拉丁美洲、太平洋等地區近一百個國家，建立了農業技術示範中心、農業技術實驗站和推廣站，先後派遣農業專家和技術人員三萬餘人次，同時幫助這些國家培養了一大批農業技術人員，與各國分享農業技術、經驗和農業發展模式，此外，中國的雜交水稻良種已經使很多國

家受益。二〇一四年十月，中國政府承諾未來五年將向聯合國糧農組織捐贈五千萬美元用於開展農業南南合作，並加大對世界糧食計劃署和國際農業發展基金的支持。中國在世界條件最惡劣地區幫助其他國家戰勝飢餓、營養不良及伊波拉疫情等各種挑戰，在南南合作領域發揮了重要的領導作用。

## 五、中國參與全球糧食安全治理的途徑

隨著近年來中國國力不斷增長，在國際社會中的話語權也不斷上升，在各個國際組織和合作中都發揮了引領作用。中國必須參與到國際糧食安全體系中，行使好自己的權利，促進國際糧食安全治理體系健康發展。在保障參與全球糧食安全治理現有途徑的同時，要積極拓展渠道，通過一系列國際組織、平台和創新機制，擴展中國參與國際糧食安全治理的新路徑。

### （一）積極融入國際糧食安全治理體系，逐步實現引領作用

「糧食安全是一個世界性難題，中國的糧食安全影響著世界的糧食安全。」美國農業部前首席科學家羅傑．比奇（Roger N. Beachy）認為，「農業國際化合作可以讓中國更好地分享全球先進農業技術成果，同時，中國也可以利用已經掌握的生態農業技術幫助世界其他地區發展農業。」因此中國必須全力融入國際糧食安全治理體系。現有的國際糧食安全治理體系是以三大組織機構聯合國糧農組織、世界糧食計劃署和國際農業發展基金，以及以美國為首的發達國家和大型跨國公司組成的。中國是聯合國糧農

組織的理事國，要想在全球糧食安全的治理中提升中國的地位，首先是取得國際組織中的話語權以及在糧食安全大國博弈中的主動權，同時也要求我們創新國際糧食安全合作體制機制；其次，不僅要求我們積極融入其中，更要求我們在保障本國糧食安全的基礎上，加大在國際政治經濟中的影響。有了這些條件，我們才能在糧食安全這個影響人類社會的根本問題上進入國際領導地位。

## （二）充分利用「一帶一路」的歷史機遇

「一帶一路」在經濟、政治上都是中國未來很長一段時間最大的發展機遇，是中國進一步提高綜合國力、施展國際影響的最佳途徑，同時也成為中國參與全球糧食安全治理的絕佳機會。通過與「一帶一路」沿線國家的合作，佈局港口、碼頭和倉儲建設，進一步提高糧食進出口量，促進一手糧源掌控能力和全球內的糧食調配能力，同時也是增強與沿線國家合作，建立互信，提高全球糧食安全治理水平的良機。一定要牢牢把握住「一帶一路」的歷史機遇，保障自身糧食安全，增加在全球糧食安全治理體系話語權。

## （三）充分利用多元化的國際合作平台

中國參與了眾多國際合作平台，如二十國集團、東盟「10＋3」、中非合作論壇（Forum on China-Africa Cooperation, FOCAC）、金磚國家組織等。這些國際合作平台和對話機制都是解決國際、地區問題的良好途徑，中國可以充分利用好這些國際和地區平台，推動全球糧食安全治理問題的改善和解決。

### (四) 打造自己的國際化大糧商

面對國際農業壟斷寡頭對跨國糧食貿易的壟斷格局，中國應發揮國有農業企業的主導作用，著力培育中國自己的國際「大糧商」。以中糧集團（成立於一九四九年，是中國最大的糧油食品進出口公司和食品生產商）為首的央企要在以ABCD控制的世界糧食市場上競爭，為促進國際糧食安全的穩定和發展做出自己的貢獻。中國的國情農情決定了中國的「大糧商」與發達國家的「大糧商」有著本質的區別：它既不是一個追求利潤最大化的農業跨國公司，也不是一個對外傾銷富餘農產品的糧食企業，而應該是以穀物作為生產經營核心，擁有自己大基地的生產商、保障中國國內市場穩定的供應商、帶動農民走向市場的龍頭企業、穩步實施「走出去」戰略的市場主體。培育農墾國際「大糧商」，基本目標是要打造全球化、全產業鏈、產業高端、資本運作的現代農業產業集團，掌控資源、價格和利潤分配的話語權，提升生產能力、供應能力和掌控能力。

## 六、中國參與全球糧食安全治理的政策建議

### (一) 積極參與並改善國際糧食貿易環境和治理機制

新時期，中國與國際市場的聯繫日趨緊密，為了有效利用國內外兩個市場來保障國家和國際糧食安全，中國應該積極參與並改善國際糧食貿易環境和治理機制。首先，積極參加全球和區域的糧食安全治

理機制建設。其次，積極參與和推動聯合國糧農組織、二十國集團和亞太經濟合作組織等倡議的建立全球和區域糧食儲備體系、糧食安全治理機制和禁止糧食禁運等行動計劃。這些計劃要求糧食主要生產國和消費國應建立一定水平的糧食儲備，在全球出現糧食價格大幅度上漲時，按各國承諾的比例釋放糧食庫存，同時禁止糧價上漲期間糧食出口限制措施。

## （二）在開展中國外交合作時把「糧食安全」作為優先議題

在開展中國同國際社會的外交合作，特別是中美外交合作以及與其他發達國家、金磚國家的外交合作時，要堅持把「糧食安全的國際治理」作為優先和重點議題，堅持把促進糧食安全作為雙邊合作和多邊合作的基礎，在大國關係的發展中始終置於重要地位。糧食安全的國際治理，只依靠國際糧農組織等國際協調管理機構遠遠不能滿足實際工作的需求，必須協調好主要國家之間對這一問題的看法，特別是美國的立場。作為人口最多、最大的發展中國家和經濟、農業最強大的發達國家，中國和美國在治理國際糧食安全問題上合作的空間巨大，也只有兩國強強聯合，才能更好地改善全球糧食安全的現狀。

## （三）實施國家食物安全新戰略

從「糧食安全」向「口糧安全」轉變，把中心任務轉向口糧安全，切實保障在危機時可能影響國家安全的大米和小麥的中國國內供給能力；從進口畜禽產品向進口飼料糧轉變，隱性地進口「土地和水資源」，提升畜禽產品中國國內生產能力，增加農業就業和農民收入。到二〇二〇年的四個目標是：使中國食物總體自給率保持百分之九十五以上；大米和小麥自給率基本達到百分之一百；作為飼料糧的玉米自給率保持在百分之八十五以上；肉蛋奶保持基本自給。通過實施新的國家食物安全戰略，保障中國的糧食自給能力，為中國糧食安全奠定堅實基礎，也是加大中國糧食安全國際治理話語權的有力保障。

## （四）提高中國農業企業的國際競爭力

隨著世界人口持續增長，糧食短缺時有發生，糧食產量的穩定增長，和在國家間合理分配農業與糧食資源等能力，就成為今後一段時間一國綜合國力的重要體現，因此，對國內、國外兩個市場資源的統籌分配能力責無旁貸地落在了中國的農業企業上。必須大力提高中國農業企業，特別是具有國家戰略意義的央企走出去，逐步培養出能與世界四大糧商抗衡的國際競爭力，這是中國參與全球糧食安全治理的重要一環，意義重大。通過兼併重組中國國內的農業龍頭企業，同時收購國外相關領域的優質企業，快速提高中國企業在農業、糧食等行業的國際競爭力，擴展國際業務範圍，增強國際影響力，優化國際糧食生產、流通佈局，提高海外一手糧源掌控能力，為中國糧食安全保駕護航，為國際糧食安全治理做出貢獻。

## （五）堅持為全球糧食安全問題做出中國貢獻

中國作為世界上最大的發展中國家，始終為全球糧食安全做出重大貢獻，今後會繼續在改善世界糧食安全現狀、援助貧困國家糧食等方面做出自己的貢獻。作為世界上人口最多的國家，解決好本國糧食安全就是中國對世界糧食安全做出的最大貢獻。但中國在此基礎上還大量援助非洲等貧困國家糧食與食物，改善不發達國家的糧食安全問題，同時通過在國際社會和組織中積極倡導各國關注發展中國家和最不發達國家的糧食危機，推動國際社會在解決全球糧食安全問題上付出更多的努力。在今後，中國依然繼續堅持為全球糧食安全做出自己的努力和貢獻。

# 第十章

# 全球能源安全治理

被喻為現代經濟「血液」的能源，在人類生活中發揮著重要作用。中共總書記習近平在二〇一四年六月舉行的中央財經領導小組第六次會議中提出，能源安全是關係國家經濟社會發展的全局性、戰略性問題，面對能源供需格局新變化、國際能源發展新趨勢，保障國家能源安全，必須推動能源生產和消費革命，具體包括能源消費革命、供給革命、技術革命和體制革命。不僅如此，中國在未來要全方位加強國際合作，實現開放條件下能源安全。

伴隨著全球化和互聯互通進程的深化，中國作為目前全球最大的能源消費國和生產國，最大的石油進口國和碳排放國，可以說已經處於全球能源事務的中心位置，中國對於國際能源問題的全球治理發揮著越來越重要的影響。

## 一、全球能源安全治理的產生背景與發展

在全球化迅速發展的今天，能源的生產、運輸和消費已經跨越了國界，成為全球性的問題，深刻塑造著國際政治關係和全球經濟格局。

### （一）全球能源安全治理的內涵與意義

能源安全是中國和全球各國面臨的重要問題。國際能源署（IEA）對能源安全的界定是「以可以承受的價格，不間斷地供給能源」，由此可見，能源安全主要是指合理且可靠的能源供應。狹義上，能源

安全作為能源領域的重要議題，屬於經濟安全範疇；廣義上，能源安全又涉及國家的政治、軍事、外交等領域。短期的能源安全強調能源系統能夠迅速應對供需平衡的突然變化；長期的能源安全則包含對經濟發展、可持續環境需求等進行及時且匹配的能源供應投資。在當前經濟全球化不斷深化的背景下，能源安全與傳統安全和非傳統安全相互交織，愈發成為國際安全問題，對國家安全和國際安全產生越來越大的影響。

## （二）全球能源安全治理體系的發展歷程

能源安全問題自工業革命以來就已經出現，尤其是在石油逐漸取代煤炭成為主要動力時。在兩次世界大戰期間，能源成為影響戰爭結局，乃至決定國家命運的重要因素，能源安全的重要性在那時便已得到國際社會普遍認可。

二十世紀七〇年代爆發的兩次石油危機極大地擴展了能源安全的內涵。尤其是一九七四年成立的國際能源署正式提出了以穩定石油供應和價格為中心的「能源安全」概念，西方發達國家也以此制定了以能源供應安全為核心的能源政策。國際能源署為西方發達國家提供了較為有效的能源安全保障，但它存在兩個顯著的局限性：一是範圍小，安全合作範圍基本限於西方發達國家之間；二是排他性，明顯帶有聯合對抗石油輸出國組織的色彩。

二十世紀八〇年代中後期，隨著經濟全球化和國際能源市場一體化的發展，能源消費國與輸出國之間的矛盾已大大弱化，其相互依賴程度不斷加深。同時，國際能源市場的參與者日益多元，能源安全的內涵和外延也不斷擴大。因此，能源安全問題涉及的範圍大大增加，能源安全合作也不斷加深。特別是為維護國際市場的穩定，以經濟合作與發展組織為代表的能源消費國家和以石油輸出國組織為代表的能源供給國家之間的合作顯著增多。

隨著全球內的政治、經濟和科技變化，全球能源安全治理的內涵也不斷變化。能源安全已不僅僅是簡單的能源供應問題，而是多國彼此相互影響的能源系統性安全。並且近年來，全球能源格局呈現出諸多新態勢，促使全球能源安全治理體系進一步變革。首先，頁岩氣、頁岩油革命迅速提高了美國的天然氣和石油產量，進而推動全球能源格局變化；其次，互聯網和新能源技術逐步融合，「低碳智能」初露端倪；第三，《巴黎氣候協定》進一步強調了應對氣候變化的重要性，「碳排放權」的戰略重要性日益增強，這對各國的碳排放量和能源使用提出新的要求和挑戰。這些新變化導致相關國家在國際能源問題上的價值取向和行為方式有所改變，從原本針對能源（尤其是石油）供應問題，轉向全球能源市場健康運轉，又轉向可再生能源技術進步以及應對氣候變化等。

## 二、全球能源安全治理體系的主要內容

對於全球能源安全治理而言，迄今並沒有形成一套整合性的、全球性的能源安全治理制度。儘管聯合國在二〇〇四年成立了綜合性的能源協調機制（UN Energy），但因缺乏資源和權力而形同虛設。目前，全球能源安全治理體系實際上是一個多主體、多層級的鬆散網絡。鑑於主權國家仍然是能源領域中最重要的行為主體，目前全球能源治理體系可以主要分為以下三部分。

## (一) 政府間國際能源組織

政府間國際能源組織主要包括代表石油消費國的國際能源署和代表石油供給國的石油輸出國組織。此外還包括國際能源論壇（International Energy Forum, IEF），該組織儘管涵蓋了石油供給國和消費國，但法律約束力不強。另外還有具有法律約束力的能源憲章條約（Energy Charter Treaty, ECT）組織。

### 1. 國際能源署（IEA）

國際能源署是發達石油消費國集團在經濟合作與發展組織框架內成立的一個獨立自治的國際組織。一九七四年十一月十五日，經濟合作與發展組織理事會通過了建立國際能源機構組織的決議；十一月十八日，十六個創始成員國代表在巴黎簽署《國際能源綱領協定》（IEP協定），標誌著國際能源署正式成立。國際能源綱領協定主要包括石油供應緊急自足體系、需求抑制措施、國際石油市場資訊系統、能源長期合作、與石油公司的協商機制、與產油國及其他消費國合作一共六個方面的內容，其核心是應對石油供應緊急情況的緊急共享制度。國際能源署自成立以來，一直將石油安全作為其能源安全概念的核心，建立和發展了應對石油供應中斷等突發石油危機的有效機制，並通過制定能源政策、發佈石油市場信息、開展能源研究與開發、推動與產油國和其他石油消費國的合作手段，來維護和促進成員國的石油供應安全。數十年來，國際能源署的集體能源安全機制一直運行良好，並成功應對了歷次石油危機的考驗，在應對能源供應中斷方面積累了豐富的經驗。

## 2. 石油輸出國組織（OPEC）

石油輸出國組織是第三世界主要石油生產國為維護共同經濟利益、協調成員國石油政策、反對國際石油壟斷資本的掠奪和控制而建立的國際能源組織。

石油輸出國組織成立於一九六〇年，伊朗、伊拉克、科威特、沙烏地阿拉伯和委內瑞拉是五個創始成員國。截至二〇一六年五月，該組織共有十三個成員國。石油輸出國組織的主要目標：協調和統一各成員國的石油政策，並通過協調各國的石油生產配額來維護它們的共同利益；通過消除有害的、不必要的價格波動，確保國際石油市場價格的穩定，保證各成員國在任何情況下都能獲得穩定的石油收入，並為石油消費國提供充足、經濟、長期的石油供應。石油輸出國組織的主要機構包括大會、理事會和秘書處，大會是最高權力機關，理事會負責執行大會決議和指導組織的管理，秘書處在理事會指導下主持日常事務工作。由於石油輸出國組織控制著全世界大約百分之七十八的石油儲量、百分之四十的石油生產量和百分之六十的石油貿易量，該組織對國際石油市場具有很強的影響力。

## 3. 能源憲章條約組織（ECT）

《能源憲章條約》一九九一年十二月十七日訂立於荷蘭，主要內容包括投資保護、能源貿易和運輸、能源效率、爭端解決、執行措施以及過渡安排等。它涵蓋石油、天然氣、煤炭和可再生能源等各種資源，涉及從勘探開發到生產加工、從運輸分配到銷售利用等能源活動的各個環節，其正式生效是在一九九八年四月。能源憲章條約組織目前包括所有歐洲國家、前蘇聯國家以及日本、澳大利亞和蒙古在內的五十一個國家。另外，美國、中國、沙烏地阿拉伯、委內瑞拉等二十個國家都是能源憲章代表大會的觀察員。《能源憲章條約》是第一個具有法律約束力、覆蓋投資保護和貿易的多邊能源協定，它建立了一種有法律保障的國際能源機制，為所有締約方在上述能源領域開展廣泛合作奠定了堅實的法律框架。能源憲章條約組織的最高領導和決策機構是由所有締約國組成的代表大會。代表大會每年召開兩次例會，主要討論締約國在能源合作中存在的問題，總結條約及有關議定書的執行情況，研究討論可能簽署的有關能源問題的文件和草案，批准秘書處的工作和財務計劃。代表大會下設投資、貿易、運輸和能源效率四個工作組，工作組主要對各自負責的領域內存在的問題進行調查研究，並提出相應的意見和建議。

## （二）非政府性的國際能源組織

非政府性的國際能源組織主要有世界石油大會（World Petroleum Congress, WPC）和世界能源理事會（World Energy Council, WEC）。

### 1. 世界石油大會（WPC）

世界石油大會成立於一九三三年，它是一個國際性、非政府性、非營利性的國際石油組織，被公認為世界最權威的石油科技論壇。截至二〇〇九年五月，該組織的成員有六十個國家，代表著全球百分之九十五以上的石油、天然氣主要生產國和消費國。世界石油大會每三年召開一次會議，大會向世界所有國家開放，各國的石油公司、其他工業部門以及非政府組織、政府間組織也可以參加會議，它因此被稱為石油產業的「奧林匹克盛會」。世界石油大會的組織機構包括成員國的國家委員會、理事會、執行委員會、大會規劃委員會和秘書處。大會的宗旨：為了人類的利益，加強對世界石油資源的管理；在世界石油工業中推動先進科學技術的應用和有關的經濟、金融、管理、環境以及社會問題的研究；在世界為石油科技人員、管理人員和行政人員交流信息和討論研究提供論壇。

### 2. 世界能源理事會（WEC）

世界能源理事會是一個非政治、非營利、綜合性的國際能源民間學術組織，也是被聯合國正式認可的非政府組織。該組織的宗旨是促進經濟發展及和平的、可持續的能源供應，其職能包括收集和交流能源利用的數據資料，探索具有最大社會效用和最小環境危害的能源供應和利用方法，以及促進能源的可持續供應和利用。世界能源理事會在九十七個國家擁有國家委員會，包括了世界上最大的能源生產國和消費國。其最高權威是由成員國國家委員會代表組成的執行大會，下設官員委員會、資訊委員會、規劃委員會、研究委員會和秘書處。世界能源理事會每三年召開一次大會，其工作涵蓋全部能源領域——煤炭、石油、天然氣、核能、水能和可再生能源，重點是對市場重組、能源效率、能源與環境、能源價格和補貼、能源貧困、能源標準、能源技術應用，以及發展中國家、經濟轉型國家和發達國家的能源問題等發表專題研究報告。在全球能源領域，世界能源理事會以其權威的研究報告、案例分析、中長期能源項目和政策戰略建議而著稱。

## （三）多邊能源對話機制

當前最重要的全球性多邊能源對話機制主要是八國集團（G8）會議和國際能源論壇（IEF）。

### 1. 八國集團

八國集團是由美國、英國、法國、德國、意大利、加拿大、日本和俄羅斯組成的論壇性質的、非正式的多邊會議機制。自成立以來，八國集團一直非常關注能源問題，不僅舉行專門的能源部長級會議，而且建立了與中國、印度等新興經濟大國和能源消費大國的對話機制。二〇〇六年的八國集團首腦會議首次通過了關於加強全球能源安全的聯合聲明，呼籲石油生產國、中轉國和消費國建立夥伴關係，採取措施確保全球石油市場的透明度、可預見性和穩定性，改善石油領域的投資環境，提高石油利用效率，促進能源消費結構的多元化，維護石油基礎設施的安全運行，幫助發展中國家改善能源供應狀況。這一宣言為八國集團確立了處理世界能源問題的政策框架。

### 2. 國際能源論壇

國際能源論壇成立於一九九一年，它是能源生產國與消費國之間定期舉行的一個重要的能源對話機制。二〇〇二年九月，論壇成員國家建立了常設性的秘書處。從歷屆論壇發表的公報可以看出，國際能源論壇一直致力於推動能源生產國和消費國之間的政治對話，協調生產國和消費國的能源政策，促進生產國和消費國之間的互信與合作，並希望尋求適當的合作方式消除兩個集團在能源領域上的對抗。

二〇〇八年四月二十二日，第十一屆論壇發表聲明強調，加強能源生產國和消費國之間的對話，能更好地適應各國共同面臨的能源供應安全、環境問題和能源可持續發展等全球性挑戰。並且，「在可預見的未來，能源生產國和消費國之間的相互依賴將不斷增強，而通過國際能源論壇加強生產國和消費國之間的合作，在雙方之間開展有效的對話，是確保能源安全、確定能源共同戰略和應對全球氣候變化的重要途徑。」

除八國集團和國際能源論壇之外，中、美、印、韓、日「五國能源部長會議」也是近年來成立的較為重要的多邊能源對話機制。此外，二十國集團等以全球經濟治理為主要目的的國際組織也涉及能源治理問題，但影響力有限。在區域層面，亞太經濟合作組織能源工作組、東盟與中日韓「10＋3」能源合作機制、美國與加拿大和墨西哥的定期能源對話等，都是具有較大影響的能源會議機制。

綜上可見，儘管現有全球能源安全治理的範圍廣、層次多，但仍存在明顯的局限性。首先，治理體系「碎片化」，尚未形成全球性的能源機構；其次，治理規則「弱化」，目前大部分能源治理都是以協議方式開展，缺乏法律約束力；第三，治理機制相對滯後，面對能源技術革命和氣候變化的最新進展，對能源安全的理解和實踐亟待創新。

## 三、全球能源安全治理體系的未來改革方向

由於各國國情和利益的不同，有關國家對全球能源安全的理解和認識還存在分歧，能源安全目標也不盡一致，未來全球能源安全體系的建立任重道遠。但全球能源安全對話與合作是大勢所趨，尤其是在能源需求總體放緩的趨勢下，在全球地緣政治經濟的框架中，考慮應對氣候變化的緊迫問題，提升能源發展的可持續性，增強全球能源安全對話與合作。

## (一)在能源需求總體放緩的趨勢下，提升能源發展的可持續性

二〇一五年後，全球能源需求增長總體放緩，到二〇三〇年前後，有可能出現結構優化和轉型趨勢。具體而言，二〇二五至二〇三〇年，通過經濟結構轉型和政策引導，全球能源需求年均增長率將由目前的百分之二降低到百分之一。北美、歐洲、日本和韓國的能源需求趨於穩定或者下降；未來數年新增的能源需求主要集中在中國、印度和東南亞等國家和地區，以及非洲、西亞和拉丁美洲地區。到二〇三〇年，印度、東南亞和西亞將成為全球能源需求的新引擎。根據國際能源署的展望，全球煤炭需求佔比將由二〇一二年的百分之二十九下降到二〇三〇年的百分之二十六，石油需求佔比將由二〇一二年的百分之三十一下降到二〇三〇年的百分之二十八。作為清潔能源的天然氣、核能和可再生能源合計比重將從二〇一二年近百分之四十，逐步提高到二〇三〇年的百分之四十六，基本與煤炭和石油持平。這一趨勢意味著，二〇三〇年將迎來一場影響巨大的全球能源消費結構優化。

為此，未來全球能源安全戰略的重點之一是提升能源發展的可持續性。能源發展的可持續性在於能源發展目標、發展方向和措施在部門、地區和國家等不同層面之間的系統性。具體要求包括：首先，能源發展目標包含能源發展服務於經濟增長的需要，但更要認識到，如果能源發展目標僅僅局限於經濟發展，片面強調能源發展對經濟增長的單向服務和保障作用，負面效應是巨大的。其次，能源發展不僅是組織規模開發、增加能源供應、創造就業和經濟效益，而且是一項不斷走向清潔、多元、靈活和高效開發利用的能源服務。最後，能源發展的可持續性還要求有關國家和地區加強合作、協同創新。

## （二）在應對氣候變化的需求中加速能源結構轉型

二〇一五年年底締結的《巴黎協定》進一步明確了低碳綠色發展的重要性，這意味著全球從過去依賴化石能源的經濟形態轉向「脫碳化」的低碳綠色經濟發展的路徑。目前，全球約三分之二溫室氣體排放來自於能源部門，氣候變化問題依然嚴峻，低碳進程的推進也並不容易，其中既有傳統能源行業抵制的原因，也有新能源行業技術、體制不完善的因素。為此，選擇和使用能源需要考慮環境成本。隨著世界向低碳能源轉型，需要改變傳統的全球能源治理理念，以確保未來能源具有良好的成本效益並能實現可持續發展。

二〇一三年下半年以來，歐盟、美國、日本等主要經濟體都對能源發展戰略和政策進行了重大調整。例如，歐盟在可再生能源領域、節能減排和能源效率方面邁出了更大的步伐，能源轉型和建設新能源體系成為必然之勢。美國在頁岩氣革命的背景下，在非常規天然氣的推動下，加速了能源結構的優化，特別是電力、交通和建築等重要領域的能源消費結構的調整和方式提升。這些調整意味著：將溫室氣體排放列為能源與環境政策的首要目標；加速能源結構轉型，走向綠色、低碳和可持續的發展方向。因此，未來全球能源安全治理的第二個重要方向就在於——全球共同努力，促進能源技術創新和增加在能源技術領域投資，加速能源結構向低碳、清潔和可再生能源轉型。

## （三）在全球地緣政治經濟框架裡增強能源安全對話與合作

各國的能源安全問題是一個相互依存、相互促進的互動體系，沒有一個國家能夠脫離其他國家和地區的能源安全而保證自身的安全。各國的能源安全有賴於全球市場的穩定，建立多邊能源安全體系是消費國和輸出國保護自身利益的根本途徑。

因此，未來的全球能源安全治理是在地緣政治經濟的框架下的供需互保和內外競合型的安全問題。這就需要在全球地緣政治經濟框架下，通過國內外的協同加以解決，即需要把中國國內能源安全問題與全球能源安全問題結合起來，把區域能源問題與產業問題結合起來，把內外協同發展戰略進一步提升為新的地緣政治經濟戰略加以管控和解決。

## 四、中國對全球能源安全治理的貢獻

近年來，中國在推進雙邊和多邊能源合作方面有諸多倡議和舉措，中國積極參與了諸多地區性和全球性的能源對話機制與合作進程，並發揮了越來越重要的作用。從能源安全和可持續發展的角度看：一方面，全球能源治理體系可以從中國創新能源技術、推進國內能源轉型的實踐中獲益；另一方面，中國自身也可以學習國際最佳實踐和經驗，進一步推進自身能源結構優化升級，對全球能源治理產生積極效應。

### （一）推進中國國內能源轉型，助力全球能源安全技術革命

中國政府就國內能源和環境問題，尤其是大氣污染、生態環境和極端氣候等問題，於二〇一四年一

月後連續出台了一系列能源發展規劃、工作會議和約束性的政策措施，包括二〇一四年四月國務院總理李克強主持召開的新一屆國家能源委員會首次會議，也研究討論了能源發展中的相關戰略和重大項目。尤其是在二〇一四年六月，中共總書記習近平主持召開中央財經領導小組第六次會議研究中國能源安全戰略。面對能源格局新變化、國際能源發展新趨勢，保障國家能源安全，加速推動能源領域的供應、消費、技術和體制革命，大力推進國際能源合作。針對中國國內人均資源水平低、能源結構不合理的基本國情和「軟肋」，中國提出推動能源生產和消費方式變革，提高能源綠色、低碳、智能發展水平，向霧霾等污染宣戰，加強生態保護的節能減排措施，改善大氣質量，走出一條清潔、高效、安全、可持續的能源發展之路。

## (二) 重視提升國際影響力，平衡雙邊和多邊能源合作機制

儘管中國目前仍然不是主要國際能源組織的正式成員國，但在區域層面的能源安全合作中，中國積極提升自身影響力，在雙邊和多邊能源合作機制中發揮了越來越重要的作用。至二〇一五年，中國已經建立了四十二個雙邊能源合作機制，覆蓋了世界主要能源消費國和生產國，同二十六個國際能源合作組織和國際會議機制開展合作，於二〇一五年十一月成為國際能源署首批聯盟國。此外，針對目前全球能源安全治理體系中存在的問題，中國積極參與相關改革，在起草實施二十國集團能源合作原則時發揮了領導作用，並參與了國際能源論壇改革進程。中國還提出一系列新倡議、新舉措，如創辦亞太經濟合作組織可持續能源中心，探討建立全球能源互聯網等。二〇一六年，中國擔任二十國集團及其能源可持續

發展工作組主席，推動在二十國集團框架下加強能源對話，促進全球能源治理體系向更有效、更高效的方向發展。

## 五、中國參與全球能源安全治理的途徑

進入二十一世紀以來，中國對全球能源治理的認識逐漸深化，開始以積極務實的態度密切關注國際能源問題，將全球能源治理與中國國內能源議程相結合，從原本相對獨立的、在很大程度上是全球能源治理的「局外人」，轉變為對全球能源治理產生影響的「參與者」甚至「塑造者」，中國從多管道、多層次參與全球能源安全治理的模式逐漸顯現。

### （一）從「局外」走向「局內」

改革開放之前，中國幾乎沒有參與到任何國際能源機制之中。一九八三年，中國成為世界能源理事會成員，這是中國參與全球能源治理邁出的第一步。二十世紀九〇年代之後，隨著中國以越發自信的態度迎接全球化，其在全球能源安全治理中的參與度也越來越高。不過在這一時期，中國參與國際能源活動尚不深入，象徵意義大於實際意義，熟悉和瞭解規則多於影響和創設規則。

進入二十一世紀，中國開始嘗試更加主動深入地為全球能源安全治理做出切實貢獻，從「局外」走向「局內」。通過擔任成員國、聯盟國、對話國、觀察員國等，中國與世界主要國際能源組織，

例如國際能源署、石油輸出國組織、能源憲章條約組織、國際可再生能源署（International Renewable Energy Agency, IRENA）和國際原子能機構（IAEA）等開展了多種形式的合作。中國也開始在涵蓋議題比能源更廣泛的主要國際和區域機制，諸如二十國集團、金磚國家、亞太經濟合作組織等進行能源問題討論時發揮關鍵作用。此外，中國也成為許多國際能源機制的創始成員，如聯合數據倡議組織（Joint Organisations Data Initiative, JODI）、國際能效合作夥伴關係（International Partnership for Energy Efficiency Cooperation, IPEEC）和清潔能源部長級會議（Clean Energy Ministerial, CEM）等。

## （二）從被動跟隨轉變為主動影響

近年來，中國更為重視多邊能源治理平台，以開放務實的態度開展合作，強調實質性地參與全球能源安全治理，逐漸實現了從「被動跟隨」到「主動影響」的轉變。

首先，積極參與國際能源組織改革。中國在起草實施二十國集團能源合作原則過程中發揮了重要作用，並於二〇一五年十一月成為國際能源署第一批聯盟國，還積極參與了國際能源論壇和能源憲章條約組織的改革重組。其次，增強參與治理的軟實力。為更有效地討論協商全球能源安全治理問題，中國派員赴國際機構工作，系統學習國際能源發展趨勢。

二〇一〇年，國家能源局與國際能源署、亞太經濟合作組織和能源憲章條約組織共同發起一項派員計劃。中國外派人員在獲得寶貴知識經驗的同時，也幫助中國和這些組織之間建立了緊密聯繫。第三，塑造國際能源發展新格局。中國是第一個於二〇一〇年提出亞太經濟合作組織低碳城鎮示範項目的國家，並且在二〇一四年亞太經濟合作組織能源部長會議在華舉辦期間提出主辦ＡＰＥＣ可持續能源中心。二〇一四年，中國與東盟能源中心共同在東亞峰會（East Asia Summit, EAS）框架下創立清潔能源論壇（Clean Energy Forum）。二〇一五年，中國倡議探討構建全球能源互聯網，推動以清潔和綠色方式滿足全球電力需求。

### （三）從以政府為參與主體到非政府主體積極參與

除了中國政府對全球能源安全治理的積極參與，中國的非政府部門，例如企業、非政府組織，對能源合作的關注和參與日漸熱絡，其影響與日俱增。例如近年來，中國石油天然氣總公司（簡稱「中石油」）、中國國家電網公司（簡稱「國家電網」）、神華集團有限公司（簡稱「神華集團」）等與許多專業能源機構建立了緊密聯繫。

例如，中石油是國際能源論壇產業資訊委員會的成員，也是能源憲章產業資訊委員會的成員；國家電網是國際能源署能源商業理事會的成員，也是世界能源理事會和世界商業可持續發展理事會共同創立的全球電力倡議的成員；神華集團是國際能源署煤炭產業資訊委員會的成員。

## 六、中國參與全球能源安全治理的政策建議

在世界能源戰略競爭日趨激烈的今天，制定和完善中國的能源戰略、維護中國的能源安全已成為保證中國社會經濟長期穩定發展的當務之急。這就需要我們正確把握能源與國際政治的關係，全面瞭解世

界主要國家和國際組織的能源戰略，認真分析國際能源戰略競爭形勢。

## （一）強化能源部門穩定發展，提升中國國內能源安全

強化能源部門穩定發展，提升中國國內能源安全是確保本國能源穩定供應和能源安全的基礎。當前，煤炭產業發展面臨著環境、市場和經營方面的發展困境。未來的良性發展要求緩增煤炭消費和生產總量，最終控制在一個合理的水平；逐步調低煤炭消費佔比和煤電佔比，適度調高電煤佔比，不斷推動煤炭的高效利用。可以說，穩住了煤炭產業和市場就穩住了中國能源安全的最大基礎。

此外，雖然中國的能源發展主要依靠國內供應，但石油和天然氣的對外依存度逐步提高。同時，能源產業中大型燃氣輪機等重大關鍵設備和關鍵技術服務依靠外國公司以及能源人才不匹配等問題，依然是制約中國能源安全的系列難題。

概言之，煤炭、石油、天然氣、核電和其他可再生能源領域均面臨著產業穩定發展的各種問題。為此建議加強宏觀層面的戰略規劃，細化「十三五」規劃中的重大戰略問題的專項研究，鼓勵技術創新，推動和夯實國際戰略聯盟。

## （二）理性分析全球能源安全局勢，明確自身立場和應對措施

現階段，能源安全依然是中國參與全球能源治理的核心價值目標。這就意味著同國際能源機構交流合作，參加各種國際能源安全對話是必要的，但單純通過加入以歐美為主導的國際能源機構或協調機

制，並不能自動實現中國在能源領域的「核心利益訴求」。對此應理性分析全球能源安全局勢，長遠謀劃應對措施。

以理性務實的態度分析國際能源形勢，首先要清醒地認識到未來全球能源安全治理的變化趨勢，明辨這對於中國等新興大國的利弊。其次要清醒地認識到中國作為一個能源需求處於上升階段的發展中大國，其核心利益訴求與美國和歐盟主導的全球能源治理的主流價值觀存在一定的差異。

## (三) 重視周邊能源形勢，建設區域性能源安全合作機制

隨著中國對外能源合作的推進，建設周邊能源安全合作機制尤為關鍵。近二十年來，中國國內跨區域能源基礎設施投資與建設取得重大進展，但同時也要看到，跨國性的基礎設施資產分佈在中國周邊不同國家，涉及國內外多部門的協作配合。為此，有必要重視周邊能源形勢，建立健全安全運輸保障體系，建設區域性能源安全合作機制，防範傳統和非傳統因素的衝擊。

具體而言，需要不斷加強中國與俄羅斯的全面合作，需要在中亞地區推動上海合作組織框架下能源合作示範區的建設；在東南亞地區推進以中國與東盟自貿區為核心的區域合作層次，推進中巴經濟走廊、孟中印緬等南亞區域合作；在西亞地區著力推動中國與西亞「超越石油貿易」的戰略合作夥伴關係；在非洲地區大力推進中非能源合作，打造中非能源合作的升級版。目前，「一帶一路」戰略構想面臨諸多不同層面的挑戰和壓力，需要關注和管控主權利益之間的差異和陸海權勢力之間的衝突，特別是海上「絲綢之路」門戶——東海和南海海域的衝突以及未來在北印度洋可能面臨的海上勢力的壓力。

## （四）採取開放與合作態度，推動全球能源安全治理體系改革與發展

為提升自身的能源安全，還需要以開放與合作的態度，推動地區能源安全和全球能源治理體系的改造和發展，促進形成一個更為連貫的、開放的和有代表性的全球能源治理體制，實現能源的安全、經濟的增長和未來的可持續發展。

首先，需要不斷強化從區域到全球的能源治理體系建設，包括通過諸如上海合作組織和亞太經濟合作組織等區域組織在地區層面加強能源安全治理體系的建設，通過諸如聯合國和二十國集團等在全球層面為重建全球能源治理體系發揮更加積極的作用。其次，倡議促進新興經濟體和發展中國家參與全球能源安全治理。中國應呼籲全球能源體制朝著更為公平、公正和開放的方向發展，如果缺乏來自新興國家和發展中國家在內的世界主要國家的參與，全球內的能源問題將很難得到有效解決。

# 全球氣候治理

伴隨著工業化的不斷深入，人類在享受其帶來的巨大財富的同時也面臨越來越嚴峻的環境問題，資源的短缺、自然災害的不斷加劇、環境污染與生態破壞等問題已變得日益嚴峻。環境問題是一種全球性問題，其影響是全球的，因而治理也是全球性的，並不能單純以一國或幾國之力解決，需要全球通力合作，共同解決。環境問題所涵蓋的範圍較廣，其中氣候問題是較為集中的體現，隨著近年來氣候變化不斷嚴重，該問題領域也得到了越來越廣泛的國際關注，氣候外交這一國際關係中的新領域也成了各國關注的焦點。氣候外交，是指國際關係主要行為體運用談判、締結條約等外交方式，處理和調整氣候變化領域國家間關係的活動。全球氣候談判中，各國衝突與合作並存，相關國家行為體在《聯合國氣候變化框架公約》（United Nations Framework Convention on Climate Change, UNFCCC 或 FCCC）和《京都議定書》（Kyoto Protocol）機制之下進行國際談判與合作，同時利用氣候變化問題以實現其特定的政治意圖和相關的戰略目的。

伴隨著中國經濟社會的發展和工業化進程的不斷推進，中國事實上面臨較為嚴峻的環境形勢，工業過程的碳排放也不斷攀升並進入世界前列，使中國飽受來自西方發達國家和應對氣候變化脆弱性較強的國家的批評和指責。然而，作為發展中工業大國，近年來中國積極參與全球氣候治理國際合作並以身作則，首先從中國國內層面的治理入手，通過國內治理的深化，推動治理成效的外溢，從而真正對相關議題領域的全球治理做出相應貢獻。

# 一、全球氣候治理的產生背景與發展

氣候變化問題直接威脅到人類的生存和發展，對整個世界的穩定產生影響。氣候問題具有瀰散性的特點，即從長遠來看對氣候的破壞是全球性的，導致其治理模式也只能是全球性的，換言之，對氣候問題破壞的成本是由全球所有行為體共同分擔的，而治理成果也是所有行為體共同分享的。氣候變化是由人類工業化進程中所產出二氧化碳及其他碳、氮化合物在大氣層中逐步積累，促使溫室效應加劇而導致全球氣候變暖的問題。氣候問題已成為人類所共同面臨的嚴峻挑戰，根據二〇〇五年聯合國發佈的《千年生態環境評估報告》（*Millennium Ecosystem Assessment*）指出，在過去的五十年間，因為人口急劇增加、過度開發和利用地球資源，導致生態系統遭受到嚴重破壞且無法逆轉；聯合國政府間氣候變化專門委員會（**Intergovernmental Panel on Climate Change, IPCC**）在二〇一三年發佈的第五次評估報告中得出結論：「一九八三至二〇一二年這三十年可能是北半球自一千四百年以來最熱的三十年。一八八〇至二〇一二年，全球海陸表面平均溫度呈線性上升趨勢，升高了攝氏〇．八五度；二〇〇三至二〇一二年平均溫度比一八五〇至一九〇〇年平均溫度上升了攝氏〇．七八度。」

而氣候變化和全球氣候變暖，導致的直接後果是全球極端天氣和極端氣候現象不斷增加，影響人類正常的生產生活；全球氣溫的上升，造成了南北極冰川融化，直接導致了全球海平面上升，威脅海洋沿岸地區人民的生存，更使一些海洋島國面臨嚴峻的考驗，使其直接面臨被淹沒的危險，且這種危害從目前來看可能是不可逆的。

事實上，人類對環境污染問題治理進程最早肇始於一九七二年在斯德哥爾摩召開的聯合國人類環境會議（United Nations Conference on the Human Environment），並於同年年末，由聯合國大會批准建立聯合國環境規劃署（United Nations Environment Programme, UNEP），從而開啟了政府間環境治理的合作模式，使環境保護問題真正成為國際關係研究的重要議題之一。而隨著人類經濟社會財富急速膨脹，自工業革命以來大量焚燒化石燃料、燒燬森林、增加耕地等生產行為所積累的碳排放也打破了地球氣候系統的平衡，使溫室效應不斷加劇，帶來全球氣候變暖、海平面上升以及各種極端天氣和氣象災害，人類越來越意識到氣候變化所帶來的危害性以及治理氣候的緊迫性。氣候問題作為典型的全球環境問題之一，於二十世紀八〇年代末開始登上國際政治舞台，成為全球治理中的重要議題。

## 二、全球氣候治理體系的主要內容

氣候問題全球治理，是指對氣候問題所執行的全球治理行動。「全球治理」是與全球政治相伴而生的，全球治理的合作與協調模式主張國際社會中的各種行為體應為最大限度地增加共同利益，進行民主協商與合作。氣候問題由於其全球性的特徵，囊括了世界幾乎所有的國家行為體，同時也涵蓋了市場、政府間國際組織和非政府組織等非國家行為體。氣候問題的瀰散性和超國界性與孤立國家主權的狹隘和政府能力的不足，促使國際社會將氣候問題作為一個整體加以治理，因此在全球氣候問題治理中，主要採取的是政府間的方式，表現為國際氣候問題談判和氣候問題合作。現有參與全球氣候問題治理的主要政府間機構包括聯合國環境規劃署以及聯合國政府間氣候變化專門委員會。聯合國環境規劃署每年推出一個主題活動，以推動各國參與環境和氣候治理行動；聯合國政府間氣候變化專門委員會的主要活動是定期對氣候變化的認知現狀進行評估，並發佈評估報告。與此同時，聯合國氣候大會也成為聯合國框架下的機制性活動，每年定期舉行一次全球峰會，在峰會之前也會舉行若干磋商會議。現行聯合國氣候大會採取「雙軌並行」制，即採用《聯合國氣候變化框架公約》締約方大會和《京都議定書》締約方會議並行的磋商模式。

近年來，環境和氣候問題得到國際社會的廣泛關注，各國的行為方式也受到密切的監督，目前國家行為體參與全球氣候治理的主要模式分為兩個層次：第一層次是內向型的治理模式，即通過國家內部實行影響自身生產行為的標準和機制，以減少對環境的危害並減緩對全球整體環境的破壞；第二層次是外向型的治理模式，其主要基於內向型的治理進程，與全球性的治理途徑相結合，根據國家發展模式和經濟狀況不同，將全球性的責任進行劃分和限定，以期實現一個惠及全球的統一減緩氣候變化過程的目標。從治理成效的角度來看，首先，儘管全球性的治理效果可以通過數據的形式進行判斷，但各國內部的行動則很難進行量化監督；其次，由於國際層面的治理模式主要通過政府間磋商和談判的形式進行，各國基於自身利益和權力的考量，採取推卸責任的策略，很難進行妥協和讓步，導致全球氣候治理進程舉步維艱，造成了一個尷尬的局面，即氣候問題的嚴峻性和全球治理進程的推進並不同步。因此，對於全球氣候治理及其模式的研究就顯得較為重要。

於一九九二年在紐約通過、一九九三年生效的《聯合國氣候變化框架公約》，是氣候問題全球治理的主要框架和機制。《聯合國氣候變化框架公約》所建立的相關氣候問題治理機制和原則，成為國際環境和氣候治理法則的基礎，規定了發展中國家和發達國家「共同但有區別的責任」。一九九七年達成並於二〇〇五年生效的《京都議定書》是人類歷史上第一個對氣候問題治理進行明確規定、並清楚界定發展中國家和發達國家責任的具有法律約束力的國際法原則，對人類氣候問題治理具有里程碑式的意義。

以二〇〇五年《京都議定書》生效為界，從此國際層面的氣候問題治理進入「雙軌制」的模式，即《聯合國氣候變化框架公約》締約方大會和《京都議定書》締約方會議並行的磋商模式，且已經形成機制化形式，每年在不同國家的不同地方召開一次聯合國氣候大會，期間兩個締約方會議同時舉行，從而使全球氣候問題治理具有相當的延續性。

「後京都時代」的全球氣候治理中要處理的問題較為複雜，各國之間就責任劃分、法律形式、工作流程和內容以及發展中國家援助等《京都議定書》遺留下的問題而爭執不休，各利益集團根據自身利益在全球氣候大會上進行博弈和爭論，導致《京都議定書》機制下氣候治理的進程異常緩慢。在《京都議定書》之後，全球氣候治理的進程分別經歷了「巴厘路線圖」（Bali Road Map）、《哥本哈根協議》（Copenhagen Accord）、「坎昆一致」（Cancun Agreements）、「德班成果」（Durban Outcomes），在二〇一二年年底完成《京都議定書》第一減排承諾期並度過「多哈關口」，由國際層面氣候問題治理的發展進程可以看出，每一次氣候大會和談判中，不同國家的立場和政策雖然都是不盡相同的，有一個發展變化的過程，但其基本目標和意圖幾乎不變，因此，各國的氣候外交政策和主張在一定程度上具有一定的連續性。

## 三、全球氣候治理體系的未來改革方向

二〇一三年十一月中下旬，在波蘭首都華沙召開的《聯合國氣候變化框架公約》締約方第十九次大會，同時也是《京都議定書》第九次締約方會議，在整個全球氣候變化治理與談判進程中起著承上啟

下的作用，華沙氣候大會是二〇〇七年通過的「巴厘路線圖」的結束會議，也是二〇一一年德班氣候大會通過建立的「德班平台」（Durban Platform）的第一次正式會議，還是二〇一五年巴黎氣候大會所應達成包含所有行為體的同一機制的中間會議。從本次會議開始，氣候問題國際治理機制正式開始就「後二〇二〇」時代的法律框架進行談判，通過華沙會議、利馬會議和巴黎會議的討論，確定了《京都議定書》第二承諾期結束後的全球氣候治理模式。

**第一，由「貢獻」取代原來「承諾」的模式，使全球氣候治理機制在一定程度上具有一定的「自下而上」的特徵。**「國家自主貢獻」（INDCs）是為「德班平台」工作模式和原則所提出的概念，旨在協調發展中國家和發達國家針對「責任承擔」問題不可調和的矛盾。事實上「國家自主貢獻」是一種平衡的產物，但在一定程度上卻決定了未來國際氣候體制的走向和工作方式，而自主限定的貢獻更傾向於一種鬆散式的治理模式，在「德班平台」談判進程中，「承諾＋審評」作為一種典型的自下而上的模式逐漸得到國際社會的接受和歡迎，這種自發性的混合產物在一定程度上緩解了發展中國家和發達國家之間的根本差異，但發達國家勢必不會放任發展中國家根據自主限定的貢獻而承擔減排責任，發達國家之間也不會就此放棄對氣候變化既得利益和議題領導權的爭取。就「國家自主貢獻」問題，美歐都認為其目標是促使更大範圍的減排雄心和參與程度，而所有締約方貢獻都應建立在適應性的需求層面上，從而使締約方的承諾與經濟增長得以適應。但對於貢獻的「預期」界定，至少在兩個方面存在「自上而下」的因素：一方面，考慮到國家的溫室氣體減排貢獻，與之相關的資訊要求事實上增加了減排的澄清性、透明性和可理解性；另一方面，「預期的貢獻」並不代表最終的「承諾」，基於所承擔的責任劃分，後續的評估、審計和評價體系在某種程度上限定了所謂「貢獻」的法律強制力。

**第二，合併「雙軌制」談判模式為單一法律框架，囊括所有締約方。**現有全區氣候治理的談判模式主要是由「巴厘路線圖」所奠定的「雙軌制」談判模式，即《聯合國氣候變化框架公約》締約方大會和《京都議定書》締約方會議，而《巴黎協定》意在建立一種單一的、對所有締約方都有法律約束力的法律框架。在該法律框架下，所有締約方都將依據自身經濟和社會發展水平承擔相應的減排責任，通過各國的共同努力實現全球整體的治理目標。發展中國家將單一法律框架視為以歐、美為首的發達國家對「共同但有區別的責任」和「各自能力」的原則的一種模糊，因此，特別強調《聯合國氣候變化框架公約》和《京都議定書》相關原則在新協定中的延續性。

**第三，加大減排強度，以實現二攝氏度目標。**聯合國政府間氣候變化專門委員會第五次評估報告指出，「一九五一至二〇一二年，全球氣候變暖的速度為每十年〇．一二攝氏度，導致海平面在一九九三至二〇一〇年每年升高三．二公分，且如果要實現當前較之工業化之前升溫幅度在二攝氏度以內的目標，需要將二〇五〇年全球溫室氣體排放較之二〇一〇年水平降低百分之四十至百分之七十」。由此可見，目前全球氣候變化局勢是不容樂觀的，但從《聯合國氣候變化框架公約》建立至今，氣候治理的減緩性和適應性問題卻收效甚微。聯合國環境規劃署指出，「即使目前各國承諾得以充分實現，較之二攝氏度目標要求仍存在八十至一百二十億噸二氧化碳排放當量的差距」。因此，聯合國框架下全球氣候治理機制的有效性受到了一定的質疑，正如有學者指出，「氣候治理集體行動的缺失所導致的『搭便車』行為加劇了行為體對超額排放及國際社會懲罰的關切」，而現有國際機制獎懲措施的模糊導致國家更傾向於採取拖延策略，由此降低了聯合國框架下的氣候治理機制的法律約束力和有效性。針對談判進程緩慢的問題，國際社會在巴黎氣候大會重申二攝氏度目標的重要性，以期激發各國的減排雄心。

## 四、中國對全球氣候治理的貢獻

中國一直以來奉行積極且謹慎的氣候外交策略。氣候外交既是國家行為體對外行為和政策的一部分，同時也是氣候戰略和環境保護戰略的一部分。對於氣候問題全球治理進程，主要是基於聯合國框架下的條約和機制，目前表現為機制性每年一次的聯合國氣候大會。由於氣候大會主要採取國際談判的形式，因而各國也推行不同的政策，由此成為各國的氣候外交政策。中國對於環境問題的參與始自一九七二年聯合國人類環境會議，從二十世紀八〇年代末到九〇年代初，中國增強了對環境外交的組織和建設，逐步形成了符合中國國情的系統的環境外交目標和原則。一九九二年中國在參加了聯合國環境與發展大會（The United Nations Conference on Environment and Development, UNCED）之後，引入了可持續的發展理念，也自此中國開始參與多邊環境會議。伴隨著中國經濟的不斷崛起，中國也成了溫室氣體排放大戶，從二〇〇二年開始中國就成了僅次於美國的世界第二大排放國。根據國際能源機構發佈的數據顯示，二〇三〇年世界上增長的一百一十億噸與能源相關的二氧化碳排放中有四分之三將來自中國。尤其在中國取代日本成為世界上第二大經濟體之後，國際社會對中國能源消耗和二氧化碳排放的關注度不斷提高，而中國也成為發展中國家的代表在世界氣候大會中為廣大發展中國家爭取發展空間和援助，從規則的接受者轉變為規則的參與制定者。中國不僅參與制定了《聯合國氣候變化框架公約》和《京都議定書》，還在「後京都時代」的全球氣候治理中扮演著舉足輕重的角色。中國在巴厘島氣候大會上提出的「落實發達國家第二承諾期的減排目標」和「敦促發達國家的資金支持和技術支持」成為「巴厘路線圖」的主要內容；在二〇〇九年年底的哥本哈根氣候大會上，中國和美國成為會議的焦點，通過和與會國家的磋商，推動形成了《哥本哈根協議》；在二〇一一年舉行的德班氣候大會上，中國為了推動氣候問題治理的發展，在自身利益上做了妥協，推動了「德班平台」及其特設工作組的建立，並同意通過談判在二〇二〇年以前生效一個新的法律框架，中國的妥協展示了一個負責任的大國形象。此外，中國氣候外交的一個顯著特點就是積極參與國際合作，中國不僅與歐盟、美國等發達國家進行部長級磋商，也積極發展「南南關係」，努力幫助欠發達國家應對氣候變化問題。在二〇一二年六月召開的「里約＋20」會議上，中國國務院總理溫家寶就提出中國政府將安排兩億元人民幣開展為期三年的氣候變化南南合作。同時，中國的氣候外交政策也表現出了較為謹慎的特點，國家主權和國家利益是中國氣候外交政策的首要原則，堅持在《聯合國氣候變化框架公約》和《京都議定書》框架之下的「共同但有區別的責任」的原則，旨在為中國獲取發展的空間和平等的地位，這也是中國參與全球氣候談判的底線。

伴隨著中國工業化的不斷深入和經濟的發展，中國成為全球溫室氣體的排放大戶，飽受來自於發達國家和氣候變化脆弱性較強的國家的指責。在全球氣候治理的談判中，對於發達國家和發展中國家責任分擔問題的分歧貫穿於談判的整個過程。雖然《聯合國氣候變化框架公約》和《京都議定書》都規定了「共同但有區別的責任」和「各自能力」的原則，但對於責任的不同認知導致在國際談判中各國往往採取推卸責任或敦促他國承擔更多責任的談判策略，力圖在利益最大化的同時減少責任的分擔。作為「基礎四國」的主要成員，中國致力於代表發展中國家在世界氣候大會中爭取更多的發展空間及資金、技術援助。正如有學者指出，在《京都議定書》簽訂之後，中、美、歐在氣候變化問題上的三邊關係逐漸成形，三方在該議題領域的互動更加直接和具有針對性，從性質上看，依然存在明顯而深刻的分歧。在中、美、歐三邊氣候外交關係中，雖然美國、歐盟之間存在一定分歧，但在針對中國等發展中工業大國的問題上，二者往往易於達成共識。中國與歐盟、美國的分歧主要涉及全球氣候治理的公平性問題及其所涵蓋的責任問題，這也是阻礙全球治理進程和談判進展的重要原因之一。

二〇一一年的「德班氣候大會」，歐盟以退出全球氣候治理進程為條件，要求大會通過一項最晚於二〇一五年達成並於二〇二〇年開始實施的「單一的、包含所有締約方的、有法律約束力的新協議」。而中國從全球氣候治理進程整體出發，做出了一定的妥協和讓步，使得「德班平台」正式建立。二〇一五年在法國巴黎舉行的《聯合國氣候變化框架公約》第二十一次締約方大會暨《京都議定書》第十一次締約方大會，最終通過了《巴黎協定》。截至二〇一六年四月中旬，共有一百七十五個國家簽署了該協定。而巴黎協定的核心議題則是「國家自主貢獻」，該議題於二〇一三年的華沙氣候大會首次提出，旨在協調發展中國家和發達國家針對「責任承擔」問題不可調和的矛盾，在一定程度上也決定了未來全球氣候治理機制的走向和工作方式。根據「國家自主貢獻」工作要求，《聯合國氣候變化框架公約》各締約方須於二〇一五年「巴黎氣候大會」會前向秘書處提交基於各自能力的預期自主減排貢獻的預案。中國作為全球氣候問題治理的積極參與者，一直以來都奉行積極且謹慎的氣候外交政策，然而作為發展中工業大國，伴隨著經濟的不斷崛起，中國也成了溫室氣體排放大戶，使中國在相關談判中受到了來自以歐美為首的發達國家以及小島嶼國家聯盟（Alliance of Small Island States, AOSIS）和最不發達國家集團（Least Developed Countries, LDCs）的施壓。「國家自主貢獻」的提出對中國而言，既是機遇也是挑戰，如何使中國滿足自身可持續發展需要的同時，更好地展現作為當今世界舞台上負責任大國的形象，是中國參與國際氣候談判的工作重心。

中國、歐盟、美國均在二〇一五年提出了其國家自主貢獻預案：中國提出在二〇三〇年左右二氧化碳排放達到峰值並爭取早日達峰，單位GDP能源（Energy consumption per unit of GDP）相關二氧化碳排放強度下降百分之六十至百分之六十五；歐盟提出二〇三〇年溫室氣體比一九九〇年降低百分之四十；美國提出二〇二五年將溫室氣體排放總量在二〇〇五年的基礎上減排百分之二十六至百分之二十八，並努力達到百分之二十八目標。經過相關核算，二〇三〇年歐盟能源相關排放量將在二十四億噸左右，中國在十一．五至十二．四億噸之間，而美國在二〇二五年將達到四十二億噸，中、美、歐排放總量仍將佔據全球排放量百分之五十以上，三者不僅是排放量最大的三個經濟體，也代表三種不同的排放模式。中國作為正處於排放量快速增長階段的新興經濟體，其國家自主貢獻預案，體現了中國積極應對氣候變化及努力控制溫室氣體排放的決心，也向國際社會展現了中國積極承擔國際義務和責任的誠意。

## 五、中國參與全球氣候治理的途徑

中國一直以來積極參與全球氣候治理國際合作的進程，不僅注重與發達國家的合作，也特別重視與發展中國家的合作。二〇一五至二〇一六年，中國先後與美國、英國、法國等發達國家及地區就氣候變化問題發表聯合聲明文件十餘份，就發展中國家和發達國家在氣候變化談判中的核心問題交換意見，為國際層面協定的締結打下了基礎。同時，中國主導的「基礎四國」也已形成機制性的合作模式，平均每季度會就相關議題領域的新近情況發表聯合聲明。中國已經作為溝通發展中國家和發達國家之間重要的橋樑，協調它們之間的訴求和利益衝突，在全球氣候治理的國際舞台上發揮日益重要的作用。

事實上，巴黎氣候大會也已成為人類全球氣候治理歷史上非常重要的一個時間節點，而此次大會形成的新協定，無疑是成功的。如果沒有中國的積極參與和對國際氣候制度的建設性推進，巴黎氣候大會不可能取得現有的成果。正如有學者指出，「大國主導下的協商一致是巴黎大會成功的關鍵」。作為發達國家和發展中國家兩大陣營的代表，中國和美國曾在會議前發表中美聯合聲明，在公約原則、長期目標、減緩、資金、透明度和公約外行動六大領域宣示了雙方共識，在會前完成了上述問題的預談判；而中國和法國在二〇一五年十一月發佈的聯合聲明較之中美聯合聲明更加深入和細緻，也更接近雙方底線，最終成為了協定語言。此外，中國也先後與歐盟、英國、南非、巴西、印度等全球氣候治理中重要的參與者，就「新協議」的內容發表了相關聯合聲明。中國在大會談判的過程中，作為負責任的大國，充分協商和積極溝通發展中國家和發達國家，推動大會達成一個有法律效力的協定，為探索全球治理新機制提供了參考。同時，中國也特別注重發展「南南國家」之間的合作，在巴黎氣候大會的談判中，中國始終代表發展中國家的利益，堅持「共同但有區別的責任」原則，使其成為「後巴黎時代」全球氣候治理責任分擔的首要原則之一。從二〇一一年開始，中國已經累計向南南氣候合作項目投資了約四億四千萬美元，二〇一五年九月中國國家主席習近平宣佈將提供兩百億元人民幣建立中國氣候變化南南合作基金（China South-South Climate Cooperation Fund），以期幫助更多發展中國家向綠色、低碳模式轉變，同時也宣佈從二〇一六年開始將在發展中國家開展十個低碳示範區、一百個減緩和適應氣候變化項目及一千個應對氣候變化培訓名額。

同時，中國也積極在國內層面協調各省市之間經濟社會發展水平，推進生態文明建設，促進整個社會的可持續發展。生態環境是人類賴以生存和發展的自然存在，生態環境問題涵蓋環境污染、資源短缺、生態系統危機和全球氣候變暖等與人類可持續發展相關的議題。而生態文明建設則是針對上述議題並基於治理行為的，旨在使人有度有序利用自然、與自然和諧共生的戰略行為。作為發展中國家，發展問題是中國政策制定的首要考量，中國較早意識到人與自然和諧發展的重要性，將可持續發展戰略作為科學發展觀的重要組成部分，中國共產黨的十八大又將生態文明建設放在重要位置，並致力於將其「融入經濟建設、政治建設、文化建設、社會建設各方面和全過程，努力建設美麗中國，以實現中華民族的永續發展」。[1]事實上，建設美麗中國，不僅是對中國建設生態文明之路的肯定，也對中國生態治理工作提出了更高的要求。在「十三五」規劃中，中國也將堅持綠色的永續發展作為重要的工作目標之一，力圖切實改善生態環境，通過「人與自然和諧共生、加快建設主體功能區、推動低碳循環發展、提高資源利用效率及環境治理力度，從而築牢生態安全屏障」[2]，以期實現「綠色富國、綠色富民」的目標。由於中國生態公民社會成長相對滯後且社會生態政治責任感相對不足，根據綠色發展的原則和要求，必須充分發揮政府在生態治理中的突出作用並打造生態型政府，通過實現政府職能的轉變，通過「強化政府的經濟調節、市場監管、社會管理和公共服務職能，使政府可以在有效促進市場經濟健康發展的同時，提供生態服務以維護民眾的環境權益，促使更多民眾投身於社會主義生態文明建設」。全面推進環境治理體系建設並增強治理能力的現代化程度是由中國嚴峻的生態環境所決定的。面對中國自然資源消耗大、生態系統退化速度較快、複合環境污染嚴重及碳排放量持續上升等問題，推動生態文明建設可以較為準確地明確生態戰略定位和指導思想，通過實現政府職能改革推動體制機制和資金技術的完善，「以此增強中國民眾和企業的生態政治責任感，增強社會生態建設主體的自主意識和資質能力，從而促進生態公民社會的全面成長」。

## 六、中國在氣候變化的全球治理中發揮引領作用的政策建議

長期以來，中國一直是全球氣候變化治理的積極參與者和支持者。但伴隨著中國在巴黎氣候變化大會上主動出擊、積極參與氣候變化的全球治理，一些西方國家及國際組織，包括美、法及聯合國、國際貨幣基金組織等的領導人，都在多邊及雙邊場合，倡議中國扮演全球氣候變化治理的領導角色。「現在已經到了重新定義中國角色的時候了，中國應從過去的參與者逐步向引領者轉變。」

目前全球氣候變化治理缺乏領導。當前歐盟受金融危機、債務危機、難民危機、恐怖主義威脅等多重挑戰拖累，雖有心在全球氣候變化治理中發揮領導力，但「有心無力」的局面短期內難以根本改觀。美國總統奧巴馬雖一再聲稱要充當全球氣候變化治理領袖，但在美國國會的強力掣肘下，難有大作為。因此，巴黎大會之後，全球氣候變化治理對領導力的需求將繼續上升。與此同時，國際社會對中國的期待越來越大。習近平主席最近強調：「不僅要看到我國發展對世界的要求，也要看到國際社會對我國的期待。」隨著未來中國經濟實力和參與全球治理的政治意願的繼續上升，不管我們是否喜歡，如何與歐美合作，承擔集體領導責任將是擺在中國氣候外交面前的一個重大現實課題，需要早做準備。而且，中國在全球氣候變化治理中扮演引領者的角色是中國未來在全球治理中發揮關鍵作用的最佳切入點。

全球氣候變化治理中的領導力主要體現在四個方面：一是塑造議題和設定議程的能力較強；二是在

❶ 引自《堅定不移沿著中國特色社會主義道路前進為全面建成小康社會而奮鬥——在中國共產黨第十八次代表大會上的報告》，二〇一二年十一月八日。

❷ 引自《二〇一五年國家十三五規劃（全文）》，二〇一五年十月三十日。

國際環境和氣候談判的關鍵時刻能對主要問題和難點的解決發揮突出作用；三是自身的低碳發展和循環經濟取得顯著成效，具有示範效應；四是對國際社會、特別對發展中國家提供比較有力的資金和技術援助。

當前，中國在這四個方面穩步前行，以現有的速度和進展，未來十五年，中國能夠在全球氣候變化治理領域扮演引領者的角色。

中國將繼續踐行中國特色大國外交理念，以積極姿態參與全球氣候治理進程，大力開展氣候外交，推動《巴黎協定》早日生效和落實，深化氣候變化領域國際對話與合作。同時，以負責任的態度，勇擔道義，將氣候變化南南合作做實做強。中國也將加強國內生態文明建設，堅持創新、協調、綠色、開放、共享的發展理念，通過科技創新和體制機制創新，實施優化產業結構、建立全國碳排放交易市場等一系列政策措施，形成人與自然和諧發展的現代化建設新格局，為全人類美好未來作出更大貢獻。

具體而言，中國可從下述四個方面發力，引領和推進氣候變化全球治理體系的完善：

**第一，堅持氣候公約談判在全球氣候治理中的核心地位，堅持發展中國家立場**。雖然全球氣候治理已經超越了單純的多邊氣候談判框架，走向了多元化、多層次治理階段，但是，我們必須認識到這種「碎片化」帶來的問題（諸如公平問題、小團體利益等），堅持以多邊氣候談判為治理核心平台的立場，抵制那些妄圖拋棄多邊談判、另起「小爐灶」的圖謀，平衡多邊談判和其他氣候治理領域的關係，為治理權力的運用提供良好的平台。

**第二，繼續大力推進節能減排，降低碳排放強度**。從統計數據來看，中國的碳排放強度仍處於下行趨勢中。並且，與發達國家相比，中國還有較大的下降空間。碳排放強度下降不僅是提高全球氣候治理結構性權力的最直接手段，而且還能提高中國在氣候談判中的話語權，有力地支持了中國在氣候談判中的談判目標的實現。

**第三，積極擴展氣候談判外治理領域，增強氣候治理權力**。例如借鑑歐盟等發達國家和地區碳排放交易體系的經驗，結合國內碳排放交易試點的成果，建立全國性碳排放交易市場，以此爭取在國際碳市場上的結構性權力和話語權。再如，擴大非化石能源需求，由於非化石能源的開發和利用是影響全球氣候治理權力格局的重要領域，而與發達國家相比，中國非化石能源消費量的全球佔比依舊較低，在這一領域的手段性權力和結構性權力還不夠，所以，應加大核能及風能、太陽能等可再生能源的國內投資和普及使用。又如，在資金問題上，團結發展中國家合作建立氣候合作和發展基金，提升發展中國家氣候治理的自主性和手段性權力，增強發展中國家的凝聚力和話語權，抵禦發達國家的手段性權力壓力，阻止其破壞多邊氣候合作的行為。

**第四，處理好其他國際議題中的氣候問題**。氣候問題已經嵌入到其他全球問題中，如由國際貿易增加帶來的轉移排放長期處於增長趨勢，引發了一系列國際貿易中的氣候治理問題，發達國家已經開始利用它們在這些領域中的傳統的手段性、結構性權力先發制人，獲取固有利益。可以預見，《聯合國氣候變化框架公約》原則與世界貿易組織規則間的衝突與協調問題等，是未來各國權力鬥爭的主要領域。中國必須積極採取應對措施，發揮各種權力形式，積極研究和參與制定公平、協調的國際規則，防止因規則變化帶來的風險和損失。

**第五，鼓勵企業、非政府組織和公眾等多元主體參與全球氣候治理行動**。目前，國外一些有影響的企業和非政府組織在全球氣候治理中的結構性權力和話語權在不斷增長，成為新興的治理主體，發揮著政府不可替代的重要作用。中國政府應鼓勵和支持中國的企業、非政府組織積極地參與氣候變化談判，同時鼓勵企業進行自主減排活動，並參與到國際企業間的集體減排活動中，鼓勵非政府組織參與國際同行的互動，在互動中提高中國氣候治理的話語權。在國際上倡導和推廣「公民超越行動（X＋）」，向世界展示中國公民的減排行動，配合氣候變化談判各國自上而下的減排目標，引領全球公民社會參與氣候治理。

# 國際發展援助機制

第二次世界大戰結束以後，國際發展援助逐漸成為重要的發展干預手段。進入新世紀以來，和平與發展是世界的兩大主題，國際發展援助在推動發展、促進和平的過程中發揮著重要的作用。近幾年，國際援助體系經歷了深刻的變革，國際援助主體不斷增加、國際援助資金總額不斷上升、援助領域不斷調整、援助手段和方式不斷完善、受援國在國際援助體系中的作用逐漸得到加強。國際發展援助在消除貧困、保護生態、救濟救災、控制疾病等方面發揮越來越重要的作用。

國際發展援助是國際外交和經濟合作的重要內容之一，是「發達國家或高收入的發展中國家及其所屬機構、有關國際組織、社會團體，以提供資金、物資、設備、技術等形式，幫助發展中國家發展經濟和提高社會福利的活動」。國際援助有官方援助與非官方援助之分，近年來，非官方援助的數額和援助種類都有了很大程度的提高，在對官方援助補充的同時也與之展開了競爭，但從總體構成來看，官方援助仍在國際援助中佔據絕對的優勢，佔援助總量的百分之八十左右。因此，本章所指的國際援助主要是指官方發展援助（Official Development Assistance, ODA）。

## 一、國際發展援助機制產生的背景與發展

現代意義上的國際發展援助起源於第二次世界大戰之後，在經過了兩次世界大戰的煎熬以後，國際社會普遍認識到，貧困和發展的不均衡是引發戰爭的根源，為了避免戰爭，就需要國家之間加強合作與交流，幫助落後國家盡快發展起來，建立一個有助於維持世界和平的國際政治經濟新秩序。在這個大背景之下，布雷頓森林體系和聯合國等多邊發展援助系統建立了起來。

## （一）國際發展援助的源起（第二次世界大戰前）

國際發展援助主要有三個歷史起源：**一是人道主義救濟援助**。它是國際發展援助最早的歷史起源，開始於十九世紀中後期。第一次世界大戰後，戰爭造成了大量難民，為了防止發生大規模的饑荒和疾病傳播，同時也為了避免造成新的社會動盪，第一次世界大戰的戰勝國向這些難民及戰敗國提供大量的人道主義救濟。**二是殖民地援助**，是宗主國對殖民地的援助，包括提供財政資金等方面的援助。這類援助的本意只是希望通過促進殖民地工業、農業的發展，來降低宗主國的高失業率。**三是技術援助**，這一援助開始於第二次世界大戰期間，戰爭的爆發使得殖民地的戰略重要性突顯，加之技術在經濟的發展中不斷創新，因此對殖民地進行技術援助，支持他們進行科技開發成為宗主國選擇的新援助形式，最早的技術援助官方組織是美國的「泛美洲事務所」和「泛美洲教育基金會」。

## （二）國際發展援助的興起與逐步發展（第二次世界大戰後至二十世紀六〇年代中期）

### 1. 雙邊國際援助開始興起

第二次世界大戰後資本主義和社會主義兩大陣營對壘，為了擴大各自的「勢力範圍」，美、蘇兩國同時增加了對其盟友的援助力度。一九四七年，美國國務卿喬治・馬歇爾（George Catlett Marshall）首先提出援助歐洲經濟復興的方案，被稱為「馬歇爾計劃」（The Marshall Plan）。一九四九年美國總統杜魯門在就職演說中提出了美國全球戰略的四點行動計劃，並重點闡述了第四點，即對亞、非、拉丁美洲不發達地區實行經濟技術援助，被稱為「技術援助落後地區計劃」，作為「馬歐爾計劃」的補充。馬歐爾援助計劃幫助西歐實現了經濟的快速恢復，也增強了國際社會通過加大發展援助的力度實現世界和平的信心，該計劃的成功實施標誌著國際發展援助行動在國際發展中正式開始發揮作用。

蘇聯通過「經互會」，支持社會主義陣營國家的發展，同時拉攏和援助新獨立國家來鞏固和擴大社會主義陣營。一九六〇年，包括蘇聯、中國在內的十八個國家簽訂了經濟合作協定，每年對外援助額度達到四億五千萬美元。

### 2. 國際多邊援助機構開始參與國際援助活動

這一時期，世界銀行、國際貨幣基金組織等國際金融機構相繼成立，以聯合國為核心的多邊發展援助體系逐步形成。到二十世紀六〇年代後期，幾乎所有發展中國家，尤其是大量新獨立的發展中國家都成為聯合國成員並逐步發出自己的聲音，聯合國投票權在冷戰雙方兩大陣營之間均勢的改變，使得聯合國成為發展中國家爭取各自權益的一個重要平台，聯合國等多邊援助機構的作用逐步加強。

### 3. 歐洲國家加入援助行列

從二十世紀六〇年代開始，隨著歐洲經濟的快速恢復，歐洲主要國家加入了援助行列，並在聯合國系統的制度框架下，對發展中國家提供援助。

## （三）國際發展援助的深化階段（二十世紀七〇年代）

二十世紀七〇年代的國際發展援助出現了許多新的變化：一是國際發展援助的領域開始轉向以解決貧困問題為目標的基礎設施建設和社會公共服務領域。二是石油輸出國成為新的援助國。二十世紀七〇年代初期，隨著第四次中東戰爭以及第一次石油危機爆發，石油輸出國組織對國際石油市場價格的影響急劇增加，石油輸出國的收入增加明顯，在促使石油輸出國本身發展的同時，也使其成為新的重要的國際發展援助提供國。三是聯合國、世界銀行等許多全球性或者是區域性的國際多邊援助機構的援助規模增加了數十倍。四是加強了對受援國的需求評估。

在這一時期，援助國和主要的多邊援助機構加強評估受援國的經濟條件和社會發展條件，向受援國提供更有效的幫助。同時，援助國和國際發展援助機構開始制定發展援助政策，以規範和明確發展援助的戰略、方案和行動。

## （四）國際發展援助的調整階段（二十世紀八九十年代）

「華盛頓共識」成為國際發展援助的指導思想。這一時期是國際發展援助非常特殊的時期，由於各方面的綜合因素，二十世紀八〇年代中期，發展中國家出現嚴重的債務危機，這使得發展中國家，尤其是新興工業國家，陷入了很深的經濟和社會危機。在這樣的背景下，「華盛頓共識」成為國際發展援助的指導思想，世界銀行推行的「結構調整計劃」就是其最主要的表現形式，直到二十世紀九〇年代，推動「結構調整計劃」依然是國際發展援助的最重要目標。

這一時期，許多新理念被提出並被廣泛接受和認同。最有代表性的就是可持續發展戰略、參與式發展戰略以及公民社會和「善治」理念的提出。

環境、人口、貧困等問題，開始成為國際發展援助關注的重點領域。環境、人口、貧困、疾病、越來越大的貧富差距、全球化進程加快、人口增多等問題突破單個國家和區域，成為世界性的發展問題。因此，在二十世紀九〇年代，聯合國相繼召開了世界環境與發展大會、世界人口與發展大會、全球氣候大會等會議，共同探討全球共同的發展問題，並為國際發展援助在這些領域的聯合行動提供行動框架。

## （五）國際發展援助的回歸階段（二〇〇〇年以後）

「華盛頓共識」沒有如其宣揚的那樣解決發展問題。人們發現，世界的貧困問題不是緩解了，而是增加了。因此，進入二十一世紀以後，國際發展援助把關注的焦點再一次集中到貧困問題和各種人道主義救助上，以人為本、全面發展成為發展援助的指導思想。二〇〇〇年，聯合國召開了千年首腦會議，一百五十位與會國家政府首腦通過了《聯合國千年宣言》，提出了二十一世紀全體人類發展的綜合目標——到二〇一五年，將收入低於每天一美元的世界人口比例和忍受飢餓的人口比例減少一半。

## 二、國際發展援助機制框架的主要內容

國際發展援助機制的理論框架主要由援助目標、政策和策略、理論模型、援助效果的監測評價系統等幾個方面構成。在特定歷史條件下，援助國對於發展問題的理解決定了援助目標和戰略，並形成特定時期的發展指導理論和模型，同時援助行動的數據統計系統又對援助行動的效果和影響進行評估，從而為援助戰略和行動策略的改進，以及援助理論的發展提供改善的依據。

### （一）援助目標

國際發展援助作為國家與國家之間的轉移支付，都是圍繞著一定的目標來展開的。一般來講，國際發展援助有三個方面的目標，即政治目標、經濟目標和人道主義目標。

#### 1. 政治目標

政治目標是國際發展援助最終的目標之一，援助國通過援助，一般都想達到三個方面的政治目標：一是鞏固和擴大援助國在國際政治經濟權力格局中的地位，從而獲得更大的國際影響力和話語權；二是實現某一直接的政治目的和利益；三是實現某一國家政權性質的保護或者改變，從而實現援助國特殊的政治利益。

### 2. 經濟目標

經濟目標的範疇既包括通過發展援助促進受援國的經濟發展，也包括援助國通過發展援助，從受援國的發展中獲得更大的經濟利益。一是通過發展援助，帶動援助國對受援國的產品或服務出口的增長；二是促進對受援國的投資，從而獲得長遠的經濟利益；三是擴大援助國在受援國的經濟滲透和影響，以達到特定的長遠經濟目標。

### 3. 人道主義目標

人道主義援助是以人類的道德觀念為基礎，以道義原則為出發點，為實現道義價值而進行的援助，是一種純粹的利他性行為。以人道主義為目標的援助活動集中發生在某個國家或者某個地區因遭遇自然災害、戰爭等破壞後，為減輕當地人民面臨的苦難，維持其基本生存需要，而給予的緊急援助。

## （二）援助的理論和策略

### 1. 國際政治經濟學視角的國際發展援助理論

一是國家利益理論。這是影響國際發展援助最為常見的政治理論。該理論認為，在國際社會中，國家就如一個法人代表，其一切行為的根本目的都是為整個國家的利益服務，國際發展援助同樣如此，是保護和促進國家安全、主權以及地域國際環境的一種有力工具。二是超國家理論。這一理論認為，援助國各成員之間，超越國家界限，在援助方向和內部進行整體協調和整合，發揮各自的比較優勢，實現相互補充，從而實現援助國集團內部的協調一致，提高國際發展援助的效率，實現援助國整體利益的最大化。三是國家內部因素的外化理論。這一理論認為隨著現代通信技術的迅猛發展及國際經濟政治聯繫逐漸加強，使得任何開放的社會都成為相互聯繫密切、不可分割的整體，在推動全球化的過程中，強勢的國家將國際發展援助作為一種管道，向受援國輸入自己的文化和價值觀。

## 2. 發展經濟學視角的國際發展援助理論

這一視角的理論對國際發展援助產生的影響是直接和深遠的。一是哈羅德－多馬（Harrod-Domar model）經濟增長模型。這一模型是以凱恩斯（John Maynard Keynes）的「收入決定論」為理論基礎，考察一個國家長時期國民收入和就業的穩定均衡增長所需條件的理論，著重探討經濟增長與儲蓄、技術以及人口增長等因素，是影響早期國際發展援助的重要理論。

二是兩缺口模型。兩缺口指的是儲蓄缺口和外匯缺口，這一理論的意義是通過國際發展援助，彌補受援國國內的經濟持續增長所急需的儲蓄缺口和外匯缺口。三是大推進理論。這是關於如何提高儲蓄能力，增加投資以促進資本形成的理論，探討如何使用這些資本從而產生經濟持續增長的方法，為國際發展援助提供行動策略。四是經濟起飛理論。這一理論和大推進理論一樣，討論如何使用資本的問題，不過這一理論更強調應該將有限的資本重點投資與產業聯繫效應最大的部門，從而帶動經濟發展。

## （三）援助的數據統計系統

隨著時代的變化和科技的進步，進行國際發展援助數據統計的手段和工具也在不斷變化。現在主要應用的方法包括國民收入賬戶法、農村綜合調查、投入產出計算、人口統計調查、非正式部門調查、社會賬戶矩陣法以及大規模居民收入和消費調查等。

## （四）援助的影響

國際發展援助涉及的主體主要是援助方和受援方，共贏是雙方共同的目標。這裡主要從受援方的角度論述國際發展援助活動帶來的影響。

### 1. 促進經濟增長

援助國通過投資和幫助受援國進行經濟結構調整等方式促進受援國的經濟增長，有助於解決受援國國內儲蓄不足、緩解外匯短缺、改善投資環境等。當然援助活動也可能對受援國的經濟增長帶來負面影響，比如出現嚴重的債務危機等。

### 2. 緩解貧困

發展援助在社會保障、醫療衛生、教育等領域，通過增加援助金額、減免債務、派遣技術人員等方式幫助貧困人群脫離貧困。

### 3. 促進政治改革

在援助過程中，很多受援國國家制度和政策不合理的現實常常導致援助無效，在反覆的協調和斡旋中，援助雙方都會意識到政府的治理需要進行改革，因此發展援助對受援國的政治改革起到一定的催化作用。

### 4. 加快受援國家公民社會的建設

發展援助一方面促進受援國的制度改革，從而有利於公民社會的發展；另一方面受援國為了獲得國際社會的援助，也會提高自身制度和能力建設，促成了公民社會建設的向前推進。

### 5. 幫助受援國保護環境

發展援助透過資金注入、環境項目援助等形式輔助受援國保護自然環境和環境治理。

### 6. 發展援助帶來的消極影響

國際發展援助也會帶來一定的消極影響。例如受援國容易對援助產生依賴、國際發展援助對受援國的經濟結構產生衝擊、造成通貨膨脹等。

# 三、國際發展援助機制框架的未來改革方向

## （一）國際援助結構將逐步走向協調和聯合

二〇〇五年的《巴黎宣言》從總體上對國際援助體系提出了新的要求，指明了國際援助體系短期內的發展方向。但是能否很好地朝著這個既定的方向發展，還要看國際援助參與國家之間的不斷博弈和國際援助組織影響力的發揮程度。全球援助機構總體上存在職能重疊、效率低下、專業化水準較低等問題，需要：加強與政府的聯繫，增加合作項目；促進國際援助機構之間的協調合作；形成國家水平的獨立監控小組。從目前的發展來看，雙邊援助、多邊援助與非官方援助等不同形式的援助及援助者之間的合作正在變得緊密，合作方式也變得多元化。

## （二）多邊援助機構將會發揮越來越大的作用

多邊援助機構是一個能夠提供集體行動的良好平台，它的重要作用正在日漸突顯，今後將會發揮越來越大的作用。首先，多邊援助機構具有較為完善的部門以及管理運作條例，具有較強的研究、發展創新能力。其次，多邊援助機構在一定程度上考慮受援國的實際需求，能在援助實施方案上有一些彈性的空間。再次，多邊援助機構因為自身較中立的身份，在面對眾多援助國和受援國之間的競爭，甚至摩擦

時，能夠起到緩和、協調的作用。因此可以說，在未來全球化的大背景下，多邊援助機構具有較強的適應性和適用性。

## （三）新興援助國將成為國家發展援助體系的一支重要力量

長期以來，無論是雙邊還是多邊援助發展領域，西方發達國家尤其是發展援助委員會（DAC）的成員，都是國際發展援助的主要提供國。到目前為止，這樣的總體趨勢依然較為明顯，但是非發展援助委員會成員國提供的國家發展援助所起的作用會越來越重要。這些新興援助國主要包括兩類：一是石油輸出國組織成員國，二是中國、巴西、俄羅斯、印度等經濟發展較快的發展中大國或以新興經濟體為主的國家和地區。這些新興援助國在援助中具有提供援助時附帶的政治條件少、提供的援助額度越來越大等特點，因此，在今後的國際發展援助中，這些新興援助國的影響力將會越來越大，是國際社會實現千年發展目標中必不可少的因素。世界發展援助正在被全球經濟中發生的力量轉移所撼動。新興經濟體正在靜悄悄地改變遊戲規則。老牌援助國正在變得不那麼慷慨和富有魅力，而新興援助國卻變得越來越慷慨和富有吸引力。

## （四）受援國被動的角色將得到改變

受援國在整個國際發展援助活動中一直處於被動的狀態，這一現象也導致了國際援助在某些方面的失敗。隨著國際援助發展的繼續深入，有一個共識正在慢慢形成：國際發展援助活動的良好開展需要受援國的積極參與並發揮作用。受援國不僅僅是接受援助的客體，也是國際發展的行為主體，它們的參與程度與參與質量決定了發展援助的有效性。在援助關係中，受援國和援助國是平等的夥伴關係，達成實效的優質國際援助活動需要建立在名副其實的夥伴關係、相互尊重信任、敢於擔責的基礎上，因此，受援國必須以主人翁的姿態積極參與到援助活動中。

對於國際援助體系的改革，《巴黎宣言》給出了具體的解決辦法：同盟與協調。在受援國擁有發展議程所有權的基礎上（主權），捐助者們共同遵循政府的計劃與優先權（同盟）並依照流程操作（協調）。這為未來改革的道路提供了一個方向：執行《巴黎宣言》，加強受援國在國際援助體系中的作用。這就是說，在援助活動中，受援助國的發展主權最先應該得到保障，在這個前提下援助者和受援國、政府與公民組織之間建立信任、誠信的合作，同時要建立長期的相互信任機制來確保援助活動達到雙贏、多贏的效果。

## 四、中國對國際發展援助機制的貢獻

二十世紀九〇年代中期以後，中國開始加大「走出去」步伐，在與發達國家發展合作的同時，通過中非、中拉、中阿及一系列周邊合作機制開創了具有中國特色的南南發展合作模式。尤其是中非合作成就斐然，成為南南合作的典範，呈現出互利雙贏的良性發展局面。像中國這樣身兼援助和受援、發達和不發達等雙重特徵的發展中大國投身到國際發展援助領域並取得顯著成就，這是國際發展進程中不曾有過的新現象。中國新時期援外工作受到受援國和國際社會的普遍歡迎和好評，二〇〇七年一月時任聯合國秘書長潘基文表示：「中國一直努力與所有非洲國家發展合作夥伴關係，這令人鼓舞。」

## （一）中國的對外援助支持了發展中國家的政治獨立、經濟發展和社會進步

中國對外援助項目主要分佈在農業、工業、經濟基礎設施、公共設施、教育、醫療衛生等領域，重點幫助受援國提高工農業生產能力，增強經濟和社會發展基礎，改善基礎教育和醫療狀況。這對改善受援國人民生活水平以及提高教育、醫療、衛生水平等諸多方面發揮了重要作用。「據中國商務部統計，迄今，中國援建了兩百二十多個農業領域項目、近七百個工業領域生產型項目、一千多個經濟基礎設施和社會公共設施項目，幫助受援國改善了生產生活環境，繁榮了城鄉經濟，為受援國自主發展創造了更好的條件。」❶

## （二）打開讓受援國自主發展的新思路

沒有一個國家是依靠外來力量拯救自己命運的，雖然國際發展援助主要國家對發展中國家給予多方面的援助，但是這些國家認為「國際發展的過程在他們看來就是通過援助引導發展中國家追隨西方腳

❶ 崔鵬，〈以無私援助，求共同發展——新中國六十年援外工作紀實〉，《人民日報》，二〇一〇年八月十三日。

步、向西方學習和看齊的過程」。被援助國在發展方式和途徑等方面都受制於援助國。《中國的對外援助》白皮書中關於中國對外援助政策的基本內容第一條就是「堅持幫助受援國提高自主發展能力。實踐證明，一國的發展主要依靠自身的力量。中國在提供對外援助時，盡力為受援國培養本土人才和技術力量，幫助受援國建設基礎設施，開發利用本國資源，打好發展基礎，逐步走上自力更生、獨立發展的道路」。中國人普遍有「授人以魚不如授人以漁」的觀念。一九八三年，中國政府與聯合國合作，開始在華為發展中國家舉辦各種實用技術培訓班。近幾年來，根據受援國實際需要，對外培訓內容涉及農業、經貿、教育、衛生等二十多個領域，為受援國培養了大批管理和技術人才，提高了發展中國家的自主發展能力。

世界上，西方道路不是模式，西方援助不是沒有代價，西方化既非國際發展的捷徑，也非國際發展的目標，自主發展才是切實路徑和最終歸宿。發展應該是從發展實際出發、創造發展條件、實現自主發展的過程。中國把受援國看成是平等的合作夥伴，一貫堅持互利合作、共同發展的原則開展援助。中國對非洲等地區的成功援助說明，讓受援國自主發展才是國際援助應該選擇的最佳道路。

## （三）推動國際發展援助機制進行多樣化探索

現行國際多邊援助機制沒有為新興援助國家提供應有的空間和資源。新興國家沒有足夠的發言權，也沒有足夠的影響力去推動改進多邊機制的完善和運行。國際金融危機後，新興援助國在國際發展中的作用才開始受到重視。二〇一一年釜山會議在其成果文件中更加明確地指出：「現在不能再把國際合作簡單地理解為南北框架下窮國與富國之間的關係，它更像是一個複雜的網絡，包括那些既是援助國也是受援國的中等收入國家都是其組成要素。」二〇一三年聯合國開發計劃署在《人類發展報告》（*Human Development Reports*）中肯定了新興經濟體在全球決策中的角色與地位：「南方的崛起為在全球和區域範圍內創新機構建設、促進合作夥伴關係發展、開闢發展政策制定新途徑帶來良機。」在這個意義上看，中國等新興援助國家地位正在提升，在國際發展機制中發出了越來越多的聲音。

中國常駐聯合國副代表王民在聯大第六次發展籌資問題高級別對話會上提到：「自二〇〇〇年來，中國在南南合作框架下向一百二十多個發展中國家提供幫助，援建了兩百多所學校、三十多所醫院和瘧疾防治中心，培訓了八萬多名各類人才。中國宣佈的一系列幫助發展中國家改善民生、減免債務、加強金融、經貿、農業、人力資源培訓等舉措正逐步得到落實。」這不僅說明，中國在對外援助中成果豐碩，也說明中國積極倡導和參與的南南發展合作模式在援助活動中實現了雙贏局面，中國和其他新興發展中國家一起推動國際發展援助機制由西方單一機制向南北混合機制過渡。

## 五、中國參與國際發展援助機制的途徑

中國改革開放以來，隨著國力的不斷增強和國際地位的逐步提高，對外援助的規模也逐漸擴大，在援外工作上的獨特作用日益突顯。尤其是進入新世紀以後，中國出台一系列對外援助政策措施，推動中國的對外援助出現新局面。中國作為新興援助國的一支重要力量，和其他新興援助國家在國際發展領域重塑了理念，贏得了實效，激發了新活力。中國要更好地在國際援助領域參與援助活動，發揮作用，應落實以下幾點：

## （一）應長期立足「真誠友好、相互尊重、平等互利、共同發展」的互助型南南合作

發達國家的援助比重雖然在下降，但在今後較長的一段時間內，依然會在國際援助中佔據主導地位。儘管中國近幾年對外援助發展迅速，但是仍然不能與歐美主要發達國家相比，尚不具備重塑國際援助格局的能力，因此，通過南南合作對發展中國家進行援助是較好的選擇。加之，隨著中國在國際發展援助領域的影響力逐年擴大，西方國家製造各種國際輿論對中國施壓和牽制，立足南南合作更有利於中國與西方國家進行斡旋，確保南南合作在國際援助中的有利地位。

## （二）中國應加強與發達國家的溝通交流和合作

在開展國際發展援助時中國要面對來自西方的輿論和官方的雙重壓力。即便如此，中國應在堅持立場和原則的基礎上，積極與發達國家進行交流與對話，盡可能為中國對外援助及南南合作援助的發展營造好的環境，並學習和借鑑西方國家在開展國際援助時的好經驗、好做法。

## （三）加強與新興援助國之間的溝通與協調

儘管中國和多數新興援助國都在國際援助方面努力提升自己的影響力，也有很強烈的合作、交流意

願，但是雙方在資訊共享、交流、溝通等方面所做的工作還是比較有限。中國應逐步加強與新興援助大國的溝通，爭取在南南合作援助的基本性質和做法方面達成較為統一的認識和口徑，在國際上形成相對一致的聲音，為南南合作援助的進一步發展拓寬空間。

## 六、中國參與國際發展援助機制的政策建議

### (一) 加強對外援助理論政策研究

中國的對外援助是中國整體對外政策的組成部分，它應該有一系列與之配套的原則、法則和措施等。在越來越複雜的援助環境之下，如何使援助更加有效、援助行為如何實現互利共贏並最終達到深層次的經濟合作的目的等都是值得深入探討和研究的問題。因此，借鑑發達國家，特別是經濟合作與發展組織的發展援助委員會成員國，在官方發展援助方面比較成熟的理論和政策，並結合中國對外援助的戰略定位、法規建設、經濟外交對重大問題開展理論研究，增加對外援助理性科學的成分；圍繞加強軟援助、優惠貸款改革、應對氣候變化、參與國際合作等重點難點問題開展政策研究，增加對外援助的政策穩定性應是今後對外援助十分重要的課題。

## （二）推進對外援助相關法律建設，完善對外援助法律體系

對外援助的法制化就是理性外交的重要組成部分。因此，中國應該加快對外援助立法，從法律層面規定對外援助的原因、對象、目的、援助規模、援助方式以及評估機制等，做到對外援助活動有法可依，依法行事。

在法律保障的前提下進行對外援助活動不僅有助於增強中國對外援助的活動有規則、有秩序展開，增加透明度，減輕來自多方面批評和猜疑，也能提升對外援助運作的社會和經濟效益。多數發達國家都有自己的援助法，這些法律法規在具體實施過程中起到了比較有效的作用，中國在制訂對外援助的標準、法規時，可以借鑑其中部分合理成分，形成有中國特色的、科學務實的對外援助法。

## （三）建立綜合性的機構，對國際發展援助工作進行全局性戰略部署

綜合性的專責機構可使事權統一，指揮靈活，且責任歸屬清晰。現在的對外援助機制，一般來講，是由中國外交部、商務部及其相關銀行、財政部聯合管理。外交部負責制定援助名單，財政部負責確定規模、劃撥資金，商務部和中國進出口銀行、國家發展銀行、部分商業銀行進行項目執行。涉及軍事方面的援助則單獨由解放軍總參謀部進行規劃和執行。關於文化教育方面的，由文化部、教育部安排。總的來說，參與的部門和機構比較多，工作流程也略為複雜。為了建立更宏觀的，更長期的，更綜合的援

外工作戰略。筆者認為，可以建立一個副總理級的國務院下屬的對外援助署。這個署可以協調、安排這些單位進行援外工作。更加高屋建瓴的進行工作，可以有效的整合各部之間的資源，從更高的層面去考慮工作的方針路線，建立健康發展的長效有序的機制。做好宏觀規劃，制定和完善中國援外中常期規劃和國別援助指導意見，要將援外工作提高到國家戰略層面進行考量，做好頂層設計。

首先，應由中國商務部、外交部、財政部等有關部門聯合組建戰略主導、統一對外、高效運轉且符合國際運行規則，具有中國特色的對外援助管理體制，加強有效配合和相互支持，加強資訊化和電子政務建設，逐步構建管理體制，增強管理能力，提高援外工作效率。其次，採取先進管理方式，通過有效地運用法律、經濟等手段，及時監控援外項目實施過程，重點對進度、質量、投資、安全等問題實施動態化、精細化管理。最後，認真做好項目評估工作，確保援外項目達到預期的目的。對外援助執行和管理機構要對對外援助項目進行定期評估，建立年度報告制度、全面統計制度等制度規範項目評估工作，並將評估意見反饋給對外援助執行和管理機構，作為審批新對外援助項目的參考。

## （四）加強對受援國受援項目的風險分析

風險分析評估與風險管控則是必需的工作，因事關人員生命安全及資源投放的有效性，也關係後續援外工作的進行。中國實施對外援助的國家，大多都是第三世界國家。這些國家除了基礎設施落後，項目難度一般較大等自然條件的困難。還有很多國家政局動盪，政策不穩定。比如二〇一一年的利比亞內戰，就讓很多中國公司和援外項目蒙受了巨大的損失。隨後的「阿拉伯之春」運動，很多國家，比如埃及、突尼斯等，都爆發了動亂。中國駐外項目工作人員很多不得不緊急撤離，遭到了不同程度的損失。

甚至在蘇丹、埃及等國家，還出現了綁架中國公民作為人質的惡性事件。這些風險，都是由所在國的政治動盪帶來的。政策上，不同的黨派上台，也會有變化。有的國家，政府一旦改選。原來的反對黨上台，對之前的很多協議和談判結果都拒絕承認。讓中國的援外工作受到巨大影響。還比如最近的加納淘金事件，雖然這些公司和項目不是援外資金支持的，但是也可以窺見在這些發展中國家所潛在的政治風險。所以，必須在項目實施之前，對受惠國的政治、經濟、軍事、文化都作出合理的風險評估。對於風險度較高的國家，一定要謹慎投入。在項目協議簽署時，也一定要注意風險防範。

## （五）加強援外項目的管理和考核

援外項目是直接和國家外交、國家形象掛鉤的，援外項目在國外開展的質量如何，和當地政府百姓的合作如何，會對兩國關係產生重大影響。而這些項目又不在國內，世界各國的情況紛繁複雜，管理起來難度相當大。近年來，大部分的項目取得了矚目的成就。但是也有一小部分項目，存在著質量粗製濫做、偷工減料，損害中國製造的形象。或者為了爭取資金，建設一些當地根本需求不明顯的無用項目，造成資金的浪費。還有一些項目，在開展的工程中，和當地百姓溝通不暢，導致出現當地工人罷工、遊行抵制等不良現象。這些現象，雖然非常少見，但是也為中國的援外項目管理敲響了一記警鐘。如何把錢用在刀刃上，讓國家的每一分錢都發揮最大的作用，用科學的方法去有效的管理，是今後援外工作必須要思考的重點。

## (六) 平衡國家利益和企業利益

現在很多企業在境外爭取項目機會，首要考慮的還是企業自身的利益。至於國家利益與企業利益，除政策考慮外，公私部門本不應有太多的關聯。畢竟，政府的工作謀求的是國家利益，企業追求的是私人利益。公私部門的利益與衝突應於立法時明定之。

很多時候，都是在中國企業之間相互競爭，比如中興公司和華為公司，都是通信行業的中國公司，經常在海外為了同樣的項目，內部競爭，並沒有協調聯合起來去爭取國家利益最大化。這往往導致很多項目倉促上馬，甚至賠本經營。還有的公司和個人，不是很遵守當地的法律法規，屢屢出現在國外出問題需要使館出面斡旋的情況。極大的損害了中國的對外形象，需要政府加以引導、管理、約束。

## (七) 推動改革創新，推行多樣化的援助方式

一是在經濟技術援助方面重點支持經濟基礎設施和貼近民生的公共設施建設，促進受援國經濟發展和社會進步，提高人民生活質量。二是在社會發展援助方面，採納社會發展援助本土化模式，推廣和受援國的合作，由受援國來實施，做到當地營運、當地受益。三是國際合作援助方面，增加多邊援助的比例，較大幅度地增加對聯合國、世界銀行和地區性開放銀行的援助規模，使得援助資金得到更有效地配置。四是增加軟實力援助力度，中國通過派遣政府顧問和專家，提供規劃和技術指導，為發展中國家傳授發展經驗，並通過開辦「孔子學院」等形式，推動中國文化的傳播。五是推進對外援助主體多元化，利用民間機構開展援助，吸引社會團體、民營企業和基金資金參與對外援助。

積極開展對外援助宣傳，建立網絡信息溝通，完善監督機制，引導並發揮NGO的積極作用，實施統一的「一帶戰略」等都對提高對外援助的質量和效益有積極作用。

應調動社會資源，建立一支政治可靠、業務精湛的管理型、專家型的援外隊伍。對現從事援外工作人員進行定期在崗培訓，更新知識，掌握新技術，不斷提高援外工作的管理和研究水平，以適應不斷發展的新形勢的需要。

實施援外計劃，海外志願者隊伍是一支重要的力量。從二〇〇四年開始中國青年志願者服務正式納入援外工作範疇，開展漢語教學、醫療衛生、農業科技、體育教學、資訊技術、經濟管理、綜合培訓、國際救援、社會發展等方面的志願服務，這些服務有利於傳播中華文明，有利於增加與世界各國人民之間的相互瞭解，增進友誼。因此，繼續選拔和培養熱愛志願服務事業、樂於奉獻、品行端正的一批志願者，補充援外工作人員隊伍，也應該是今後援外活動的一項重要工作。

## （八）加強國際合作，打造大國形象

國際合作可廣結善緣，並展現大國風範。國際關係錯綜複雜，有時僅靠一國之力，並無法弭平多方掣肘的力量，若能援引良善的國際關係，或可收事半功倍之效。

以往，中國的對外援助多是單邊行動。隨著時代的發展，中國越來越認識到國際合作對援助工作的重要性，更多的融入到國際行動中，承擔起大國應有的責任。中國向馬里、蘇丹和剛果（金）等國家派遣維和部隊；向世界糧食計劃署、聯合國開發計劃署等國際組織提供的多邊援助；向海地等國的國際人道主義救援。這些，都是將來中國援外工作要主要推進的方向。

# 第十三章

# 國際網絡空間安全治理

# 一、國際網絡空間安全治理的產生背景與發展

## （一）國際網絡空間安全治理的產生背景

一九八四年，美國作家威廉・吉布森（William Ford Gibson）在其科幻小說《神經漫遊者》（*Neuromancer*）中首次提出網絡空間「Cyberspace」這一概念，本意是指將電子資訊設備與人體神經系統相連接後所產生的一種虛擬空間，卻準確預示了二十世紀九〇年代以後的電腦網絡世界。目前對Cyberspace的認識還在發展中，由最初的認為就是電腦空間、網絡空間，甚至簡單地認為就是互聯網（Internet），到現在的不斷深入，其概念和內涵不斷拓展。根據聯合國國際電信聯盟（International Telecommunication Union, ITU）的定義，網絡空間是指「由以下所有或部分要素創建或組成的物理或非物理的領域，這些要素包括計算機、計算機系統、網絡及其軟件支持、計算機數據、內容數據、流量數據以及用戶」。它涵蓋了用戶、物理和邏輯三個層面的構成要素。

進入二十世紀九〇年代，人類逐漸步入資訊社會，資訊網絡在全球內迅速崛起，各國的資訊疆域通過互聯網連接起來，形成了網絡空間。過去三十年，隨著移動互聯網、物聯網、雲計算、大數據等新技術的應用，網絡技術促進了經濟繁榮、科技進步、思想傳播，改變了人的生產和生活方式，網絡已成為國家政治、經濟和安全的戰略支點。各國政府高度依賴由網絡聯結的政務、電力、交通、能源、通信、航空、金融、傳媒、貿易、科技、軍事等關鍵基礎設施來實施經濟治理和社會管理。同時，世界各地的

企業利用網絡來發現新的市場，開拓新產業，通過電子商務在全球內加速了商品和服務貿易，有力地促進了全球經濟發展。網絡也提供了全球的思想傳播與交流平台，世界各地的人們借助網絡彼此聯繫、相互結識和組織管理，目前全球最大的社交網站Facebook用戶總數達到二十二億人，佔全球總人口三分之一，每天發送出去的消息數量高達一百二十億條。隨著資訊科技的發展，網絡在人們生活中的作用還將增大，網絡已成為全球重要的資訊基礎設施，網絡空間與現實空間前所未有地高度融合。

在這個新的空間中，資訊的跨國界流動深刻影響著社會組織方式和世界政治、經濟格局，使得國家安全面臨的環境和形勢更為複雜多變。網絡空間促使國家政治、經濟、軍事、文化等各個方面發生了巨大變革，使得這些關係到國計民生的關鍵領域對資訊網絡的依賴性越來越強。我們在享受網絡帶來的開放性、全球性、交互性、低成本的同時，不得不直面網絡空間帶來的安全威脅和挑戰，現代社會運行的風險和脆弱性也隨之增加。

自從網絡技術誕生之初，網絡空間的安全問題就伴隨而生，並隨著技術與應用的發展而日益突顯，直至今日已成為一個全面的社會性問題。從二〇〇一年「中美撞機」事件發生後的中美黑客（Hacker）大戰到幾乎人人都曾經遇到過的病毒、木馬、垃圾郵件與短信，抑或病毒入侵所導致的大量機密信息失竊，乃至各種分佈式拒絕服務攻擊（DDoS）、大規模網絡監控、網絡蠕蟲及殭屍網絡等大規模網絡安全事件均頻現報端，其所帶來的損失也不斷升級。直至當前，「網絡問題社會化，社會問題網絡化」的趨勢愈發明顯，最初的技術系統與現實的社會系統已經緊密融合，而網絡空間安全成為其中最突出和最複雜的問題。這種複雜性主要由作為基礎設施的網絡的複雜性、應用及其軟件系統的複雜性、互聯網所容納資訊的複雜性以及人們認識過程的複雜性決定的。網絡空間安全涉及各國資訊化發展與社會公益，各國國防安全、金融安全、資訊安全、環境安全、公共安全、能源安全等國家安全體系，都將與網絡空間安全息息相關。

網絡改變了傳統的生活方式和社會組織方式，也對國家安全帶來了新的衝擊和威脅。然而，在二十世紀九〇年代以前，網絡安全從來就不是一項重要的國際安全議題，直到海灣戰爭（Gulf War；波斯灣戰爭）爆發。這場衝突被美國軍事戰略家看作是現代戰爭的一個重要分水嶺，強大的軍事力量不再是戰場獲勝的唯一法寶，更重要的是具備贏得資訊戰和確保資訊主導權的能力。一九九三年，美國蘭德公司（RAND Corporation）的兩位研究員約翰·阿奎拉（John Arquilla）和戴維·龍費爾特（David Ronfeldt）在一份研究報告中首先警告稱「網絡戰即將到來」。一時間，有關計算機、國家安全和網絡空間的爭論甚囂塵上，網絡戰爭成了最熱門的流行語。

近幾年來，各國在網絡空間領域遇到了前所未有的挑戰。首先，國家網絡空間安全環境不斷惡化，安全威脅日益嚴重。在國家層面上，各主權國家和各種政治勢力加強對網絡空間的滲透和控制，網絡空間中的國家主權和利益之爭加劇了國家之間的資訊對抗；在非國家層面上，恐怖組織、極端勢力、私人企業、黑客、個人等出於政治目的或受經濟利益驅動，對網絡空間的攻擊達到了一個新的水平，攻擊的組織化、規模化、針對化和隱蔽性，均足以導致國家關鍵基礎設施的癱瘓，進而引發經濟崩潰，社會動盪。其次，關鍵基礎設施的安全問題直接影響社會穩定與經濟發展。現代社會極端依賴大規模的國家基礎設施來保障國民經濟的平穩運行和公共服務的正常提供。目前，資訊基礎設施已經具有與電力基礎設施同等重要的地位，並成為連接其他各個基礎設施部門的關鍵紐帶的角色：資訊基礎設施的正常穩定運轉為政府、金融、能源、交通運輸、公共衛生、供水和應急服務等與國計民生密切相關的重要系統以及政府事務管理提供關鍵支撐，因此，國家網絡空間的安全與否將直接影響到社會穩定與經濟發展。再次，網絡空間安全威脅直接關乎社會管理和公眾權益。經過近三十年的普及和發展，互聯網已成為社會監督、通達民意和瞭解輿情的重要渠道，社會深層矛盾和各種利益訴求在網絡空間均得以充分展現。然而，網絡非理性輿論及對倫理道德和意識形態的滲透和侵蝕問題也已突顯。

二〇〇七年是網絡安全進入中國國家安全議程的轉折點，因為網絡戰自此之後開始一而再、再而三地變成了現實。二〇〇七年四月，愛沙尼亞遭到不明來源的大規模網絡攻擊，整個經濟和社會秩序完全癱瘓，這也是國際社會出現的第一次針對整個國家發動的網絡攻擊。二〇一〇年，伊朗核設施遭受代號為「震網」（Stuxnet）的蠕蟲病毒攻擊，這次網絡攻擊可謂前所未有，被認為是網絡空間安全的一個重要的里程碑事件。此次事件發生之後，網絡空間安全才開始真正引起國家安全決策者們的高度警惕和關注。許多戰略家們相信，網絡空間的先發制人已經出現，「網絡戰」的潘朵拉盒子已經開啟。二〇一三年，「稜鏡門」（PRISM；就是史諾登向媒體透露的電子監聽）事件爆發後，更是引起了國際社會對大規模的網絡監控行為及未來的網絡空間安全和發展的重新思考，國際網絡空間安全治理問題變得越來越急切。

## （二）國際網絡空間安全治理的發展

網絡的迅速發展及其與社會現實空間的深度融合，使得網絡空間的概念得到不斷拓展，與此同時，網絡空間對國家主權、安全、發展利益帶來越來越多的新挑戰，世界各國特別是西方發達國家已開始構建網絡空間的國家戰略，國際網絡空間安全的全球治理問題已成為一項重要的全球議程。

雖然在二十世紀九〇年代互聯網已經初具規模，但從冷戰結束直到二十一世紀初期，網絡空間治理的概念和實踐，並沒有得到有效的界定。互聯網發展早期，人們對網絡的認知僅僅停留在技術層面，認為它是一種傳輸與分享資訊的工具，最本質的特徵就是開放、自由、平等和共享，而由這種技術構建的網絡空間具有天生的「去中心化」與「虛擬」特質，該時期互聯網治理的理念是維護其正常運轉與推動技術創新，主張沒有政府參與和限制的自由，注重參與主體的多元化，強調技術創新與發展等特徵。在互聯網發展初期，該機制對於促進當時全球互聯網的進一步發展與繁榮的確起到十分積極的推動作用。但隨著資訊社會全面而深入的發展，網絡空間與現實空間的交融使得網絡在為社會提供眾多便利的同時，也強化了現代社會的脆弱性，其所帶來的諸如網絡犯罪、網絡暴力、網絡色情、隱私保護以及網絡安全等問題層出不窮，涉及社會諸多領域。國際社會對於互聯網及其治理的認知理念隨之發生重大變化，在談網絡「虛擬性」時，必談其與「現實」的互動與交織；在談「去中心化」時，再也無法迴避網絡「無序」帶來的各種安全威脅與隱憂。全面進行網絡空間的技術、內容、基礎設施等方面的綜合安全治理已勢在必行。

進入二十一世紀以來，網絡空間的治理機制逐步向「綜合治理」轉型，不僅強調參與治理的行為主體的多元化，也突出政府及聯合國在網絡空間安全治理中的作用和意義，更從理念上明確了網絡空間安全治理的內涵與一系列原則共識，網絡空間安全治理不僅應包括技術，更應該包含公共政策等問題。此後，網絡空間安全領域的國際合作成為大勢所趨。在二〇〇三年召開的全球資訊社會峰會突尼斯會議上，與會者首次就互聯網是否要治理、如何治理等問題展開了激烈的討論，其結果是推動聯合國秘書長設置了互聯網治理工作組（Working Group on Internet Governance, WGIG），並授權該小組研究並提出網絡治理的含義。二〇〇四年十一月，聯合國互聯網治理工作組成立；二〇〇六年十月舉行互聯網治理論壇（Internet Governance Forum, IGF）第一次會議，為各國政府、私人部門和民間團體包括學術界和技術界在內，就國際互聯網治理問題提供了一個交流和磋商的平台。二〇一三年十月，互聯網名稱與數位地址分配機構（Internet Corporation for Assigned Names and Numbers, ICANN）、互聯網工程任務組（Internet Engineering Task Force, IETF）、萬維網聯盟（World Wide Web Consortium, W3C）等國際互聯網治理主要機構共同簽署了《蒙得維的亞聲明》（Montevideo Statement），將所有的利益相關者平等參與視為未來網絡空間治理的發展方向。二〇一四年四月，巴西互聯網大會發表《網絡世界多利益攸關方聲明》，提出未來網絡空間治理的「全球原則」和「路線圖」。同月，日、美兩國進行了第二次網絡安全綜合對話，兩國將進一步強化在網絡防禦領域的合作。

二〇一四年十月，中、日、韓簽署《關於加強網絡安全領域合作的諒解備忘錄》，建立網絡安全事務磋商機制，探討共同打擊網絡犯罪和網絡恐怖主義，在互聯網應急響應方面建立合作。二〇一五年五月，歐盟新披露了二〇一五至二〇二〇年強化打擊網絡恐怖犯罪的計劃。同月，俄羅斯與中國簽署了《國際信息安全保障領域政府間合作協議》，雙方特別關注利用計算機技術破壞國家主權、安全以及干涉內政方面的威脅。二〇一五年六月，全球互聯網治理聯盟在巴西召開全球理事會，明確了合作的治理模式。二〇一五年七月，中德互聯網產業圓桌會議召開，深化在網絡安全等方面的合作。二〇一五年八月，聯合國資訊安全問題政府專家組召開會議，並向聯合國秘書長提交報告，各國首次統一約束自身在網絡空間中的活動，包括不能利用網絡攻擊他國核電站、銀行、交通、供水系統等重要基礎設施，以及不能在資訊科技產品中植入「後門程序」等。二〇一五年九月，中美兩國就共同打擊網絡犯罪等執法安全領域的突出問題深入交換意見，達成重要共識；十月，上海合作組織成員國主管機關在福建省廈門市成功舉行了「廈門－二〇一五」網絡反恐演習；二〇一五年十月以「交流·合作·互信」為主題的第六屆中英互聯網圓桌會議在倫敦開幕，簽署兩國首個網絡安全協議。以國際合作為主基調，強調治理主體、治理客體和治理方式多元化的全球網絡空間治理正在不斷深化發展。

## 二、國際網絡空間安全治理體系的主要內容

網絡空間是一個虛擬的領域，沒有明確的界限，因此該領域的安全治理也和傳統領域的安全治理不同。各個國家不僅需要增強自身網絡安全建設，提高網絡安全防禦能力，積極制定國內網絡安全戰略，同時也需積極尋求廣泛的國際合作，對一些問題的治理達成共識，規範網絡空間行為。目前，整個國際社會中關於網絡安全治理的宣言、協議、組織已經有很多，它們在這一領域發揮了很重要的作用。總體看來，主要有以下幾個部分組成：政府間的治理機制，即主要行為體是國家；非政府治理機制，即非國家行為體之間的多邊合作機制。

### （一）政府間的網絡空間安全治理機制

在網絡空間安全治理機制中，以政府為平台的治理機制主要由兩個部分組成：一是聯合國框架下的全球治理機制；二是區域性政府間合作機制。

#### 1. 聯合國框架下的全球治理機制

在聯合國框架下，推動國際多邊、雙邊合作，共同治理網絡空間已成為國際社會的共識。目前，國際電信聯盟（ITU）、資訊社會世界峰會（World Summit on the Information Society, WSIS）、聯合國科技促進發展委員會（Commission on Science and Technology for Development, CSTD）、國際刑警組織

（International Criminal Police Organization, ICPO）等聯合國框架下的國際合作機制網絡空間安全治理領域在發揮著重要的作用。網絡安全治理一直是聯合國一項重要的非傳統安全議題，得到各個成員國的密切關注。在二〇〇二年聯合國大會討論中，會議提出網絡安全問題的重要性，指出僅依靠國際法來強化網絡空間的安全是不夠的，預防和社會支持非常重要，有必要在資訊技術的應用和使用過程中締造網絡安全的意識和文化。

在聯合國框架中最為重要的一個機構是國際電信聯盟，成立之初，國際電信聯盟出台了眾多的網絡安全框架、體系、結構和標準，通過每個季度的互聯網安全威脅報告幫助各國更好地應對日益增多的網絡攻擊和信息盜取。在二〇〇七年，國際電信聯盟啟動了「全球網絡安全議程」（Global Cybersecurity Agenda,GCA），希望建立一個國際性的框架，推動網絡安全治理的發展與合作，協調各國共同應對網絡安全問題。二〇〇八年，國際電信聯盟與國際網絡反恐多邊合作組織合作，進一步推動網絡安全治理領域的治理，同時發佈《全球戰略報告》，涵蓋了立法、技術與程序、組織結構、能力建設和國際合作五個領域的內容。二〇一三年開始，國際電信聯盟進一步在全球內推行《全球網絡安全議程》，同時加強與國家政府的合作，為成員國提供「全球網絡安全指數」「互聯網安全威脅報告」等服務，通過提供重要數據信息以保護成員國的資訊安全。

二〇〇〇年聯合國發佈《聯合國打擊跨國有組織犯罪公約》（United Nations Convention against Transnational Organized Crime），以此為標誌，開始構建打擊網絡犯罪的基本國際法框架。同時聯合國還專門成立了「資訊安全政府專家組」，討論和研究互聯網資訊安全。二〇一二年，聯合國政府專家小組就資訊和電信領域的發展提交了《從國際安全的角度來看資訊和電信領域發展》（Developments in the field of information and telecommunications in the context of international security）的報告，在這份報告中明確指出互聯網領域存在的威脅成了二十一世紀的嚴峻挑戰，這種威脅將會波及個人、企業、國家的各個方面，從而造成社會的動盪，網絡犯罪和網絡恐怖主義也會呈上升趨勢，應該不斷加強國際合作來抵禦網絡帶來的威脅。

二〇〇二年一月，聯合國大會第五十六屆會議決定於二〇〇三年召開首次資訊社會世界首腦會議，制定資訊社會協調發展的戰略目標和具體措施，共同努力縮小發展中國家與發達國家之間的「數位鴻溝」。資訊社會世界峰會的召開主要分為兩個階段進行。第一階段是二〇〇三年十二月在日內瓦召開第一次峰會。這次峰會確立了「資訊社會」（Information Society）的理念，並且通過了題為「建設資訊社會：新千年的全球性挑戰」（Building the Information Society: A Global Challenge In the New Millennium）的《原則宣言》（Declaration of Principles）和《行動計劃》（Action Plan）兩個綱領性文件，對未來的資訊社會進行了展望並確定了指導性原則，制定了具體的行動方針，以更有效地利用資訊通信技術的產品、網絡和服務等來實現所確定的發展目標。然而，雖然這次峰會規模空前，並且發展中國家將此視為一次重要的機遇，但是主要西方發達國家都臨時決定不參加峰會，西方國家不願提供財政資助解決「數位鴻溝」問題，並且對互聯網治理權的歸屬問題存在分歧，會議的成果不是非常明顯。第二階段是於二〇〇五年十一月十六日在突尼斯召開的第二次峰會，此次峰會的主要內容是對第一次峰會達成的原則和行動計劃進行修正，使其更具可行性和可操作性。

### 2. 區域性政府間治理機制

區域性的政府間治理機制的構成主要包括歐盟、北約、經濟合作發展組織、亞太經濟合作組織、上海合作組織、東盟、亞太電信組織、歐洲理事會、八國集團等多邊合作組織出台的治理措施或者規則。

其中最具代表性的是歐盟，在網絡空間治理領域，歐盟及其成員國出台了許多決議、方案等。經過成員國多年的合作努力，歐盟網絡安全治理體系包含了一系列決議、指令、建議、條例、報告，它們共同規範著網絡空間的行為。隨著技術和現實情況的變化，歐盟還不斷更新已有決議或政策等，緊隨時代的發展，不斷完善網絡安全戰略體系。歐盟網絡安全戰略涉及網絡領域的各個方面，包括互聯網隱私保護、網絡准入制度、網絡安全基礎設施等互聯網安全相關內容，逐漸形成科學佈局。同時，歐盟還通過強化法律法規的制定、落實、執行，嚴厲打擊威脅網絡安全的行為。歐盟的網絡戰略目標在於快速應對網絡發展的新需求、新形勢、新挑戰，實現打擊網絡犯罪、保護公民權利、維護網絡安全的目的，為歐洲經濟、社會發展創造良好的數位環境。

二〇〇二年，歐盟理事會通過了《關於在網絡和資訊安全領域的一個共同方法和具體行動》的決議；二〇〇四年，歐盟成立了歐洲網絡和資訊安全管理局；二〇〇七年，歐盟正式通過了關於建立歐洲資訊安全社會戰略的決議；二〇一一年，歐盟委員會出台了《歐盟互聯網治理契約》，提出了多方利益共同承擔、民主合理的治理等理念；二〇一二年，歐盟委員會提出《戰略歐洲倡議》，力圖制定一項整個歐洲的互聯網安全戰略；同年五月，歐洲網絡與資訊安全局發佈《國家網絡安全策略——為加強網絡空間安全的國家努力設定線路》的文件，表示將制定一個整體的歐盟網絡安全戰略，並著重強調歐盟成員國國家網絡安全戰略應該包含的內容。二〇一三年，歐盟成立歐洲打擊網絡犯罪中心，重點打擊有組織的網上犯罪活動。同時歐盟還與美國積極展開合作，推行「倫敦進程」（London Process）和《網絡犯罪公約》（Convention on Cybercrime）在歐洲各成員國的批准進程。值得關注的是，在二〇一三年，歐盟委員會發佈首份網絡安全戰略文件《歐盟網絡安全戰略》（EU Cyber Security Strategy），詳細地分析和評估了當前國際社會面臨的網絡安全挑戰，同時各成員國之間達成一致，確立了網絡安全指導原則，明確了各利益相關方的權利和責任，確定了未來五大優先戰略任務和行動方案。《歐盟網絡安全戰略》提出了指導歐盟和國際網絡安全政策的幾大原則：適用於傳統物理空間的法律和規範同樣適用於網絡空間；保護基本權利、言論自由、個人數據和隱私；確保每個人均可訪問互聯網；承擔維護網絡安全的責任。五大優先網絡安全戰略任務的措施包括：提升網絡恢復能力，強力打擊網絡犯罪，制定網絡防禦政策，發展行業技術資源，推動雙邊多邊合作。可以說，歐盟內部的網絡安全戰略已經形成了比較完整的科學體系，是目前比較成熟的網絡安全治理機制，對歐盟的網絡安全起到了很好的保護作用。在歐盟的網絡戰略中，有很多地方是值得借鑑的，很多原則也適用於全球網絡治理，可以擴展推廣到全球網絡安全治理的進程中。

基於網絡攻擊造成的嚴重後果，網絡空間集體防禦的必要性以及美國的大力推動，北約也加強了對網絡安全的重視，逐漸構建自己的網絡安全戰略體系。

二〇〇二年的布拉格峰會上，北約首次將合作保障網絡安全列入政治議程中。二〇〇六年的里加（Riga）峰會宣言指出，應發展網絡能力以確保各國在聯盟行動中安全地共享資訊、數據和情報，並重申了對資訊系統提供保護的必要性。二〇〇七年愛沙尼亞網絡攻擊事件使得北約高度重視網絡安全戰略，制定一套完整的網絡安全戰略成為主要議題。二〇〇八年的布加勒斯特（Bucharest）峰會宣言中強調，北約將致力於加強聯盟資訊系統抵抗網絡攻擊的能力，並將建立專門機構來執行專項政策。二〇〇八年北約成立了網絡防禦管理機構，統一調配盟國的網絡安全行動能力，同時成立北約協作網絡空間防禦卓越中心，這兩個機構旨在加強北約網絡安全防禦能力。通過一系列的組織機構的成立、政策的制定，北約網絡安全治理朝向機制化方向發展。

二〇一〇年公佈的北約戰略新概念中突出強調了網絡攻擊應對問題和構建網絡安全保障體系；二〇

一一年通過的北約網絡安全政策強調，在預防網絡攻擊的基礎上要加強網絡復原能力的建設；二〇一二年開始，北約著重建立專門的網絡安全機構，如北約通訊與資訊中心、北約計算機事故反應中心等，同時加強網絡戰實戰演習，以提高成員國的網絡實戰經驗。總的來說，北約的網絡安全戰略主要是防禦性的，主要重點在於關注預防、復原及保護北約與盟國關鍵性網絡資源，發展健全的網絡防禦能力，對北約自有網絡進行統一保護。同時加強成員國自身的網絡安全防禦能力，擴大與夥伴國、國際組織等機構的合作。

此外，二〇〇二年經濟合作與發展組織通過了《經濟合作與發展組織資訊系統與網絡安全準則：發展安全文化》（OECD Guidelines for the Security of Information Systems and Networks: Towards a Culture of Security），這項準則比較詳細地提出了資訊安全方面的規則和指南，強調了安全文化的重要性。八國集團成立的高科技犯罪小組在積極打擊網絡犯罪方面發揮了重要作用。二十國集團也在二〇〇九年的倫敦峰會上提出了必須在全球範圍內取締和打擊拒絕披露信息的行為。上合組織在二〇一一年《上海合作組織十週年阿斯塔納宣言》中也明確提出要在網絡安全領域加強成員國之間的合作，並向聯合國提交了「資訊安全國際行為準則」，同時成立互聯網警察機構，打擊網絡恐怖主義和網絡犯罪。

除了區域性的多邊合作之外，網絡安全治理領域中政府間的雙邊合作也積極推行，特別是大國之間的雙邊合作。二〇〇九年，美俄雙方開展網絡安全合作，並且在二〇一三年簽訂了網絡安全合作文件。二〇一一年英美雙方通過磋商達成協議，決定在共享願景、統一共識、共推法制、與民合作、技術推廣、共擔責任等方面展開和加強網絡安全合作。二〇一一年，中美雙方達成「加強合作，解決網絡安全問題」的共識，並通過首腦會晤和中美經濟與安全戰略對話等渠道在網絡安全方面展開合作。

在以政府為平台的網絡安全治理制度架構中，合作是主要特點。國家發揮主要作用。雖然在網絡空間問題上，國家之間存在著利益衝突和分歧，但同樣也存在著共同利益，畢竟網絡安全關係到每一個國家的國家安全問題，沒有一個國家能夠置身事外或者獨善其身，因此合作是必要的。通過國家之間的合作與協商，出台相應的宣言、決議，規範互聯網行為，同時成立相應的機構，應對日益嚴重的網絡犯罪和網絡恐怖主義，以確保國家的網絡安全。這些制度，對於網絡空間治理的長期發展具有重要作用，也是應對網絡安全威脅的重要武器。但是，通過合作產生的條約協議、建立的機構等是否能夠發揮實質性作用，還值得商榷。

## （二）非政府間平台下的網絡空間安全治理機制

### 1. 全球性非政府間網絡安全治理機制

全球性的非政府間網絡安全治理機制架構主要包括若干機構、組織、論壇和協會，其中幾個比較重要的機構組織是：互聯網治理論壇、國際互聯網協會（Internet Society, ISOC）、互聯網名稱與數位地址分配機構等。互聯網治理論壇是一個讓不同利益攸關方能夠作為「平等者」坐下來討論與互聯網治理有關的公共政策問題，以形成推動「互聯網的可持續性、活力、安全、穩定和發展」的平台。不同於其他組織的合作形式，互聯網治理論壇主要採取「動態聯盟」的方式，通過平等的對話，讓相關方和非正式組織等針對具體的問題展開研究和討論。二〇〇五年第二屆資訊社會世界峰會（World Summit on the Information Society）在突尼斯召開，會議參與者要求建立一個新的對話論壇，以方便利益攸關方開展網絡領域的相關政策討論，這樣就推動了互聯網治理論壇的誕生。這次會議最後頒布了《突尼斯資訊社會議程》（Tunis Agenda for the Information Society）。根據這兩次會議的內容和精神，在聯合國的支持和推動下，二〇〇六年開始召開互聯網治理論壇。互聯網治理論壇以多邊利益攸關方參與為組織模式，將網絡安全作為主要議題，在平等對話的基礎上就網絡犯罪、網絡安全等問題進行討論，並承擔共同的責任。二〇〇六年第一次互聯網治理論壇會議在雅典召開，圍繞「以互聯網治理促發展」，各方代表討論了網絡接入、安全性等問題。這次會議使得多邊利益攸關方第一次以論壇的形式聚集在一起討論共同面臨的問題。從二〇〇七年起，互聯網治理論壇每年都以不同的主題召開會議，討論了互聯網資源、共享、互聯網治理、以網絡安全促進經濟社會發展等問題。從最初的網絡安全問題討論到安全性、隱私性和開放性問題的討論，同時關注兒童保護方面的網絡安全問題。歷屆互聯網治理論壇召開討論的主題都是圍繞互聯網的治理問題，並且漸漸與社會發展、人權、經濟以及安全等問題相聯繫，由此可見網絡安全在國際問題中的重要性和網絡治理的迫切性。互聯網治理論壇的正常運行，使得網絡安全治理有了一個討論研究的平台，各方通過平等對話的方式，提出網絡空間存在的問題，討論解決對策，這對網絡治理起到了積極的推動作用。

除了互聯網治理論壇之外，互聯網名稱與數位地址分配機構於一九九八年十月的成立，也是網絡治理進程中的重要組成部分。在互聯網中，連接協議、軟件程序、數據格式、ＩＰ地址的分配、域名等相關技術性問題和資源分配問題是治理的主要內容。互聯網名稱與數位地址分配機構是一個非營利性國際組織，初步實現了網絡治理的國際化，並且在形式上各利益攸關方都能夠參與管理。互聯網名稱與數位地址分配機構總部設在美國加利福尼亞州，主要負責互聯網協議地址的空間分配、協議標識符的指派、通用頂級域名與國家和地區頂級域名系統的管理以及根服務器系統的管理。

國際互聯網協會是一個專業協會，於一九九一年六月成立，在全世界有一百五十多個社會團體和六千多個人參與。國際互聯網協會是一個全球性的非政府國際合作組織，旨在協調全球互聯網合作問題，對關於互聯網的發展、技術等問題進行研究，統一互聯網及其網絡應用標準，對全球互聯網進行有效的管理，協助發展中國家和地區推廣互聯網使用和互聯網技術的發展。

事件響應及安全團隊論壇（Forum of Incident Response and Security Teams, FIRST）是由多個計算機事件響應組組成的國際性聯盟，目的是共享技術和安全事件信息。該論壇成立於一九九〇年，辦事處設在美國加利福尼亞。FIRST代表的是政府機構、執法部門、學術界、私營部門和其他組織。FIRST表示，它已與多個國際標準組織合作，共同制定網絡安全事件管理與響應的標準。此外，FIRST將通用漏洞評分系統作為對資訊技術漏洞評分的標準方法，有助於與其他組織交流漏洞信息。

互聯網工程任務組（IETF）是一家專門制定技術標準的機構，負責制定和維護互聯網的一些核心標準，包括ＤＮＳ協議、當前和下一代的互聯網協議。政府官員表示，這些由互聯網工程任務組制定的核心標準基本決定了互聯網如何運轉以及能夠實現哪些功能。互聯網工程任務組的參加人員涉及網絡營運者、學術界，政府和業內代表。互聯網工程任務組每年都會召開三次會議，但其工作主要通過電子郵件進行。

美國電氣及電子工程師協會（Institute of Electrical and Electronics Engineers, IEEE）是電氣、計算機科學、工程學以及相關學科領域內的專業性組織，總部位於美國紐約。它通過IEEE標準組織制定網絡安全相關的技術標準。IEEE標準組織還聯合美國國家標準和技術研究院（National Institute of Standards and Technology, NIST）為電子應用控制系統起草了網絡安全標準。

### 2. 區域性非政府間網絡安全治理機制

區域性的平台主要包括亞太互聯網絡資訊中心（Asia-Pacific Network Information Centre, APNIC）、美國互聯網號碼註冊中心（American Registry for Internet Numbers, ARIN）、區域性的互聯網治理論壇等。區域性非政府間的合作組織基於全球性的一些政策規範開展合作。隨著網絡安全問題的重要性不斷突顯，區域性的網絡攻擊在近年來時有發生，因此區域性的合作也逐漸發展起來。這些區域性的非政府合作組織主要著重解決網絡資源的分配規則問題，規範網絡空間的行為準則。不可否認的是，這些合作在區域範圍內的網絡安全治理方面發揮了很大的作用，但受區域所限，在全球內的實際影響力並不是很突出。

## 三、國際網絡空間安全治理體系的未來改革方向

雖然國際社會已經建立了從全球到地區的包含多種行為主體的國際網絡空間治理體系，但隨著網絡技術的不斷更新升級和網絡空間威脅的不斷惡化，這一治理體系還需進一步改進完善。未來的治理體系可以從以下幾個方面進行改革。

### 1. 以聯合國相關機構為主導，建立反映多方訴求的協商機制

隨著網絡空間安全問題的複雜化和國際化，僅依靠一兩個大國維護所有國家安全，注定是脫離實際

的空想。聯合國作為當今世界最具權威性的國際機構，在國際網絡空間安全管理領域同樣應當發揮核心作用。只有在聯合國等機構主導下，達成條約、協定和議定書，並以完善機制確保履約，網絡空間安全管理的國際立法才能取得實質性進展。

### 2. 以政府為主導，多方參與的治理模式將成主流

網絡空間是一個由政府、私營企業、網民參與的複雜虛擬空間。然而，隨著網絡技術的迅猛發展，網絡已滲透到國家政治、經濟、社會、文化等現實空間，融入人類社會的日常生活之中。一些主張政府少介入網絡空間管理的國家逐漸認識到，單純依靠市場的力量和民眾的自律是遠遠不夠的，不能充分保護網絡用戶的安全。一些主張政府強勢監管網絡的國家也逐漸認識到，只強調政府力量，忽略了網民、私營企業的力量，政府的法規將無法落實，不能解決由多主體參與的網絡空間威脅。因此，把政府、企業、網民等各相關責任主體納入網絡空間治理體系，政府在網絡空間治理中承擔更大責任，發揮主導作用，並注重督促網絡行業和網絡用戶自覺維護法律尊嚴和社會道德準則，共同維護網絡安全治理模式將成為國際社會的「主流」趨勢。

### 3. 以網絡主權為原則，明確國家責任與國家權益

網絡空間的各構成要素，決定了其存在國家主權的必然性，尊重各國在網絡空間的主權，是對「尊重主權」這一國際法原則的繼承和發展，是制定網絡安全治理國際法規的前提和基礎。其意義表現在兩點：一方面，可以明確國家在網絡空間發揮權威作用的領域和範圍，解決網絡行為的責任判定等難題，確保各國政府對網絡主權範圍內的惡意網絡行為和惡意網絡工具擴散有足夠的控制能力，對其他國家的

追蹤調查要求有明顯的配合義務，進而形成有力的核查機制，確保國際法規行之有效；另一方面，明確網絡主權原則，有助於將「國家領土和主權完整不得侵犯」的基本準則適用於網絡空間，切實反映各國的網絡利益，維護各國網絡空間的安全。

### 4. 制定具有普遍約束力的網絡空間安全治理的國際公約

二十世紀九〇年代，國際社會就認識到網絡安全管理的重要性，尋求簽訂多邊條約和制定國際法律規則，對干擾網絡安全的行為進行約束和懲罰，到目前為止，已經形成了打擊網絡犯罪、互聯網資源管理與分配、網絡使用權益保護、網絡空間軍事安全管理等方面的一些國際法規，但這些法規的立法主體矛盾重重，涉及領域眾多，缺乏基本概念共識，基礎脆弱，以「軟法」為主，約束力差，不同領域的法制狀況差距明顯。也就是說，在網絡空間治理領域目前還缺乏普遍認可的規則和標準，因此，未來國際安全空間治理還需在取得各國共識基礎上制定具有普遍約束力的國際公約。

### 5. 以網絡專業術語和標準為談判起點，以「資訊安全國際行為準則」為平台，逐漸積累互信與共識

術語是概念的基礎，直接反映了對相應學科領域的基本認知。國際社會對網絡空間相關概念和標準缺乏共識，造成了大量的「盲點」和「空白」，直接阻礙了相關合作步入實質階段。因此，推動國際社會就網絡安全相關術語和標準展開談判意義重大：一是有助於形成基本共識，為條約文本的擬定和簽署創造前提條件；二是有助於增加相互瞭解，包括各方對網絡空間的主要關切、對網絡安全問題的基本認識、對不同網絡行為的定性等達成一致，為減少誤解誤判、避免網絡衝突升級和蔓延創造條件。

## 四、中國對國際網絡空間安全治理的貢獻

二〇一六年，中國接入國際互聯網二十多年來，中國迅速成長為資訊化大國，是目前全球內互聯網用戶最多、普及最迅速的國家。近年來，作為聯合國常任理事國和全球新興的網絡大國，中國正在加快融入並嘗試重塑國際網絡空間治理新格局。主要表現為：

第一，積極參與相關國際規則的制定。早在二〇一一年的第六十六屆聯合國大會上，中國就與俄羅斯、塔吉克斯坦、烏茲別克斯坦等國共同起草並提交網絡空間國際規則倡議——《資訊安全國際行為準則》，這是中國在聯合國層面推進全球網絡空間安全框架的有益嘗試。二〇一四年六月二十三日召開的互聯網名稱與數位地址分配機構大會上，國家互聯網信息辦公室主任魯煒提出了互聯網邁向全球共治時代的「七點共識」，倡議通過建立彼此互信，達成全球統一的行為準則。三個月後，在首屆中國－東盟網絡空間安全論壇上，中共中央網絡安全和信息化領導小組辦公室主任魯煒在開幕式上提出，中國與東盟要加強互聯互通，深化網絡空間合作，並提出了中國網絡空間理念：網絡空間既要互聯互通，也要尊重主權；既要加快發展，也要確保安全；既要提倡自由，也要遵守秩序；既要自主自立，也要開放合作。

第二，主動搭建國際交流平台。二〇一四年十一月十九至二十一日，中共中央網絡安全和信息化領導小組在浙江烏鎮成功舉辦了首屆世界互聯網大會，吸引了來自近一百個國家和地區的一千餘位全球互聯網領軍人物參會，這是中國積極自信參與國際網絡空間治理的重大舉措。中國國家主席習近平在大會致辭中表示：「中國願意同世界各國攜手努力，本著相互尊重、相互信任的原則，深化國際合作，尊

重網絡主權，維護網絡安全，共同構建和平、安全、開放、合作的網絡空間，建立多邊、民主、透明的國際互聯網治理體系。」中國烏鎮被授予「世界互聯網大會永久會址」的標牌。此後，第二屆世界互聯網大會於二〇一五年十二月十六至十八日在浙江烏鎮舉行。大會的主題是「互聯互通·共享共治——共建網絡空間命運共同體」。開幕式上，中國國家主席習近平發表主旨演講，強調國際社會應該在相互尊重、相互信任的基礎上，以尊重網絡主權、維護和平安全、促進開放合作、構建良好秩序為原則，加強對話合作，推動互聯網全球治理體系變革，共同構建和平、安全、開放、合作的網絡空間，建立多邊、民主、透明的全球互聯網治理體系，共同構建網絡空間命運共同體。

第三，為全球治理貢獻智慧和路徑。在二〇一四年四月巴西「全球互聯網治理大會」，六月中國和聯合國在北京共同舉辦的聯合國「資訊和網絡安全國際研討會」，六月在倫敦舉行的「互聯網名稱和數位地址分配機構第五十次大會高級別政府會議」等國際會議上，中國政府發言人有關網絡空間治理原則和整體戰略的表態，體現了大國風範。特別是「雙七戰略」❶和「七點共識」❷，體現了中國在網絡空間治理方面的成熟思考。

❶ 即在中國國內互聯網上力推遵循法律法規底線、社會主義制度底線、國家利益底線、公民合法權益底線、社會公共秩序底線、道德風尚底線和信息真實性底線這「七條底線」。

❷ 二〇一四年六月，互聯網名稱與數位地址分配機構第五十次大會在倫敦舉行。中國時任國家互聯網信息辦公室主任魯煒在大會開幕式上發表主旨演講，呼籲國際網路空間治理形成七點共識：一是互聯網應該造福全人類，給世界人民帶來福祉，而不是危害；二是互聯網應該給各國帶來和平與安全，而不能成為一個國家攻擊他國的「利器」；三是互聯網應該更多服務發展中國家的利益，因為他們更需要互聯網帶來的機遇；四是互聯網應該注重保護公民合法權益，而不能成為違法犯罪活動的溫床，更不能成為實施恐怖主義活動的工具；五是互聯網應該文明誠信，而不能充斥謠言和欺詐；六是互聯網應該傳遞正能量，繼承和弘揚人類優秀文化；七是互聯網應該有助於未成年人健康成長，因為這關係到人類的未來。

第四，直接參與重大事項決策。二〇一五年一月，全球互聯網治理聯盟選舉新一屆聯盟委員會成員，在二十名新委員中中國有兩人當選，其中國家互聯網信息辦公室主任魯煒是亞洲和大洋洲地區唯一的政府官員代表，阿里巴巴董事局主席馬雲是亞洲和大洋洲地區唯一的私營部門代表。這一系列的重大突破表明，隨著中國更加廣泛和主動地參與全球網絡空間治理實踐，全球網絡空間國際治理體系將迎來一個全新的發展格局。❸

第五，大力提升了普通網民和中國企業的網絡安全意識和安全軟件的普及率。中國已是名副其實的「網絡大國」，中國互聯網絡信息中心（CNNIC）發佈的《第三十七次中國互聯網絡發展狀況統計報告》中公佈中國網民規模達六億八千八百萬，全年共計新增網民三千九百五十一萬人，互聯網普及率為百分之五十・三。《第三十五次中國互聯網絡發展狀況統計報告》顯示，截至二〇一四年十二月，百分之四十八・六的中國網民認同中國網絡環境比較安全或非常安全；有百分之五十四・五的中國網民對互聯網上信息表示信任；百分之六十的中國網民對於互聯網上的分享行為持積極態度；有百分之四十三・八的中國網民表示喜歡在互聯網上發表評論；百分之五十三・一的中國網民認為自身比較或非常依賴互聯網。《第三十七次中國互聯網絡發展狀況統計報告》提及，截至二〇一五年十二月，有百分之九十一・四企業安裝了防毒軟件、防火牆軟件，其中有超過四分之一的企業為此付費。從調查結果來看，中國企業已具備基本的網絡安全防護意識。

## 五、中國參與國際網絡空間安全治理的途徑

在各國都積極制定網絡空間安全戰略，尋求各種路徑加強對網絡空間安全治理的形勢下，中國也需要在這一領域有積極的作為，可以通過以下幾種途徑參與國際網絡空間安全治理。

首先，在理念層面上，要高度重視網絡空間的戰略地位，積極參與促進網絡空間全球治理國際規則的制定。在當今全球化、資訊化時代，網絡空間對於國家安全、外交創新、經濟發展、社會穩定、國際關係都有深遠意義，各新興大國紛紛將網絡空間安全視作國家核心利益，積極採取了多種舉措，以求在這一領域處於世界領先地位。然而，網絡的跨時空性質不同於傳統的物理空間，靠單打獨鬥、以鄰為壑的戰略必定招致失敗，積極尋求全球的共識，加強各國之間的溝通，消除網絡安全治理碎片化現狀，通過共識建立具有普遍約束力的國際網絡空間安全治理標準和規則才是可行之道。建立共同規則對網絡空間安全治理具有重要意義，能夠增加國家間的信任，減少由於猜忌所造成的不必要損失，共同致力於打擊網絡犯罪行為、抑制網絡恐怖主義勢力發展，建立網絡空間共同規則也能使得網絡空間安全保障的執行力增強，最終實現國際社會在網絡空間共同利益上的合作共贏。為此，中國需通過與美國等發達國家的協調，共同推進網絡空間國際規則的制定，或引導規則朝著更加公平和透明的方向發展，實現合作競爭、全球共治的治理模式，逐步推進建立一個安全穩定的網絡空間，推動經濟發展和社會進步。

其次，參與推進全球網絡空間治理結構的變革。長期的技術優勢和人才優勢，造就了美國等發達國家在全球網絡空間領域的絕對領先地位，稜鏡門事件折射出美國在網絡領域的勃勃野心。一直致力於建

❸ 參見 http://world.people.com.cn/n/2015/0427/c1002-26911535.html。

設平等、民主、透明國際治理結構的中國，在以平等為基因的網絡領域更應該推進改革這種以發達國家為絕對主導的網絡空間治理結構，在話語和標準制定方面發出自己的聲音，以網絡的發展促進社會的全面進步。從技術和應用發展的角度來看，網絡結構的變革，對於以中國為代表的網絡後進國家來說，需要來自技術、標準、基礎設施、接入設備、關鍵應用和核心能力的支撐。為此，一方面，政府及高技術企業需要吸納相關高等院校和科學研究機構的資源和專家，開展中國網絡空間關鍵基礎設施與關鍵基礎數據調研，充分瞭解發展現狀以及具體的困難與挑戰，鼓勵中國國內學術機構圍繞全球網絡空間新秩序開展跨國研究，從理論上豐富和完善全球網絡空間新結構的內涵，並提供相應的建議，作為和發達國家進行談判合作的基礎。另一方面，政府及高技術企業需在設備及技術等領域加快研發步伐，盡快縮小和發達國家之間的差距。

第三，雙邊和多邊關係建設對於網絡空間治理體系是十分重要的。對中國來說，促進和重要國家的雙邊合作至關重要。網絡空間安全治理領域的中美合作關係尤其如此，美國是互聯網技術最先進的國家，對網絡空間的安全治理也領先於其他國家，中國是全球最大的互聯網市場，中美兩國對網絡安全合作問題上的看法、認知和態度將影響整個國際社會對此問題的基調。中美兩國在國情、經濟社會發展水平、歷史文化傳統等方面的差異較大，在網絡資訊安全領域必然存在著不同的認識，而在網絡安全合作領域，雙方之間是存在廣泛共識的，防範網絡恐怖主義、打擊網絡犯罪和維護網絡空間的安全性是兩國共同面臨的課題，中美聯合治理網絡空間具有較強的互補性，中美雙方應該積極開展合作，在網絡空間治理方面釋疑增信，構建新型網絡空間治理的大國關係。中國需要在繼續保持和強化中美在網絡空間安全治理方面的關係建設的同時，在網絡空間安全治理上也要注重發展同上合組織、歐盟、俄羅斯等國家及區域性組織的重要關係。同時，其他國家也應該積極開展網絡空間治理合作，在一定範圍內將網絡空間治理連成片，簽署多邊條約，形成網絡所屬範圍內的共同規則。

第四，積極參與或加強與各層級的政府間網絡治理組織、機構、論壇等的合作。強調政府及聯合國在網絡空間治理領域的積極作用是趨勢，各種政府間的組織機構將會是未來網絡空間治理領域的核心角色。網絡空間安全既是技術問題，也是事關國家安全的戰略問題，無論是聯合國框架下的國際電信聯盟還是以北約、歐盟、上合組織為代表的區域性組織，它們的戰略和政策都具有導向作用，引領著未來網絡空間治理的戰略方向，通過合作或參與，中國參與網絡空間治理的理念才能落到實處。

第五，積極參與各種民間協會、論壇、組織、聯盟等。網絡空間領域比其他傳統領域更具民間色彩，技術高、參與者廣、影響深遠的特點要求參與網絡空間治理的主體一定要多元化，而以國際互聯網協會等為代表的非政府組織確實也在規則、標準、方法等方面的制定上發揮著無可替代的作用。中國參與網絡空間全球治理，這些組織和協會等是很好的切入點，在其中既可加強學習，也可發出自己的聲音。

## 六、中國參與國際網絡空間安全治理的政策建議

第一，在制度層面上，抓緊籌劃中國網絡空間安全戰略，並盡快完善中國網絡空間安全應急保障體系的構建。在網絡空間安全戰略方面，中國是後來者，迄今尚未發佈成文的國家網絡安全戰略。然而，在國際社會中，到二〇一四年已有四十多個國家頒布了網絡空間國家安全戰略，僅美國就頒布了四十多份與網絡安全有關的文件，世界主要國家進入網絡空間戰略集中部署期。為此，中國也應緊貼網絡空間

國際治理情勢，注重頂層設計，通過高層協調機制配合，盡快制定發佈《中國網絡空間安全戰略》，為有關部門開展相關工作導航指路。作為安全戰略的配套設施，中國的網絡空間安全應急保障體系也亟待進一步完善。

第二，應該制定符合自身國情的網絡空間安全治理政策與法律，建立網絡安全法為基礎的法律體系。中國網絡安全法律法規分散而龐雜，且多為原則性的約束規則。近年來，中國網絡安全立法體系已逐步完善，現已經構建成基本的網絡安全法律框架，應該繼續完善中國在網絡違法犯罪、網絡內容安全、保守國家秘密、商用密碼、技術進出口管制、電子證據認定以及個人信息保護等方面的法律法規。

第三，在技術層面上，加大中國網絡技術國際合作力度與自主創新投入，努力擺脫受制於人的被動局面。相對於自然地理空間，網絡空間是高精尖技術的集合體與集散地，網絡空間安全的制高點並不在地理上而在技術上。目前，芯片、操作系統、瀏覽器及辦公軟件等早已成為人們生活中司空見慣卻又不可或缺的一部分，全球網絡空間的核心技術仍然主要控制在美、歐等少數發達國家手中，中國在網絡產業的硬件、軟件、網絡模式等多方面均處於劣勢。據統計，中國的芯片、高端元器件、通用協議和標準、防火牆、加密機等十餘類資訊安全產品大都依賴進口。一旦遭受網絡攻擊甚至網絡戰爭，就可能導致重要資訊系統和工業控制系統等陷入癱瘓，必將給中國經濟發展和國家安全帶來近乎致命的打擊。

第四，中國應該加大力度促進網絡人才培養。網絡人才是研發新技術的中堅力量，是網絡空間攻防的實際操作者，是中國參與國際規則制定、標準設定的前提。因而，要實現網絡空間安全治理，關鍵在於培養一批既懂得技術又能和國際社會進行交流溝通，表達中國聲音的高精尖人才。

第五，網絡空間安全治理主要解決「誰來解決網絡安全問題」以及「怎麼解決網絡安全問題」這兩個問題。當前，解決網絡安全問題的主要路徑是「官民學合作」，官方代表、各大技術公司的技術人員以及各個高校或研究機構的專家學者都應該發揮各自的優勢，合作推進技術的進步、規則的制定、對現實和趨勢的把握。網絡安全問題與國家整體安全息息相關，需要政府部門進行戰略指導、統籌規劃並制定相關政策法律；網絡安全又是一個技術性、實踐性極強的問題，有相關技術能力和「一線戰鬥」經驗的網絡公司的意見必不可少；持續跟蹤研究、全面掌握瞭解及提出研判對策是專家學者的長項，他們在網絡安全問題中扮演著重要作用。在未來，中國仍需在這三者之間形成良性的互動機制，共同促進中國網絡空間安全的治理。

# 跨國犯罪的全球治理

## 一、跨國犯罪的全球治理的產生背景與發展

跨國犯罪是可能危害國際社會正常秩序並且威脅到各國人民安全的嚴峻問題。在世界聯繫越來越緊密的今天，跨國犯罪發生的頻率逐漸增加，實施的方式變得更為複雜，由此帶來的危害也愈發嚴重。跨越國境的犯罪涉及不止一個國家，解決這一問題要涉及主權國家的領土和司法管轄範圍以及國際警務合作等多種問題，依靠一國政府單獨解決是不可能的。跨國犯罪在全球內廣泛存在，世界各國都在探索打擊和預防跨國犯罪的對策。因此，跨國犯罪已經成為全球治理研究中的一個重要子課題，需要從法律、經濟、國際關係等多個領域入手。可以說，跨國犯罪的全球治理對於任何一個國家都是難度不小的挑戰，需要引起更高的關注。

國際刑警組織前秘書長安德烈·博薩（André Bossard）曾指出：「所謂跨國犯罪，是指這樣一種反社會行為，即犯罪行為的準備、實施或結果跨越了至少兩個以上國家的國境線，使得至少兩個以上的國家可以對其進行刑事處罰。」跨國犯罪包括多種形式，聯合國關於打擊有組織跨國犯罪的相關文件中對跨國犯罪的類型做過列舉，包括：洗錢，恐怖行動，盜竊文物和藝術品，侵犯知識產權，非法買賣武器，劫機，海盜，搶劫地面交通工具，騙保，計算機犯罪，生態犯罪，販賣人口，人體器官交易，非法販賣毒品，虛假破產，參與合法經營（指販毒集團和其他犯罪團伙控制著大量企業），貪污受賄（向社會活動家、黨務活動家、官員行賄）。特別需要說明的是，跨國犯罪不涉及政治、宗教、種族和關係國家主權一類行為，所以一般將國際恐怖主義活動與跨國犯罪分別探討。

全球化帶來了經濟和社會生活各個領域的變化，國家間交往越來越頻繁，聯繫的增多除了帶來更

多跨地區、跨文化之間的交流和商貿往來的便利，也使一些問題的負面效應擴大。很明顯，跨國犯罪近年來的猖獗也和全球化有著密切聯繫。全球化時代的跨國犯罪具有很多與以往相比較為不同的特徵。首先，犯罪方式更加隱蔽，常常以表面合法的方式作為掩護。一些跨國犯罪以國際貿易的合法外衣採用空殼公司方式進行詐騙活動，或者採用洗錢的方式把犯罪所得轉化為合法收入，還有一類不容易發現的跨國犯罪則是以合法名義進行的行賄受賄。其次，跨國犯罪開始採用高科技、智慧化的手段進行。近年來的計算機犯罪中就有利用虛擬網絡購物網站進行跨國詐騙的案例，由於跨國境並且又發生在互聯網上，使案件偵破遇到很多困難。再次，跨國犯罪以攫取大量財富為目的，同時也會伴生出其他嚴重的社會影響。例如拉丁美洲的一些販毒集團為了確保毒品交易所得，會採取賄賂等方式腐蝕政府和司法機構中的人員，這樣的現象長期存在下去會引發更深刻的政治和社會不穩定情況。

各國政府一直努力通過合作方式打擊和預防跨國犯罪。實際上，對於跨國犯罪進行治理由來已久。從十九世紀開始，跨國犯罪活動日益增多，這使當時的國際警務合作向縱深拓展，向制度化、法制化方向轉變。一八三三年比利時制定了世界上第一部引渡法，歐美國家間為了解決跨境逃犯問題締結了許多雙邊引渡條約，現代引渡制度就此產生並完善。後來，國際警務合作從雙邊向多邊轉變。

一八九三年成立了國際警長協會（International Association of Chiefs of Police, IACP），標誌國家間警務合作的進步。一九二三年九月，國際刑事警察委員會（即現在的國際刑警組織）正式建立，國際警務合作開始了機構化、制度化的過程，為應對跨國刑事犯罪提供了場所和組織框架。

除了國際警務方面的合作，聯合國也從二十世紀七〇年代開始對跨國有組織犯罪進行專門討論。但是直到二十世紀九〇年代中期才正式提出制定《聯合國打擊跨國有組織犯罪公約》的構想。一九九四至二〇〇一年，聯合國就打擊有組織跨國犯罪這一問題進行過多次高級別會議，經過了從倡議擬定公約到進行公約起草和談判的過程，最終完成並通過了公約以及《關於預防、禁止和懲治販運人口特別是婦女和兒童行為的補充議定書》（Protocol to Prevent, Suppress and Punish Trafficking in Persons, Especially Women and Children）、《關於打擊陸、海、空偷運移民的補充議定書》（Protocol against the Smuggling of Migrants by Land, Sea and Air）、《打擊非法製造和販運槍支及其零部件和彈藥的補充議定書》（Protocol against the Illicit Manufacturing of and Trafficking in Firearms, Their Parts and Components and Ammunition）三個附加議定書。《聯合國打擊跨國有組織犯罪公約》自二〇〇三年九月二十九日生效，這是國際社會第一個針對跨國有組織犯罪的全球性公約，為國際社會打擊跨國有組織犯罪提供了重要的法律基礎。

《聯合國打擊跨國有組織犯罪公約》框架下的國際合作基本上是目前對跨國犯罪進行全球治理的主要方式。在這樣的合作框架下，國際社會可以共同應對跨國犯罪帶來的挑戰，避免單兵作戰遇到的困境。

## 二、跨國犯罪的全球治理體系的主要內容

跨國犯罪的全球治理體系影響深遠，它由許多相互聯繫的國際制度組成。但是，長期以來針對跨國犯罪展開的很多實務性工作都是在幕後完成，公開的討論較少。理解跨國犯罪的全球治理體系需要在瞭解《聯合國打擊跨國有組織犯罪公約》的基礎上，對全球警務合作和各國法律處置跨國犯罪的條款和規

範有全面的掌握。

目前來看，《聯合國打擊跨國有組織犯罪公約》（簡稱「《公約》」）在整個跨國犯罪的全球治理體系起到了最為核心的作用，它提供了聚合國際司法力量懲治跨國犯罪的全球法律框架。《公約》對跨國有組織犯罪及其相關概念做了明確界定，提出了懲治跨國有組織犯罪的刑罰化措施，規定了主權原則和管轄權原則。需要強調的是，《公約》中的「主權原則」是指各國主權平等和領土完整並且不干涉別國內政，《公約》不賦予締約國在另一國領土以內行使管轄權和履行該另一國法律規定的專屬於該國當局的職能的權利。這裡可以看出《公約》的制定在涉及國家主權問題時頗為謹慎，防止因管轄權等問題造成任何國際衝突和矛盾。從刑事訴訟程序的角度來說，《公約》確立了重要機制，包括打擊跨國有組織犯罪的利益驅動機制、判刑人員移交和刑事訴訟移交機制，保留了引渡機制。同時，《公約》細化了司法協助、聯合調查、執法合作、對證人和被害人進行保護等內容。《公約》還確立了締約方會議機制，以此來提高打擊跨國有組織犯罪的能力。截至二〇〇三年九月二十九日，共有一百四十七個國家簽署了《公約》，有五十一個國家批准通過。可以說，是《公約》讓打擊跨國有組織犯罪的國際合作有了法律和制度保障，並且對各國國內打擊跨國犯罪的政策也有一定的導向作用。

《聯合國打擊跨國有組織犯罪公約》在國際法和國際制度方面確實對於跨國犯罪的全球治理起到了不可替代的作用，但是打擊跨國犯罪的具體行動通常意義上還是有賴於高效、穩定、系統的全球警務合作。全球警務合作，也被稱為跨國警務合作，在廣義上包括了一切形式的治安、執法、維和、偵查和情報共享，也包括跨越或穿越國境的其他警務工作。全球警務合作中的核心機構是國際刑警組織，截至二〇一五年三月共有一百九十個成員。國際刑警組織的全球通信能力和情報共享能力極其強大，可以通過龐大的數據庫系統為成員國的警察提供支持。國際刑警組織致力於建設完善的預防犯罪體系，搜集、傳遞犯罪信息，及時發佈國際通報，協調各成員之間的偵查合作。近些年，在國際刑警組織和一些地區治理機構的推動下，一些地區性的打擊跨國犯罪合作組織也開始活躍起來，例如歐洲警察組織（European Police Office）、西歐警察合作會議、阿拉伯國家警察會議等。

在跨國犯罪的全球治理體系中，主權國家仍然是最主要的行為體。各國政府為了打擊跨國犯罪，紛紛加入聯合國的有關公約，有很多還成為國際刑警組織或地區警務合作組織的成員國，但是在真正實施打擊跨國有組織犯罪的行動時國家仍然具有相當的自主權。一般認為，在全球化的發展過程中，對於「世界性問題」的規則的調整是在各主權國家平等、自願地讓渡部分主權的基礎上形成的，各國應當根據約定平等自願接受規則約束。在打擊跨國犯罪的問題上，各國需要遵守聯合國有關公約中的規定，遵守國際組織制定的規範，但是在涉及國家司法主權和警務主權讓渡的問題上，每一個國家都能自主地選擇是否要與特定的國家開展合作以及進行合作的程度，這裡就涉及了具體的國家間關係、各國法律體系的異同，甚至不同國家觀念文化方面差異帶來的影響。所以，各國打擊跨國犯罪的行動往往會因為這些因素產生各種問題，這也是跨國犯罪的全球治理具有相當難度的原因。

除了國際組織和主權國家發揮作用外，跨國犯罪全球治理中還有一股不斷增強的力量，那就是跨地區專門化合作機構。最典型的代表就是「金融行動特別工作組」（Financial Action Task Force on Money Laundering, FATF），這是一個國際公認的反洗錢組織，附設於經合組織（就是OECD的簡稱）之下。在過去二十多年中，金融行動特別工作組已經成為發展反洗錢政策的核心治理網絡。它的意義在於提供了一個新的治理模式，將軟性法律、同行評議和專家建議等有機結合在一起，在國際反洗錢行動中發揮重要作用。雖然目前還無法論證這種模式能否複製推廣，但金融行動特別工作組仍然達到了完善的政策網絡能夠擁有的較高水準，是跨國犯罪治理中的重要組成部分。

## 三、跨國犯罪的全球治理體系的未來改革方向

跨國犯罪的全球治理體系儘管已經成形，但是還存在許多問題。未來這一體系的改革方向主要應該圍繞形成全球打擊和預防跨國犯罪網絡來進行，同時跨國犯罪的全球治理體系有必要深度嵌入到更廣泛的全球治理體系中，以此來解決造成跨國犯罪的根本原因。

全球性地打擊和預防跨國犯罪合作網絡是能夠真正有效實現跨國犯罪治理的重要途徑，目前的治理體系正在向這個方向努力。未來的改革主要是通過國際組織和國際機制促進各國間的合作，在全球層面和地區層面構建起立體化的打擊有組織跨國犯罪的網絡。目前的提議有：建構以聯合國為主導的打擊跨國犯罪策略指導中心，以國際刑警組織為打擊跨國犯罪的國際行動聯盟，以「聯絡官」制掌握全球跨國界犯罪信息，在全球重點區域開設辦事處。區域治理是實現目標的關鍵環節，可以根據不同地區之間往來的密切程度設立專門的組織或者機構，對跨國犯罪進行重點監控和打擊，形成「聯防」的形勢。雖然國際刑警組織已經在增加與各地區組織之間的聯絡，爭取早日實現治理網絡，但這一工作量非常巨大，需要較長時間協調。

未來跨國犯罪的全球治理體系還應當在更加「國際化」而非「西方化」的道路上前進。在全球治理的背景下呈現出了全球法律多元主義的特點。國際硬法位居跨國法律體系的中心，在打擊跨國犯罪的問題上，聯合國的《公約》起到了這一功能。但是，這並不意味著目前的跨國犯罪治理就完全做到了《公約》要求的平等公正。美國學者納德爾曼（Ethan Nadelmann）就指出，美國在國際場合強行推廣自己的刑事司法準則，經過規制、調和、均化三重進程，外國政府不斷調整自身，來適應國際法奉行的美利堅

聯邦模式。還有研究顯示，一些西方發達國家，如英國、法國等，通過向海外派駐警務聯絡官的方式，間接達到了主導全球警務體系的效果。這些發達國家的警察機構毋庸置疑確實擁有技術上的優勢，因此可以憑借這些優勢影響全球警務使命的內涵和外延界定，這也不可避免地會讓全球警務工作帶有「西方偏見」。隨著新興經濟體實力逐漸壯大，國際話語權增加，在塑造全球警務體系，打擊跨國犯罪的過程中，也必然要在更大程度上反映這些國家的訴求，融入這些國家已經形成的司法準則和警務規範。聯合國的《公約》一直保留著進行修改的空間，並且隨著跨國犯罪治理網絡在區域治理和全球治理中不斷完善，不排除新興經濟體和發展中國家會提出更多符合自身利益的要求。

跨國犯罪的全球治理體系還應當考慮的一個改革方向是重視解決跨國犯罪背後的深層問題，從跨國犯罪的根本原因入手，與全球治理體系中的其他組成部分產生複合型的影響。在對跨國犯罪猖獗現象的研究中，已經有學者關注到了失效國家的存在和發展中國家的貧困問題都是犯罪產生的重要原因。所謂的失效國家可以概括為沒有能力維持自身作為國際社會一員履行義務的國家，這樣的國家「無法壟斷對特定領土和民眾的暴力使用權」。已有大量證據表明，冷戰結束後，失效國家已成為恐怖主義、跨國犯罪、武器擴散、傳染性疾病和難民潮等全球性問題的滋生地。失效國家帶來的負面溢出效應會使這些國家內部的很多問題迅速擴散到整個地區甚至全球，有組織犯罪、毒品走私、偷渡等問題都是典型的例子。有觀點認為，跨國有組織犯罪與失效國家之間存在一種寄生關係，失效國家無力的邊境管理為跨國犯罪提供了天然的發酵場所。在失效國家和其他犯罪現象較多的發展中國家，貧困問題也許是犯罪高發的最直接原因。為了維持生計，很多普通人自願或非自願地開始從事跨國犯罪。可是很明顯，目前的跨國犯罪全球治理體系基本只是在犯罪發生後開始運轉，對於解決失效國家和貧困問題這些犯罪源頭束手無策。未來的治理體系改革可以從抓住犯罪源頭入手，探索是否能與全球發展治理體系等進行對接。在調查研究和分享經驗的基礎上，為跨國犯罪的全球治理另闢蹊徑，為預防和打擊跨國犯罪開拓新的思路。雖然這其中仍然會牽涉國家主權、政策協調等多種棘手問題，但是跳出原有體系中的盲點區域或是不願意碰觸的區域，才有可能找到真正的全球治理之道。

## 四、中國對跨國犯罪的全球治理的貢獻

中國對於參與跨國犯罪的全球治理向來秉持積極的態度，在打擊和預防跨國犯罪上的力度也在逐年遞增。中國通過加強與其他國家和地區之間的國際合作，為治理跨國犯罪做出了不可忽視的貢獻，這不僅體現在相關國際制度的建設上，也體現在具體事務的參與中。

中國在治理跨國犯罪的制度建設中的主要貢獻是對於聯合國相關條約和協議在制定、通過和執行中的大力支持。二〇〇〇年十二月十二至十五日《聯合國打擊跨國有組織犯罪公約》在意大利巴勒莫（Palermo）開放供各國簽署，當時就有包括中國在內的一百二十三個國家和歐洲共同體簽署了該《公約》，隨後直至二〇〇二年十二月十二日，《公約》在聯合國總部開放供各國簽署。中國政府參與了《公約》起草和談判的整個過程，二〇〇三年八月二十七日第十屆中國人民代表大會常務委員會第四次會議通過批准了《公約》，從二〇〇三年十月二十三日對中國生效。中國能在較短的時間內簽署《公約》，是對國際打擊跨國犯罪行動的有力支持，表明了中國政府嚴厲打擊跨國有組織犯罪的堅強決心和在這一領域加強與各國和國際組織合作的良好願望。中國政府在貫徹《公約》各項條款時不遺餘力，把有效實施《公約》內容作為反跨國有組織犯罪工作中的頭等大事。中國的法律專家們也對《公約》如何

與中國國內法律和政策有機結合進行過系統的研究，為切實貫徹《公約》做出了重要貢獻。

從打擊跨國有組織犯罪的具體事務來說，中國的行動配合了區域和國際層面的跨國犯罪治理，取得了許多耀眼的成就，較為突出的幾個領域有跨國反腐敗合作、地區聯合掃毒和海外參與打擊索馬里海盜等。跨國反腐敗合作是中國最為關注的工作之一。中國通過對外締結多項引渡條款和刑事司法協助條約，不斷加大對貪腐人員的引渡、逮捕和贓款追繳力度。二〇一四年，北京亞太經濟合作組織領導人非正式會議上發佈了《北京反腐敗宣言》，決定建立反腐敗執法合作網絡。由於許多發達國家是中國腐敗官員外逃的主要目的地，中國一直尋求在反洗錢等領域與發達國家建立更為密切的合作關係。[1]中國在國際反腐敗工作中積累了豐富的經驗，對於相關跨國犯罪治理具有相當的借鑑意義。

中國參與跨國犯罪全球治理表現非常突出的就是參與地區聯合掃毒。中國的地理位置毗鄰全球盛產毒品的「金三角」地區，因此禁毒形勢十分嚴峻。中國西南邊境線上的毒品貿易非常活躍，大量的人流物流也使禁毒工作難度加劇。中國政府一向高度重視跨境毒品犯罪問題，制定並實施了許多有效措施，取得了顯著成績。中國已經批准加入了聯合國全部三個禁毒公約，積極履行義務，承擔國際責任。在與東南亞各國聯合打擊跨境毒品犯罪的過程中，中國做出了巨大的貢獻，破獲了多起大案要案，使無數人民免受毒品侵害。除了在具體的禁毒工作中投入大量警力，中國還非常重視解決跨境販毒的根源問題。中國推進在「金三角」地區以替代終止和替代發展為核心的境外除源戰略，落實一億元替代發展專項經費，還向緬甸禁止種植罌粟的地區援助糧食一萬噸。

近年來，中國參與打擊跨國犯罪的範圍越來越廣，涉及的地區也在擴大，海外參與打擊索馬里海盜正是一個典型的案例。據統計，二〇一一年索馬里海盜所導致的世界經濟損失就已經高達六十九億美元。許多國家的船隻遭到索馬里海盜的洗劫，中國的船隻也沒有倖免。二〇〇九年中國貨船就在索馬里海域被劫持，中國支付了數百萬美元的贖金才將船隻解救出來。自二〇〇八年十二月開始，中國海軍不斷前往亞丁灣、索馬里海域進行護航行動，打擊海盜，成功解救過四十多艘船舶，護航成功率達百分之一百。中國打擊索馬里海盜的行動不僅維護了自身的國家利益，也承擔了維護地區和平與安全的重要責任。

中國所參與的跨國犯罪治理行動範圍廣，類型多，還包括打擊跨國金融犯罪、人口販賣、網絡犯罪、侵犯知識產權等許多方面。中國為打擊與預防跨國犯罪付出的努力，將一直持續下去。

## 五、中國參與跨國犯罪的全球治理的途徑

中國參與跨國犯罪的全球治理取得了斐然的成績，這背後是中國不斷擴大國際合作做出的努力。確切地說，中國參與跨國犯罪全球治理的途徑主要是廣義上的國際合作，但是區域與雙邊合作是最直接有效的參與方式。中國也通過國內的法律修訂和司法改革間接配合或影響了跨國犯罪的全球治理。在合作的過程中，中國需要克服許多實際的困難，並且不斷探索磨合出打擊和預防跨國犯罪的有效模式。

中國和許多國際組織建立了聯繫，並且通過簽訂大量條約保證合作的順利開展。二〇〇〇至二〇〇六年，中國警方在國際刑警組織和雙邊警務的合作渠道下，從國外押解、引渡犯罪嫌疑人兩百餘名，每年執法部門協助辦理的跨國犯罪案件多達數百起。在聯合國有關懲治跨國犯罪的三百多部公約中，中國

❶ http://www.chinatoday.com.cn/chinese/sz/sd/201506/t20150625_800034539.html.

已經參加了其中近百部。❷截至二〇一六年四月，中國已先後與近一百三十個國家和地區的司法機構以及二十個國際或區域性組織建立了業務交流合作關係，與二十五個國家簽署了司法合作諒解備忘錄，與六十七個國家締結了刑事、民事、司法協助條約、引渡條約和打擊「三股勢力」協定共一百二十一項。正是在國際上建立起的合作網絡幫助下，中國打擊跨國犯罪才能夠減少了許多障礙。

中國與很多地區組織之間的合作是進行跨國犯罪治理的另一個重要途徑。某種意義上來說，區域內的這類合作由於力度大，深入程度高，可以被視為打擊跨國犯罪最直接有效的途徑。近些年，中國為了保障國家安全，預防邊境犯罪，加大了同地區組織合作的力度，與東盟的合作就是比較成功的案例。中國與東盟在跨國犯罪方面進行的合作一直頗受關注。這是因為中國與東盟之間的商貿往來頻繁，但同時諸如走私、毒品貿易、人口販賣、洗錢等跨國犯罪程度也相當嚴重，對社會生活產生極大的負面影響。中國－東盟自貿區的啟動讓跨國犯罪的實施範圍變廣，作案手段更複雜，也使警方的偵破工作變得難上加難。中國和東盟在打擊和預防跨國犯罪上已經基本上構建了合作機制。東盟和中、日、韓建立起了打擊跨國犯罪的部長會議機制，和中國也不定期舉辦部長級非正式會議。這類高層會議使中國和東盟在打擊跨國犯罪上實現了高度認同，中國還曾經專門為東盟國家提供執法人員培訓項目。除了部長級會議外，中國和東盟成員國之間有總檢察長會議制度，促進了各國之間的溝通和合作。針對中國與東盟國家之間較為嚴重的非法販毒問題，中國東盟禁毒合作機制也應運而生。二〇〇一年，中國就與諸多東盟國家建立禁毒合作機制和禁毒合作框架，簽訂備忘錄。中國東盟海上合作打擊跨國犯罪的機制也是維護本地區和平與安全體系中的重要組成部分。中國和東盟這樣的地區組織進行合作也是建立在國際法和共同締結的條約基礎上。除了《聯合國打擊有組織犯罪公約》外，中國和東盟各國還締結了雙邊引渡和司法協助條約等。雖然在政治犯罪是否引渡、死刑不引渡和引渡請求所需材料及證據等很多問題上仍然存在著爭議和可改進的空間，中國和東盟之間的跨國犯罪治理框架依然可以說是相對完整和系統的，今後可以在和其他地區組織進行合作時加以借鑑。

中國與很多國家之間的雙邊合作也是參與跨國犯罪全球治理的重要途徑。很多時候，雙邊合作中採取聯合行動是打擊跨國犯罪的利器，常常能夠取得令人矚目的成績。中國的鄰國眾多，與鄰國進行密切的雙邊合作對於打擊邊境犯罪卓有成效，積累了很多寶貴的經驗。不僅如此，雙邊合作在預防跨國犯罪方面也往往做得更加深入。在通過雙邊合作進行跨國犯罪治理方面，中國與俄羅斯的合作是一個突出案例。中俄兩國邊境線綿長，經貿和人員往來都很頻繁，因此兩國對於打擊和預防跨國犯罪都十分重視。在較為完備的合作法律基礎和合作機制基礎上，中俄兩國從中央到地方層面都建立了警務合作關係。例如，早在一九九三年九月，黑龍江省公安廳就已經分別同遠東邦聯區的哈巴羅夫斯克邊疆區和濱海邊疆區內務局簽訂了警務合作，聯合打擊跨國犯罪。在地方層面上的警務合作把打擊犯罪落實到了實處，大大提高了辦案效率。更為難得的是，中俄兩國還在公民保護、大型活動安保等方面開展了合作，把預防犯罪同樣放在了重要位置上。中俄在打擊跨國犯罪上的雙邊合作只是中國與其他國家共同進行跨國犯罪治理的一個縮影，這種有效的治理途徑未來還將持續發揮重要作用。

❷李樹恆，〈中國打擊跨國有組織犯罪的實踐和做法〉，中加合作推進刑事司法改革研討會發言稿，二〇〇七年。

## 六、中國參與跨國犯罪的全球治理的政策建議

中國通過多年來積極參與跨國犯罪的全球治理已經取得了相當不俗的成績，但是在這樣一個資訊發達，技術不斷進步的時代，與其他國家共同對跨國犯罪進行全球治理仍然任重而道遠。中國還處在學習如何更好地參與和領導全球治理的過程中。特別是在跨國犯罪治理這一領域，歐美國家在警務合作、法律制定等方面擁有更多的經驗，輸出了大量的規範規則，一定程度上主導著跨國犯罪治理體系。相較之下，中國仍然有很多需要改進的地方，政府和相關部門應當在政策制定中更加重視有關跨國犯罪的全球治理問題。

第一，應當增加與西方發達國家在警務合作和刑事司法協助條約方面的談判，盡快實現和這些國家建立起打擊跨國犯罪的治理網絡。中國目前雖然已經同很多國家締結了打擊跨國犯罪的條約，但是同發達國家這一領域的聯繫交往仍然有限，並且在引渡等方面存在很多敏感問題。即便如此，中國還是應當排除萬難加強同發達國家在打擊跨國犯罪方面的合作。這樣做的好處是可以讓中國更好地融入當今跨國犯罪全球治理體系中，獲得國際制度產生的紅利。歐美國家在這一體系中佔據主導，擁有世界領先的經驗，中國應當積極吸取，並且嘗試進行創新。有一定數量的貪官或其他犯罪嫌疑人在罪行敗露之後逃亡海外，尤其是逃亡到西方發達國家，因此完善這方面的引渡和司法合作協議具有極強的現實意義。中國也應當在與這些國家的合作中保持開放的態度，不忌諱觸及敏感問題。

第二，應當加強在犯罪信息和情報交換機制上的建設，與各國政府通力合作。資訊和情報對於打擊跨國犯罪至關重要，全球或者區域範圍內的警務合作最有效的手段就是利用通信網絡，及時傳遞犯罪信

息，交換有利情報，通過可靠、秘密、迅速而又簡單的信息交換，為各國警察提供有價值的情報，起到預防和控制犯罪的效果。中國目前十分欠缺信息和情報的廣泛傳遞和交換。在一些和其他國家簽訂的刑事司法協助條約中，情報交換僅限於法律文件資料、刑事訴訟結果、相關人員犯罪紀錄等戶籍文件，不包括大多數時候偵查急需的個人財產狀況、社會關係等情報。完善的資訊和情報網絡可以提高偵破案件的效率，對跨國犯罪的打擊精確度有極大提升。

第三，應當考慮進一步探索如何簡化跨國犯罪全球治理中繁複的行政程序，這就要求建立起創新、快捷、便利的合作機制。在政府合作和具體的警務合作中，往往會遇到國家間法律體系、規章制度、行為習慣等存在差異造成的溝通和執行問題，如果處理不當甚至會引起不必要的誤會。同時，在這些問題上還會耗費不少的精力，投入一定的人力財力。如果能夠通過相應合作機制的建立和完善，適當考慮採取精簡流程、形成慣例、動用民間或非政府組織力量等手段，也許會取得不一樣的效果。這也有可能成為中國為跨國犯罪全球治理體系做出創新的突破點。

第四，中國應當更加注重參與全球治理的人才培養工作，對參與打擊和預防跨國犯罪的專業隊伍予以全方位的支持。跨國犯罪的全球治理與其他領域的全球治理一個重要的不同點就是參與治理的人員在一些情況中需要承擔一定的人身安全風險，這些風險有時候甚至是致命的。所以對於打擊跨國犯罪的一線警務人員應當給予重視和體恤。另外，中國在警務人員以及相關政府工作人員的培養上還有不足之處。有關人員也許對於處理跨國犯罪已經積累了經驗，但是對於全球治理的理解並不充分。中國應當增加與其他國家在打擊跨國犯罪方面的經驗交流，並且爭取與國際組織之間建立起更完善的專業人員培訓機制，讓中國參與打擊跨國犯罪的警務人員和工作人員有更多機會接受先進理念，學習先進技術，結合中國的實踐，做出更多的貢獻。

# 第十五章

# 國際恐怖主義治理

近年來，隨著恐怖主義問題在全球的突顯，通過全球治理來解決恐怖主義問題逐漸成為國際社會的共識。在聯合國和各主權國家的積極推動下，國際恐怖主義治理體系日漸形成，地區反恐合作也取得了一些機制化成果。但是，由於國際恐怖主義治理體系的行動能力仍然有限，因此在反恐實踐中由大國主導的國際反恐聯盟仍然佔據重要地位。後者雖然在打擊恐怖組織和恐怖分子方面屢有斬獲，但卻難以求解「越反越恐」的困境，而且因為一些大國經常以反恐為名實施自己的地緣戰略，干涉他國內政，因此廣受質疑。構建國際恐怖主義治理體系是人類社會以文明對抗暴力的根本方式，也是當代人類文明的重要成果與表現。我們要繼續堅持《聯合國憲章》的宗旨和原則，不斷擴大國際社會的反恐共識，通過完善國際恐怖主義治理體系，增強國際反恐力量，為消除國際恐怖主義毒瘤及其滋生的土壤而繼續努力。

# 一、國際恐怖主義治理的產生背景與發展

國際恐怖主義治理是現代恐怖主義發展到一定階段的產物，是國際社會主動應對國際恐怖主義挑戰，並在實踐中逐漸發展起來的制度化方式。國際恐怖主義治理萌芽於二十世紀上半期，但直到一九四五年聯合國成立以後，國際社會在反恐怖主義方面才形成了一定共識，一些專門的國際恐怖主義治理機構和公約體系逐漸產生，國際恐怖主義治理體系開始了新的演進歷程。

自十九世紀末以來，國際社會大致經歷了五次恐怖主義浪潮。十九世紀末二十世紀初，最初的恐怖主義浪潮以無政府主義為主，主要局限於國內層次。雖然有政治家提出要開展國際反恐合作，但是仍然談不上國際恐怖主義治理體系。當時，一些無政府主義者展開的個體英雄主義式的暗殺活動被定義為

恐怖主義，其目的在於摧毀既定的社會秩序。這類活動從俄羅斯擴散到歐洲和美國，但主要局限於各國國內。一九〇一年美國總統麥金萊（William McKinley）被刺殺以後，繼任的美國總統西奧多・羅斯福（Theodore Roosevelt）試圖與其他國家就反恐問題展開國際合作，並宣佈無政府主義是針對全人類的共同犯罪。但是，由於恐怖主義國際化尚未達到一定規模，國際反恐合作與其他國際事務比起來微不足道，因此這種動議未能引起他國積極響應，國際反恐仍停留在少數人的觀念中。

第一次世界大戰結束後，世界掀起反殖民主義浪潮，以此為特徵的恐怖活動逐漸取代無政府主義成為主流。由於反殖民主義至少牽涉兩個國家，因此恐怖主義的國際屬性日漸明顯，國際恐怖主義治理也開始萌芽。以民族或國家獨立作為目標的恐怖襲擊者，往往可以從本民族海外離散人群取得了大量資助，原來以搶劫、偷盜為主的籌資方式也開始有所轉變。為了擴大影響，襲擊者的目標從政治菁英擴大到了同情殖民者的平民。在此基礎上，超國家組織開始介入恐怖主義問題，國際恐怖主義治理開始逐漸形成。一九三四年，南斯拉夫國王亞歷山大一世（Alexander）和法國政治家路易・巴爾都（Louis Barthou）在法國馬賽被暗殺以後，國際聯盟設立了一個專家委員會來制定兩項公約：一為定義恐怖主義；二為建立一個國際刑事法庭打擊恐怖主義。一九三七年，國際聯盟成員國制定了《防止和懲罰恐怖主義條約》和《建立國際刑事法院公約》草案。這兩項公約草案認為，恐怖行為是指「直接反對一個國家，而其目的和性質是在個別人士、個人團體或公眾中製造恐怖犯罪行為」。當時認定的恐怖主義表現形式有六類：故意對國家元首、執行國家元首特權的人士、國家元首的法定繼承人、國家元首的配偶、擔任公職或負有公共使命的人士的生命、身體、健康和人身自由構成危害；故意毀壞屬於他國或由他國管轄的公共和公用財物的行為；故意製造危險且足以危及公眾生命的行為；上述犯罪的未遂行為；製造、獲得或攻擊武器、軍火、爆炸品或毒物以便在任何國家實施上述行為；上述行為的共謀、既遂的教唆、直接和公開的煽動、故意參加、有意識的援助等行為。但是國際聯盟反恐怖公約的批准並不順利，直到一九四六年國聯解體時也沒能使兩個公約生效。第二次世界大戰結束後，隨著聯合國和相關國際組織、跨區域組織的成立以及一系列全球性反恐怖公約的簽訂，全球反恐體系才初具雛形。聯合國越來越多地參與到反恐事務之中，從介入巴勒斯坦地區猶太人、英國人和阿拉伯人之間的衝突開始，日益成為世界反恐合作的重要平台。

冷戰開始後，意識形態對抗成為國際體系的首要主題，也成為二十世紀七八〇年代恐怖主義浪潮的主要特徵。在此背景下，美蘇都支持過一些恐怖組織。巴以衝突、北愛爾蘭問題以及拉丁美洲很多國家的左翼武裝組織，也成為恐怖主義問題國際化的重要推手，國際性開始成為恐怖主義的重要特徵。很多恐怖組織為了加強活動的宣傳價值和威懾性，紛紛加強了在國際上的活動力度。因此，恐怖主義更加明顯地成為國際社會面臨的共同問題。伴隨著國際反恐合作力度的不斷加強，國際反恐開始走向公開化、正規化軌道，國際社會不僅通過了一系列與反恐怖有關的條約和公約，而且成立了一些相關的國際機構。聯合國在國際反恐合作中的重要地位得到認可，作用和影響得到加強。當然由於國際恐怖主義活動的規模仍然有限，加上美蘇意識形態對抗的原因，國際社會在打擊恐怖主義方面形成的共識仍然有限，國際聯合打擊恐怖主義的公約體系和組織架構仍然有待完善。

二十世紀九〇年代以來，以宗教極端主義為特徵的新的恐怖主義形態成為國際恐怖主義活動的主流。二〇〇一年九月十一日，伊斯蘭極端分子在美國製造了規模空前的恐怖襲擊事件，造成兩千九百八十二人死亡，兩千三百三十七人受傷，引起世界轟動，成為本輪恐怖主義浪潮的高峰。在這波浪潮中，恐怖活動不再僅僅作為宣傳或威脅的手段，巨大殺傷力本身也成為重要目標。一些宗教恐怖組織不僅從地下轉到地上，而且使用大規模殺傷性武器，引起國際社會高度關注。以「基地」組織為代表的恐怖組織站在當代世界的對立面，不願意與任何國家，尤其是現代世俗國家為伍，其行為的國際化特徵更加明顯。這一方面表現在宗教恐怖主義組織與販毒、走私武器、製售盜版商品等跨國有組織犯罪活動相結合；另一方面，更重要的是，現代宗教恐怖主義利用全球化帶來的資訊流通便利化優勢，像病毒一樣，四處傳播其恐怖主義思想，利用當地資源建立自服務分支機構。這樣的機構本身具有資金籌集、行動策劃和從事恐怖主義活動的全部功能，不需要上級命令和指揮就可以獨立發動襲擊。與此同時，「基地」組織等大型恐怖組織的職能也在發生重大變化，從具體策劃、組織恐怖活動，轉向對各國的恐怖分子和基層組織進行意識形態方面的領導，主要發揮宣傳功能和示範效應。與之相應，歐美等西方國家遭受的「孤狼」式恐怖襲擊事件頻發，大大增加了相關國家反恐的難度與成本。這是目前國際恐怖主義治理體系抑或國際反恐機制面臨的嚴峻挑戰，也從反面突顯了進一步完善國際恐怖主義治理體系的重要性。

進入二十一世紀第二個十年之後，「基地」組織等大型恐怖組織在國際反恐力量打擊下有所收縮，但是伴隨著西亞、北非局勢的動盪尤其是敘利亞危機的持續，以「伊斯蘭國」為代表的新型恐怖主義勢力成為國際反恐的主要目標。與此前的「基地」組織不同，「伊斯蘭國」在佔領敘利亞和伊拉克部分國土之後，直接躍升為跨境武裝割據勢力，明確要求在其佔領土地上按照伊斯蘭教法建立獨立國家。「伊斯蘭國」宣稱的疆域囊括了中東地區，非洲的東部、中部和北部地區，歐洲伊比利亞半島，黑海東部、南部和西部地區，亞洲的中部和西部一些地區。以此為目標，「伊斯蘭國」極端勢力與敘利亞政府力量、伊拉克政府力量和國際反恐力量展開了激烈的衝突。與此同時，該組織並未放棄過去常用的汽車炸彈、人體炸彈、路邊炸彈、槍擊、暗殺等暴力襲擊方式，並從全世界招募極端分子，鼓動這些極端分子在世界各地發動恐怖襲擊。截至目前，應對「伊斯蘭國」極端組織的主要力量仍然是敘利亞、伊拉克的政府力量以及以美國、俄羅斯為首的國際反恐力量，國際恐怖主義治理體系發揮的作用仍顯得不足。這充分表明國際恐怖主義治理體系在定義恐怖主義、應對恐怖襲擊方面仍然存在嚴重不足，國際恐怖主義治理體系亟須進行新的調整。

綜上所述，當代國際恐怖主義治理體系從二十世紀初萌芽，到二十世紀上半期國際聯盟提出國際反恐公約倡議，再到聯合國成為國際反恐合作的主要平台，經歷了一個漫長的演進過程。國際恐怖主義現象是國際恐怖主義治理體系產生的主要背景。隨著國際反恐合作的不斷加強，國際恐怖主義治理體系也在不斷完善。

## 二、國際恐怖主義治理體系的主要內容

國際恐怖主義治理體系主要包括聯合國及其有關機構、區域／次區域組織、跨地區組織和全球性反恐怖公約。其中，聯合國在國際反恐主義治理體系中佔據核心地位，由聯合國大會和安理會通過的決議是國際反恐規範的重要來源，聯合國內部的安全機構為國際反恐提供了重要的組織基礎。同時，區域／次區域組織和跨地區組織是國際合作反恐的重要體現和機制性成果，《聯合國打擊跨國有組織犯罪公約》為國際恐怖主義治理體系提供了持久的規範力量。

## （一）聯合國及其有關機構

聯合國是當今國際政治合法性的主要來源，也是現在反恐公約、條約和組織產生和發展的主要途徑和法律基礎，它在打擊恐怖主義、推動國際反恐合作與完善國際恐怖主義治理體系方面發揮了非常重要的作用。聯合國框架下的反恐怖力量主要包括聯合國安理會和聯合國大會通過的決議、涉及恐怖主義問題的有關機構等。除了自身發揮作用，聯合國還與其他地區性機構展開合作，共同應對國際恐怖主義挑戰。

### 1. 聯合國決議是全球反恐怖體系中的重要組成部分

聯合國安理會是處理國際和平和安全問題的主要機構，擔負著打擊國際恐怖主義、維護國際安全的主要職能。根據初步統計，一九九九至二〇一五年，聯合國安理會通過的涉恐決議約四十四個，其中二〇〇一、二〇〇二年各五項，二〇〇四、二〇〇五、二〇一四年各四項，二〇〇三年三項，一九九九、二〇〇六、二〇〇八、二〇一一、二〇一五年各兩項，二〇〇〇、二〇〇七、二〇〇九、二〇一〇、二〇一二年各一項。這些決議可以分為立法性決議、譴責性決議和行動性決議三類。聯合國的決議對其他國際組織具有示範和規範功能，為很多多邊和雙邊反恐怖合作提供了法律框架。

首先，立法性決議旨在明確國際社會對於恐怖主義應有的態度和原則，比如第一二六九號決議（一九九九）、第一三六九號決議（二〇〇一）。總體來看，這些原則主要包括：(1)一切形式和表現的恐怖主義都是對國際和平與安全的最嚴重威脅之一，任何恐怖主義行為，不論其動機為何，在何地、何時發生，由何人所為，都是不可開脫的犯罪行為；(2)每個國家都擁有根據聯合國憲章進行集體自衛的權利；(3)聯合國在加強反恐領域的國際合作方面至關重要，各國、國際組織和區域組織間加強協調非常重要，所有國家都要為開展這類合作和協調採取適當步驟，包括加強合作和充分執行各項有關的國際反恐怖主義公約及安全理事會決議；(4)各國政府必須全面執行它們已加入的國際反恐怖分子公約，將恐怖主義攻擊的行兇者、組織者和發起者繩之以法；(5)對於援助、支持或藏匿恐怖主義行為的行兇者、組織者和發起者的人，要追究責任；(6)各國政府要凍結任何涉嫌從事恐怖主義行為的個人的資金或切斷其經濟來源，並對那些向這些人提供任何資金或經濟來源的組織進行嚴厲打擊；(7)不能也不應將恐怖主義與任何宗教、國籍或文明聯繫起來。

其次，行動性決議是在技術層面實現反恐怖原則的重要手段。如第一三七三號決議（二〇〇一）要求各國在金融、立法等領域採取措施，防範並打擊恐怖主義，呼籲成員國打擊對恐怖主義的消極支持行為，斷絕恐怖主義資金和打擊相關犯罪活動等；第一三七七號決議（二〇〇一）強調對於恐怖分子和支持恐怖主義的人，各國有義務拒絕給予財政和一切其他形式的支持，拒絕給予安全庇護；第一三九〇號決議（二〇〇二）和第一四五五號決議（二〇〇三）責成各國凍結聯合國恐怖分子和恐怖組織名單所列個人／實體的資產，防止他們進入或通過其領土，防止直接或間接向其供應、出售或轉讓武器和軍事裝備。

最後，譴責性決議旨在引導國際輿論，為國際聯合反恐營造良好的輿論氛圍。幾乎每次發生較大的恐怖襲擊事件之後，聯合國安理會都會通過決議對肇事者表示譴責，對受害者及其家屬表示同情和慰問，同時督促各國按照《聯合國憲章》規定的職責打擊一切形式的恐怖主義。比如二〇〇一年「九．一一」事件後，聯合國通過了第一三六八號決議；二〇〇二年十月十二日印尼巴厘島發生大範圍人員傷亡的炸彈襲擊之後，安理會通過了第一四三八號決議；二〇〇二年十月二十三日在俄羅斯聯邦莫斯科發生劫持人質的罪惡行為後，安理會通過了第一四四〇號決議。

## 2. 反恐怖專門機構

聯合國反恐怖主義委員會（Counter-Terrorism Committee, CTC）是目前聯合國最重要的反恐怖專門機構。該機構經由聯合國安理會第一三七三號決議（二〇〇一）成立，由十五個安理會成員組成，管理這些決議的實施情況，促進成員國的反恐怖能力。目前，反恐怖主義委員會的工作包括：建立聯合國反恐怖聯繫框架網絡並督促成員國加入，實施全球性反恐公約；在技術援助方面，幫助各國與現行的技術、財政、管制和立法援助方案及潛在捐助者建立聯繫；在國家報告方面，作為委員會與會員國之間對話的工具；鼓勵各國根據本國國情和需要採用已知的最佳做法、準則和標準。❶第一三七三號決議（二〇〇一）還建立了反恐怖進展和信息的報告制度和一個監測程序，使得聯合國反恐委員會成為具有一定強制行為能力的聯合國下屬機構。二〇〇四年開始，根據安理會第一五三五號決議（二〇〇四），增設了一個由反恐專家和聯合國秘書人員組成的執行理事會。該理事會將為全會和委員會主席提供支持和諮詢，確保委員會決定的落實，為各國執行一三七三號決議（二〇〇一）提供幫助，監督各國落實與反恐決議有關的信息，以加強該委員會監督安理會一三七三號決議（二〇〇一）落實情況及協調國際反恐鬥爭的能力。

聯合國毒品和犯罪辦事處（United Nations Office on Drugs and Crime, UNODC）也是重要的反恐怖機構。該機構主要任務是向有關國家立法和實施反恐怖措施提供指導，並根據反恐怖委員會和成員國的要求就反恐怖公約的許多方面提供司法援助。該機構在維也納設置了一個「預防恐怖主義處」（Crime

---

❶ 參見安全理事會反恐怖主義委員會網站，http://www.un.org/zh/sc/ctc/。

Prevention and Criminal Justice Division），其主要任務是研究恐怖主義的發展趨勢，防止恐怖主義活動，幫助相關國家提高反恐能力的途徑。該機構與設在各地區的分支機構合作，成為聯合國最重要的協調國際反恐活動的專門機構。隨著恐怖主義的不斷發展演變，聯合國毒品和犯罪辦事處在反恐怖技術援助方面的工作範圍不斷擴展。聯合國啟動的「全球反恐怖規劃」方案在其中發揮了重要指導作用。這一方案致力於向援助申請國提供迅速的、專門制定的反應措施。為了支持具體國家或地區的技術援助活動，地區顧問被戰略性部署在負有反恐怖或相關工作任務的現場，以此擴大聯合國毒品和犯罪辦事處援助的影響。

### 3. 與其他地區性組織密切合作

聯合行動是很多國際組織倡議的恐怖主義治理方式。聯合國啟動的「全球反恐規劃」目的就是盡可能多地向合作夥伴提供高效的援助。目前，聯合國毒品和犯罪辦事處已經與地區、國際組織實施了很多聯合活動，最大可能地利用了有限的資源，提高了效率，擴大了影響。所以，儘管聯合國機構的資金相當有限，但是卻可以發揮出超越資金能力的影響。例如，二〇一六年五月二十四日，聯合國安理會通過主席聲明，歡迎聯合國在維和領域與非洲聯盟協作，特別是在衝突後重建、保護平民等方面支持非洲聯盟制定政策，更好地規劃和平行動。聲明說，相關維和行動的成功越來越多地取決於聯合國與非洲聯盟之間的大力合作。安理會表示聯合國同非洲聯盟應酌情加強部署維和行動前的聯合規劃和聯合任務評估，提高維和效力，更好地規劃非洲聯盟主導的和平行動，並在非洲聯盟維和行動過渡到聯合國維和行動時加強協商。安理會表示，聯合國與非洲聯盟及次區域組織相互交流資訊和分析對於圍繞防止衝突、解決衝突和建設和平問題制定聯合戰略和協調行動至關重要，並鼓勵加強這方面的合作。

## （二）區域／次區域恐怖主義治理機制

在亞洲，反恐是各安全組織關注的焦點議題之一。首先，在東南亞地區，反恐行動已從單獨行動或雙邊合作轉變為區域合作，形成了以東盟為主導的地區合作機制。二〇〇一年十一月第七屆東盟首腦會議上通過《東盟聯合反恐行動宣言》，要求各成員國檢查和加強反恐機制，早日簽署和批准或加入所有國際反恐公約，加強一線反恐執法機構的合作，加強恐怖主義資金、信息和情報的交換，增強東盟成員國的反恐能力；加強部長級會議與東盟其他有關機構在反恐中的合作與協調，並逐步將國際反恐慣例納入東盟反恐機制；加強雙邊、地區和國際反恐鬥爭中的全面合作，加強東盟在國際反恐中的作用等。這是東盟反恐的首個專門性文件。二〇〇二年十一月，東盟第八屆首腦會議通過了《關於恐怖主義的宣言》，重申東盟反對一切形式的恐怖主義。會議決定由東盟各國相關部門共同召開一系列工作會議，商討具體的合作舉措。二〇〇七年第十二屆東盟首腦會議上，東盟國家簽署了《東盟反恐公約》（ASEAN Convention on Counterterrorism, ACCT），標誌著東盟反恐合作跨入了一個新的階段。作為該地區首份在安全領域有法律約束力的文件，《東盟反恐公約》為地區反恐合作提供了法律框架，確立了諸多聯合反恐的具體舉措，建立了實質性的區域反恐合作機制，比如：通過交換資訊發出預警；控制邊界，防止恐怖分子流動；增進包括培訓、技術合作及舉辦地區會議在內的能力建設；加強情報交流和資訊共享；加強東盟機構內數據庫合作；要求各締約國將恐怖主義犯罪作為現行引渡條約中的可引渡罪，進行刑事司法協助。成員國還根據公約精神加大了國內反恐力度。東盟地區論壇作為亞太地區最主要的官方多邊安全對話與合作機制，也在恐怖主義治理機制建設上發揮了積極作用。該論壇每年召開副防長級安全政策會議以及反恐和打擊跨國犯罪會議。二〇〇一年七月，東盟地區論壇發表了《關於切斷恐怖分子資金供給措施的聲明》，同年十月發表反恐聲明，嚴厲譴責恐怖主義對國際安全造成的傷害。此外，東盟各成員國間也有不少多邊或雙邊反恐協議，通過建立反恐機構、情報交流、聯合調查恐怖襲擊以及舉行一系列多邊、雙邊軍演，逐漸深化反恐合作。總之，冷戰後東盟日益形成了以外交為基礎、以共同立法為保障，以雙邊或多邊協定為補充的層次分明的合作體系，為完善亞洲地區國際恐怖主義治理機制提供了重要動力。

在南亞，南亞區域合作聯盟（South Asian Association for Regional Cooperation，簡稱「南盟」）作為當地討論反恐合作的最高機構，早在一九八七年就通過了《南盟打擊恐怖主義地區協定》。經過二十七年的發展，南盟國家相繼成立了南盟恐怖犯罪監察機構（SAARC Terrorist Offences Monitoring Desk, STOMD）、南盟毒品犯罪監察機構（SAARC Drugs Offences Monitoring Desk, SDOMD）等反恐怖組織。雖然在情報共享、反恐演習等方面也開展了一系列合作，但目前合作方式仍然較為鬆散，並未涵蓋所有反恐領域，而且南盟地區合作機制在運行上暴露出一些固有的缺陷，比如宣言、協議較多，真正落實的較少；各國圍繞反恐合作的磋商較多，具體領域的合作開展較少。中國僅僅是南盟的觀察員，尚未參與到上述機構與組織的實際運作之中。

中東是恐怖主義氾濫的重災區，阿拉伯國家聯盟近年來在地區反恐中越來越積極。早在一九九八年，阿拉伯國家聯盟就在開羅會議上通過了《打擊恐怖主義的阿拉伯公約》。一九九九年，伊斯蘭會議組織（Organization of the Islamic Conference, OIC）通過《打擊國際恐怖主義公約》，成為地區恐怖主義治理體系的重要組成部分。二〇一四年九月，面對「伊斯蘭國」的威脅，阿拉伯國家聯盟舉行成員國外長會議，並在會後發表聯合聲明，表示各成員國有責任切斷「伊斯蘭國」極端組織的各種資金來源，不在政治上讓步，並盡快制定各國和地區的反恐戰略，採取必要措施共同打擊「伊斯蘭國」等恐怖組織。

二〇一五年三月底，阿拉伯國家聯盟通過決議，批准組建阿拉伯國家聯盟聯合部隊。這支部隊建成後將用於打擊盤踞在阿拉伯國家的伊斯蘭極端武裝組織。

歐盟在歐洲恐怖主義治理機制完善方面扮演了重要角色。歐洲理事會、歐盟理事會、歐洲議會和委員會通過採取共同立場、聯合行動，形成框架決定、決議、條例以及聲明等成果，為歐盟反恐機制確定了基本原則及相關行為規範。

「九・一一」事件後，歐盟反恐機制的構建進入一個新時期。二〇〇一年九月二十一日，歐洲理事會舉行特別會議，提出七點行動計劃[2]，為歐盟反恐機制勾勒出更為清晰的框架，推動了歐盟反恐機制的發展。之後，歐盟理事會在二〇〇一年十二月二十七日通過《打擊恐怖主義共同立場》，二〇〇二年六月十三日頒布《關於打擊恐怖主義框架決定》。歐洲理事會在二〇〇四年三月二十五日發表《打擊恐怖主義宣言》，確立了歐盟反對恐怖主義行動計劃的戰略目標[3]。二〇〇五年九月二十一日，歐盟推出反恐「先導計劃」，以提高歐盟的反恐預防、處理和反應能力，增強民眾的反恐意識。

---

❷ 第一，歐洲理事會同意實行歐洲逮捕狀制度並通過關於恐怖主義的共同定義。第二，歐洲理事會呼籲司法和內政委員會查明歐洲境內被假定的恐怖主義分子和資助他們的有關組織，以便擬定一個共同的恐怖主義組織名單。第三，成員國將系統地和毫不延遲地與歐洲刑警組織分享一切關於恐怖主義的有用資料。第四，歐洲理事會呼籲盡快執行一切現有的關於打擊恐怖主義的國際公約。第五，制止資助恐怖主義。第六，採取必要措施加強空中安全，協調歐洲聯盟的全球行動。第七，歐洲理事會指示一般事務理事會在打擊恐怖主義的鬥爭中發揮協調和推動作用。參見馬勇，〈歐盟的反恐機制〉，《國際資料信息》，二〇一〇年第二期，第二六頁。

❸ 第一，深化打擊恐怖主義的國際共識和強化打擊恐怖主義的努力。第二，減少恐怖分子獲得金融和經濟資源的機會。第三，最大限度地增強歐盟機構及成員國偵查、調查和起訴恐怖分子的能力，預防恐怖分子襲擊。第四，確保國際交通的安全和邊界控制體系的有效。第五，增強歐盟及其成員國處理恐怖襲擊後果的能力。第六，打擊為恐怖主義提供支持或為其招募成員的行為。第七，在歐盟對外關係中把那些需要增強反對恐怖主義能力或打擊恐怖主義投入的國家置於優先地位。參見馬勇，〈歐盟的反恐機制〉，《國際資料信息》，二〇一〇年第二期，第二七頁。

二〇〇七年，「安全與保護自由」的反恐框架替代「先導計劃」。這些計劃和戰略目標的確定，進一步豐富了歐盟反恐機制的內容，為歐盟反恐機制長效化創造了有利條件。在日漸成熟的反恐機制的保障下，歐盟反恐功能日趨完善。其一，發揮協調功能，推動內部達成反恐共識，協調成員國之間的反恐行動。二〇〇四年三月二十五日，歐盟首腦會議開始任命歐盟反恐協調員，負責協調成員國在反恐方面的行動及資訊交流並制訂具體反恐政策。其二，發揮情報交流功能。一九九五年七月二十六日成立歐洲警察署，促進成員國情報交流；二〇〇四年增加申根資訊系統新功能，為各國交流安全情報提供便利；二〇〇五年九月二十日歐洲理事會通過《關於恐怖分子犯罪的信息交流與合作的決定》，進一步提升歐盟反恐機制的情報交流功能。

其三，開展司法協作。二〇〇二年建立的歐洲司法局為成員國主管部門更加有效地進行調查和起訴提供了支持。二〇〇四年建立的歐洲逮捕證制度使歐盟國家引渡一個恐怖嫌犯的平均時間從此前的九個月縮短到四十三天。其四，發揮經濟防範與制裁功能。二〇〇一年二月十六日，歐盟通過《關於採取具體措施打擊恐怖主義的共同立場》，要求在歐盟範圍內使恐怖主義融資活動非法化，禁止為這類人或實體提供金融或其他援助。二〇一五年二月舉行的歐盟特別峰會和三月舉行的歐盟成員國內政部長會議，均將反恐作為重要議題，歐盟再次強化歐洲反恐強度與對外合作的力度。

非洲聯盟在非洲反恐中的作用日漸明顯。一九九九年，非洲聯盟前身非洲統一組織就通過了「防止和打擊恐怖主義公約」。二〇〇二年九月，非洲聯盟成員國政府間高級別反對和預防恐怖主義會議通過一個「全非反恐運動計劃」，確定了一系列旨在加強非洲國家在反恐鬥爭中合作的具體措施，其中包括在阿爾及利亞阿爾及爾成立了非洲恐怖主義研究所。該研究所旨在集中各方面有關恐怖主義和恐怖武裝的信息、研究和分析，在國際合作者的幫助組織下，通過制訂訓練計劃、召開會議和研討會等方式開展培訓項目。二〇〇三年非洲聯盟重新修訂了一九九九年制定的關於打擊恐怖主義的協定，把打擊恐怖主義視為非洲聯盟長期的艱巨任務。新協定指出，非洲聯盟成員國要加強反恐能力，分享情報資源，聯合監控等。非盟的反恐措施使非洲國家的軍事合作擴展到情報與信息收集以及管理、訓練和使非洲軍隊網絡化等方面，為打擊當地恐怖主義提供了基礎性治理機制。

美洲國家組織在幫助拉丁美洲國家應對恐怖主義方面發揮了一定作用。一九七一年，美洲國家組織通過了《防止和懲罰恐怖主義活動公約》，第一次專門針對恐怖主義做出地區性安排。公約規定成員國必須遵守「不引渡即審判」原則，並要求成員國必須承擔一些反恐義務。「九・一一」事件後，美洲國家組織規定在外部襲擊面前，所有締約方必須相互援助；重新起用了泛美反恐怖主義委員會，加強該機構與邊界安全機構的合作，控制恐怖組織資金的流動，組織司法以及反恐怖情報的交流工作。二〇〇二年六月，美洲國家組織成員國簽訂了一個全新的《美洲國家反恐公約》，不僅加強了地區反恐怖合作，而且促使成員簽訂、批准聯合國反恐怖公約。當然，受制於資金、技術和其他資源的匱乏，美洲國家組織的反恐能力仍然十分有限，同時由於美國經常以強勢姿態，根據自己的利益需要選擇立場，因此美洲國家組織的反恐合法性和有效性都有待提高。

## （三）跨區域國際合作機制

除了聯合國和區域／次區域機制外，一些跨區域和國際論壇也在國際反恐怖合作中起到重要的作用，比如亞歐會議、上海合作組織。

亞歐會議（Asia-Europe Meeting, ASEM）是亞洲與歐洲國家間的機制性對話平台，由於參與者都是國際恐怖主義問題的重要當事國，因此在亞歐會議上形成的共識就對國際反恐怖合作具有現實的指導意義。二〇〇二年九月亞歐會議通過《反對恐怖主義政治宣言》（ASEM Political Declaration on Anti-terror），明確表示維護聯合國在反恐怖行動中的領導地位；反恐怖必須建立在聯合國憲章和國際法基本原則之上，國際社會應該採用包括政治、經濟、外交、軍事和司法手段在內的綜合方法大力反恐；國際合作對於打擊恐怖主義至關重要。為避免恐怖組織掌握大規模殺傷性武器，亞歐會議重申在裁軍、核不擴散和全球反恐怖方面加強多邊合作。鑑於恐怖主義可能與洗錢、人口和武器走私以及生產和販賣違禁藥品等跨國犯罪聯繫在一起，亞歐會議表示國際社會需要在打擊恐怖主義和跨國有組織犯罪方面加強協調合作。此外，亞歐會議基於世界文明多元性的狀況表示，反恐怖合作必須建立在亞歐會議的對話和跨文化理解之上，與聯合國立場一樣，反對將恐怖主義與任何特定宗教、種族和國籍聯繫起來。為了確保上述目標的實現，會議通過了《亞歐會議打擊國際恐怖主義哥本哈根合作計劃》（ASEM Copenhagen Declaration on Cooperation against International Terrorism），具體制定了反恐怖措施的短期、中期和長期規劃，具有一定可操作性。亞歐會議已經建立了一個範圍廣泛的倡議和會議機制，包括亞歐會議反洗錢倡議、亞歐會議反買賣婦女和兒童的倡議、亞歐會議合作管理人口流動部長會議、亞歐會議打擊跨國犯罪司法機構學術研討會、亞歐會議反腐敗倡議和亞歐會議促進瞭解青少年和毒品問題合作六個機制性會議和倡議措施，這些機制和倡議都有助於強化國際反恐聯絡機制。

上合組織成立於二〇〇一年六月十五日，前身是一九九六年成立的「上海五國」會晤機制，目前成員國有六個，分別是中國、俄羅斯、哈薩克斯坦、吉爾吉斯斯坦、塔吉克斯坦、烏茲別克斯坦；觀察員國有六個，分別是阿富汗、白俄羅斯、印度、伊朗、蒙古、巴基斯坦；對話夥伴國有六個，分別是阿塞拜疆（Azerbaijan）、亞美尼亞、柬埔寨、尼泊爾、土耳其、斯里蘭卡。二〇〇一年上合組織成立當天即簽署了《打擊恐怖主義、分裂主義和極端主義上海公約》，在國際上首次對恐怖主義、分裂主義和極端主義「三股勢力」做了明確定義，並提出成員國合作打擊的具體方向、方式和原則。上合組織由此成為最早打出反恐旗幟的國際組織之一。上合組織以此公約為中心、以其他條約和決議為補充的反恐法律體系，明確了恐怖主義定義，規定了各國在預防、調查和懲治恐怖主義方面的權利和義務，規定了對恐怖主義的處罰措施。公約規定，恐怖主義是指「致使平民或武裝衝突情況下未積極參與軍事行動的任何其他人員死亡或對其造成重大人身傷害、對物質目標造成重大損失的任何其他行為，以及組織、策劃、共謀、教唆上述活動的行為，而此類行為因其性質或背景可認定為恐嚇居民、破壞公共安全或強制政權機關或國際組織以實施或不實施某種行為，並且是依各方國內法應追究刑事責任的任何行為。」[4]

二〇〇二年六月七日，上合組織第二次元首會晤就簽署了《關於地區反恐怖機構的協定》（Regional Anti-Terrorist Structure of Shanghai Cooperation Organization）。二〇〇四年六月，上合組織啟動設在塔什干的地區反恐怖機構，成為上合組織成員國開展安全合作打擊「三股勢力」的常設機構。地區反恐機構的主要任務和職能包括：就打擊「三股勢力」與本組織成員國主管機關及國際組織保持工作聯繫，加強協調；參與準備打擊「三股勢力」問題的國際法律文件草案，與聯合國安理會及其反恐委員會、國際和地區組織共同致力於建立應對全球性挑戰與威脅的有效反應機制；收集和分析成員國提供的有關打擊「三股勢力」的信息；組織國際反恐怖演習，在技術和操作層面提高成員國的反恐怖能力。上合組織試圖通過合作解決毒品等與恐怖活動有直接聯繫的跨國有組織犯罪問題。

[4] 參見中國人大網，http://www.npc.gov.cn/wxzl/wxzl/2001-12/12/content_281315.htm

上合組織還計劃成立上合組織反恐中心，以此提高該組織對新的安全威脅做出相應反應的能力。二〇〇九年六月，上合組織元首理事會第九次峰會簽署了《反恐怖主義公約》，指出考慮到恐怖主義內涵、行為規模和性質發生的變化及加強反恐合作的重要性，認為必須加大反恐力度，重申預防和打擊恐怖主義的一切措施，遵守法律至上和民主價值、人的基本權利和自由原則以及國際法準則，認識到只有共同努力才能有效預防和打擊恐怖主義。公約圍繞著合作打擊恐怖主義制定了具體舉措，比如各方應根據本國法律體系的基本原則，通過必要的立法及其他措施，防範和打擊恐怖主義融資活動；各方應採取必要的立法措施，將故意實施的與恐怖主義相關的行為認定為刑事犯罪；防止出現緊張形勢而引發本公約所涵蓋的犯罪，各方鼓勵不同宗教和不同文化之間開展對話，必要時吸收非政府組織和其他社會團體參與，但必須遵守本國法律。

迄今為止，上合組織已多次舉行雙邊或多邊聯合反恐軍事演習，有力地震懾了「三股勢力」，提高了成員國軍隊執行聯合反恐任務的能力。這些反恐軍演包括：「演習－〇一」中吉聯合反恐軍演、「聯合－二〇〇三」上合組織聯合反恐軍演、「和平使命－二〇〇五」中俄聯合軍演、「協作－二〇〇六」中塔聯合反恐軍演、「和平使命－二〇〇七」上合組織武裝力量聯合反恐軍演、「和平使命－二〇〇九」中俄聯合反恐軍演、「和平使命－二〇一〇」上合組織武裝力量聯合反恐軍演、「和平使命－二〇一二」上合組織武裝力量聯合反恐軍演、「和平使命－二〇一四」聯合反恐軍演。二〇一五年四月十日，上合組織地區反恐機構理事會第二十六次例行會議上，通過了《上合組織成員國打擊恐怖主義、分裂主義和極端主義二〇一六－二〇一八年合作綱要》（2016-2018 Cooperation Draft on Combating Terrorism, Separatism and Extremism By Member States of Shanghai Cooperation Organization）的草案，在制定打擊極端主義法律文件、舉行打擊利用互聯網進行恐怖主義活動的聯合推演、舉行上合組織成員國和觀察員國打擊國際恐怖主義和極端主義第三次研討會等問題上達成了一致意見。會議通過了上合組織成員國主管機關協調聯合打擊威脅上合組織成員國安全的恐怖主義、分裂主義和極端主義組織和團伙違法活動專家工作組計劃。

## （四）國際公約體系

二十世紀六〇年代以來，聯合國框架內形成的涉及恐怖主義威脅的法律文書已經多達十餘部，成為國際恐怖主義治理體系的重要法律基礎。其中，由聯合國大會支持的公約包括《關於防止和懲處侵害應受國際保護人員包括外交代表的罪行的公約》（Convention on the Prevention and Punishment of Crimes against Internationally Protected Persons, including Diplomatic Agents, 1973）、《反對劫持人質國際公約》（International Convention against the Taking of Hostages, 1979）、《制止危及大陸架固定平台安全非法行為議定書》（Protocol for the Suppression of Unlawful Acts against the Safety of Fixed Platforms Located on the Continental Shelf, 1988）、《制止恐怖主義爆炸事件的國際公約》（International Convention for the Suppression of Terrorist Bombings, 1997）、《制止向恐怖主義提供資助的國際公約》（International Convention for the Suppression of the Financing of Terrorism, 1999）、《制止核恐怖主義行為國際公約》（International Convention for the Suppression of Acts of Nuclear Terrorism, 2005）；由國際民航組織支持的公約包括《關於航空器上實施的犯罪和某些其他行為的公約》（Convention on Offences and Certain Other Acts Committed on Board Aircraft, 1963）、《關於制止非法劫持航空器的公約》（Convention for the Suppression of Unlawful Seizure of Aircraft, 1970）、《關於制止危害民用航空安全的非法行為的公約》

（The Convention for the Suppression of Unlawful Acts Against the Safety of Civil Aviation, 1971）、《制止在用於國際民用航空的機場發生的非法暴力行為的議定書》（Protocol for the Suppression of Unlawful Acts of Violence at Airports Serving International Civil Aviation, 1988）、《關於在可塑炸彈中添加識別劑以便偵測公約》（Convention on the Marking of Plastic Explosives for the purpose of Detection, 1991）；由國際原子能機構支持的是《關於核材料的實物保護公約》（Convention on the Physical Protection of Nuclear Material, 1980）；由國際海事組織支持的是《制止危及海上航行安全非法行為公約》（Convention for the Suppression of Unlawful Acts against the Safety of Maritime Navigation, 1988）。

國際公約體系的主要內容是規範國家和國際組織在反恐怖方面的行為。其共同內容在於：(1) 締約國有義務將反恐公約所針對的各項恐怖主義行為規定為國內法中的刑事犯罪；(2) 在任何情況下締約國都不得引用政治、思想、意識形態、種族、人種、宗教或其他類似的考慮為恐怖主義犯罪行為辯護；(3) 締約國不得將涉嫌恐怖主義犯罪人員視為難民而予以庇護；(4) 締約國有義務對公約所列的（恐怖主義）犯罪建立廣泛的刑事管轄權；(5) 一旦在其領土內發現涉嫌恐怖主義犯罪的人員，締約國有義務對其採取羈押等司法措施；(6) 恐怖主義犯罪是可引渡的犯罪，締約國有義務根據引渡法和相關條約引渡涉嫌恐怖主義犯罪的人員；(7) 如果不引渡涉嫌恐怖主義犯罪的人員，締約國有義務將其送交本國主管機關以便起訴，遵守「不引渡即審判原則」；(8) 締約國應遵守國際合作原則，在協助調查取證等方面，應相互提供最大限度的合作；(9) 締約國在履行上述義務時應遵守主權平等、領土完整和不干涉別國內政原則，並保證涉嫌恐怖主義犯罪的人員受到公平對待。

除了全球性反恐公約之外，還有一些區域性反恐條約也發揮了重要作用。比如《美洲國家組織反恐公約》（Inter-American Convention Against Terrorism, 1971）、《歐洲反恐公約》（Convention on the Prevention of Terrorism, 1979）、《南亞國家聯盟反恐公約》（SAARC Regional Convention on the Suppression of Terrorism, 1987）、《阿拉伯國家反恐公約》（Arab Convention on the Suppression of Terrorism, 1998）、《獨聯體反恐條約》（CIS Anti-terror Convention, 1999）、《伊斯蘭會議組織反恐公約》（OIC Convention on Combating International Terrorism, 1999）、《非洲統一組織反恐公約》（African Unity Anti-Terrorism Protocol, 1999）、《東南亞國家聯盟反恐公約》（ASEAN Convention on Counter-Terrorism, 2007）等。區域性反恐條約大多是程序性而非實體性規定，其主要內容包括：恐怖主義行為的概念；政治動機之排除；對國內法的犯罪化要求；預防措施，主要包括國內機構的協調、移民控制和海關控制等；情報信息交換；引渡和司法協助。

這些反恐公約不僅規範了世界各國和國際組織的反恐行為，加強了國際反恐的力度，而且為國際反恐合作提供了規則基礎，為搭建國際反恐合作機制、完善國際恐怖主義治理體系、維護反恐秩序增添了動力。當然，反恐怖公約的最終實施還是要依靠國家機器，圍繞反恐目標進一步強化國際合作機制仍是重要的努力方向。唯有不斷強化國際恐怖主義治理體系，才能逐漸克服不同國家法律體系之間的矛盾和衝突，消除國家與國際組織開展反恐合作的制約因素；才能使國際反恐公約中包含的很多模糊性條款逐漸清晰化，壓縮成員國根據自我利益和需求自主解釋的空間，消除成員國觀望、迴避的可能，進一步凝聚國際反恐的力量；才能保障成員國具有相應的安全收益，使大多數國家具有足夠的政治意願和利益動機參與國際反恐怖活動，逐漸以國際反恐的多邊主義取代不公正、不合理的單邊主義做法。

## 三、國際恐怖主義治理體系的未來改革方向

長期以來，反恐領域一直存在兩種模式的爭論。一種觀點主張以美國為中心，由它聯合地區盟國展開反恐戰爭，打擊恐怖組織和恐怖分子。「九·一一」事件之後的阿富汗戰爭、伊拉克戰爭都是以反恐為名展開的。另一個觀點主張以聯合國為核心構築國際反恐合作體系，不斷健全國際恐怖主義治理體系，通過主權國家之間建立在平等、共識基礎上的密切配合，打擊恐怖主義勢力。十餘年的歷程表明，第一種模式雖然在打擊「基地」組織等恐怖組織和恐怖分子方面起到了一定作用，但卻難以跳出「越反越恐」的怪圈，緊張的反恐態勢也未從根本上得到緩解。美國考慮到國力限制與國家戰略轉型的需要，在尚未真正完成反恐任務的情況下從中東抽身，大幅度收縮反恐戰線，減少反恐投入。面對嚴峻的反恐態勢和新的恐怖主義特徵，我們更加需要凝聚各國共識，協調各方力量，盡快完善以聯合國為核心的國際恐怖主義治理體系。

近年來，世界恐怖主義形勢逐年惡化。西亞、南亞和北非依然是世界恐怖活動的熱點地區，這些地區要麼頻繁地發生恐怖襲擊事件，要麼乾脆就處於「伊斯蘭國」這樣的恐怖主義組織的控制之下。同時，一向安全的西方發達國家面臨著更加嚴峻的恐怖主義威脅，除了要嚴防國外的恐怖勢力和恐怖分子之外，還要嚴防國內的極端主義分子製造恐怖事件，如挪威發生奧斯陸爆炸槍擊案，法國巴黎發生數次大規模恐怖襲擊，俄羅斯客機因恐怖勢力而墜毀。受這些事件影響，歐洲對恐怖主義有了新的認識，反恐成為優先考慮的議題。

恐怖襲擊活動與恐怖主義組織特徵的變化，客觀上增加了各國反恐怖部門的工作難度。「九·

一一」事件以後，以美國為首的西方發達國家雖然摧毀了「基地」組織在阿富汗的活動基地，把「基地」組織從一個強大的等級式組織打成一個鬆散的國際網絡，但是「基地」組織在也門、伊拉克和北非的分支機構仍然存在，並且有發展壯大的趨勢。不僅如此，伊斯蘭極端組織還把觸角延伸到西方發達國家內部，恐怖組織多元化趨勢日益明顯。在恐怖組織中，既有「伊斯蘭國」這樣的準國家組織，也有從事恐怖活動的小團體和「孤狼」式的襲擊者。「伊斯蘭國」從世界各地吸引並招募極端主義分子，對其進行培訓之後，再將其送回所在地製造恐怖襲擊，由此導致的恐怖主義分子分散化、草根化和個體化現象越來越明顯。過去幾年在美國、英國、挪威、法國發生的一些重大恐怖事件，基本上都是由少數甚至一個恐怖分子所為。這些微小的恐怖活動單元往往不在各國反恐怖機構的監控視野之內，很難被跟蹤與預防，各國反恐怖部門的工作難度由此明顯增加。加上恐怖分子流動性的不斷增強，促使各國合作反恐顯得越來越必要。

在聯合國框架內，儘管所有成員國都承認恐怖主義的非法性，但是依然存在幾個方面的明顯問題。第一，各成員國對恐怖主義的定義、恐怖主義威脅的性質和程度存在著較大分歧。對恐怖主義的認識與各國的反恐活動一樣，都帶有多重標準的明顯特徵。至今，國際社會尚未達成一種一致認可的恐怖主義定義，恐怖主義和民族分裂主義、民族解放運動、宗教極端主義、意識形態衝突、民族認同與國家認同衝突之間的關係，仍處於模糊狀態。在沒有確定的制度性因素制約下，為了減少反恐支出同時避免成為恐怖襲擊的對象，任何以理性為特徵的國家在恐怖主義問題上都可能採取觀望、消極甚至縱容的態度。第二，如何界定某一行為是否違犯了聯合國決議，誰有權決定如何應對這些行為，仍然難有一致意見。在大國關係協調之時，面對共同的恐怖主義威脅，這種行為還比較容易取得共識。但是，一旦大國競爭加劇，反恐議題就可能淪為各大國權勢競爭的工具，國際反恐怖合作體系也可能因為大國間分歧與對立而成為犧牲品。其結果是各國無法在聯合國反恐決議相關事項上達成一致，恐怖主義勢力反而獲得「漁翁之利」。第三，全球反恐怖行動需要成員國對國際金融活動等進行嚴格控制。但是，對於很多國家來說，這種控制的代價可能是高昂的，超出了它們本身所能承受的範圍。尤其對於一些長期作為金融自由港的小國而言，一旦因反恐需要而收緊金融政策，那麼其自身優勢將迅速消失，其發展也可能受到致命打擊。第四，反恐問題在根本上與很多全球性問題連接在一起。沒有一個統一的、普遍的反恐怖體系，很多其他全球性問題不僅難以解決，而且會滋生越來越複雜的全球性難題，使反恐不力、治理不足、發展緩慢等問題相互糾纏，陷入惡性循環之中。

因此，我們需要根據當下反恐需要與恐怖主義的未來趨勢，進一步明確國際恐怖主義治理體系改革的方向。

**第一，要重塑反恐議題在國際舞台與全球治理體系中的地位，避免反恐議題在傳統安全和國家競爭面前被邊緣化。**當今世界正在從一超多強體系向多極格局轉型，大國之間的矛盾與衝突性因素明顯上升。美國領導能力下降但又不願意分享權力，相反，冷戰式的對抗思維越來越明顯，越來越提防所謂的「競爭者」和「挑戰者」。對於傳統安全的關注與傳統安全戰略的考量，不可避免地對反恐議題等非傳統安全形成衝擊。因此，各個國家以及包括聯合國在內的國際組織應當更加重視反恐議題，增加相關會議、文件和聲明的數量，加強反恐領域的交流與合作，同時加強國際恐怖主義治理體系與其他全球治理體系的對接與配合，使反恐議題在全球治理體系中具有更加廣泛的影響力。

**第二，要繼續加強聯合國在國際恐怖主義治理體系中的作用，著重提升聯合國作為反恐領域合法性來源的地位和行動能力。**聯合國是維護世界和平、促進世界發展的重要國際機構。聯合國憲章的宗旨和原則是當前國際體系和國際秩序的核心，它和相關決議、公約所規定的原則是國際反恐必須遵循的基本原則。保證並加強聯合國在國際恐怖主義治理體系中的地位和作用，有利於保持和加強國際反恐力量的聯合；有利於將反恐、穩定、發展等相關議題通盤考量，改善較為脆弱地區的治理狀況，根除恐怖主義問題的滋生土壤；有利於防止單邊主義繼續盛行，防止一些國家打著「反恐」的旗號非法干涉他國主權，打亂地區和國際秩序，帶來更大的災難。

**第三，要著力整合區域／次區域反恐力量**。恐怖活動往往與當地宗教和文化密切相關，具有鮮明的地域特徵。解決恐怖主義問題是加強與鄰國關係、改善周邊環境的重要舉措。因此，加強地區國家間的反恐合作與政策協調，加強同一地區各國在反恐情報、資訊等方面的交流，是遏制恐怖主義勢力和防範恐怖襲擊的關鍵。在實際操作層面，一方面要繼續加強合作機制建設，建立快速的、協調一致的運作機制和有效的、強制性的執行力量。以東盟為例，在打擊恐怖主義方面，儘管東盟有反恐公約對恐怖主義及其行為實行統一的司法界定，但由於沒有建立聯合行動部隊，因此具體實施效果十分有限。另一方面要綜合軍事、政治、經濟、社會、文化等各種手段，創新和實施新安全觀，把國際反恐合作體系與反海盜、航空安全體系等連接在一起，把反恐與經濟社會發展、文化交流互相連接起來，建立一個區域性的、綜合的非傳統安全合作體系，促進地區反恐合作的可持續發展。

**第四，要鼓勵各國積極參加反恐國際合作，共同完善國際恐怖主義治理體系，尤其注重發揮新興大國在國際恐怖主義治理體系中的作用**。過去十餘年來，很多國家參與了美國主導的各種反恐怖活動。在反恐效果令人質疑和美國反恐怖戰略收縮的背景下，各國特別是美國的盟國也開始從國際反恐領域收縮，轉而把國內反恐、本土反恐視為反恐怖戰略的主要重點。為了防止恐怖主義勢力捲土重來，持續興風作浪，國際社會尤其是各大國仍需投入國際反恐，承擔應當承擔的責任。聯合國既要主張新興大國和其自身相稱的國際責任，也要賦予其相應的國際話語權，使國際恐怖主義治理體系趨於均衡。

## 四、中國參與國際恐怖主義治理的途徑與貢獻

中國作為恐怖主義的受害者，歷來堅決反對一切形式的恐怖主義。從二十世紀九〇年代開始，中國開始積極參與國際反恐合作，認真遵守國際反恐公約；尊重和支持聯合國在國際反恐合作中的主導作用，推動出台並嚴格執行聯合國安理會有關決議。中國還主張對恐怖主義的治理採用綜合手段標本兼治，反對反恐雙重標準，在反恐理論和觀念創新上做出了貢獻。近年來，隨著中國國力的提升和海外利益的不斷增加，中國在國際反恐怖合作、增強海外反恐怖活動方面的力度不斷增加，對國際恐怖主義治理的貢獻越來越突出。

為打擊境內外恐怖勢力做出重要貢獻。長期以來，「東突」恐怖組織在境內外製造了大量恐怖事件，造成嚴重的人員傷亡、財產損失，不僅惡化了中國的安全環境，而且影響了周邊國家和地區的和平與發展。按照聯合國憲章精神和有關決議以及中國的有關法律法規，中國不斷加強打擊力度，使「東突」恐怖組織在二十一世紀第一個十年進入沉寂期，為維護地區和平、穩定做出了重要貢獻。

逐步完善反恐立法，與國際反恐規範接軌。中國在一九八八年《刑法》修改時將「反革命罪」改為「危害國家安全罪」，中國反恐立法邁出重要一步，開始與國際反恐規範接軌。之後，為了適應《制止向恐怖主義提供資助的國際公約》的要求，刑法上增加了「資助恐怖活動罪」，並將其加入到洗錢罪的上游犯罪行列。二〇〇六年中國制定了《反洗錢法》，確立了相關防範恐怖主義融資的制度。通過不斷完善反恐立法，中國關於反恐的法律規定基本上與國際接軌，推動了中國與國際社會的反恐合作深度融合。二〇一五年十二月二十七日，中國人大通過了《反恐怖主義法》，體現了恐怖主義治理的國際規

範。比如《反恐怖主義法》規定，金融機構和特定非金融機構對國家反恐怖主義工作領導機構的辦事機構公告的恐怖活動組織和人員的資金或者其他資產，應當立即予以凍結；中國國務院反洗錢行政主管部門、國務院有關部門、機構依法對金融機構和特定非金融機構履行反恐怖主義融資義務的情況進行監督管理。《反恐怖主義法》專設「國際合作」一章指出，中國根據締結或者參加的國際條約，或者按照平等互惠原則，與其他國家、地區、國際組織開展反恐怖主義合作；中國國務院有關部門根據國務院授權，代表中國政府與外國政府和有關國際組織開展反恐怖主義政策對話、情報信息交流、執法合作和國際資金監管合作；涉及恐怖活動犯罪的刑事司法協助、引渡和被判刑人移管，依照有關法律規定執行；通過反恐怖主義國際合作取得的材料可以在行政處罰、刑事訴訟中作為證據使用，但我方承諾不作為證據使用的除外等。這些立法進展都體現了中國積極參與國際反恐合作的意願。

推動與有關國家和地區的雙邊、多邊合作，為國際反恐鬥爭順利開展做出了貢獻。中國在反恐情報信息交流、控制恐怖活動的資金來源、引渡和遣送恐怖犯罪嫌疑人等方面，與美國、俄羅斯、印度、巴基斯坦、尼泊爾、英國、法國、德國等其他支持反恐的國家進行了廣泛且富有成效的雙邊、多邊合作。自「九・一一」事件以來，中美反恐合作不斷深入，由最初的情報交換、切斷恐怖組織財源、共同支持巴基斯坦反恐、協力阻止印巴衝突升級影響反恐等合作，到軍事上協作，阻止阿富汗塔利班和「基地」組織成員進入中國，允許美國航艦去阿富汗參戰途中在香港停留等，給予了美國很大的協助。中俄兩國二〇〇一年十月商定成立「中俄反恐工作組」，在上合組織框架下通過了反恐合作聲明；中國與巴基斯坦建立了雙邊反恐合作機制。

重視和支持聯合國在國際反恐中的主導作用，維護了聯合國的權威。二十世紀九〇年代以來，中國領導人和常駐聯合國代表多次強調重視、支持聯合國和安理會在國際反恐鬥爭中的主導作用，明確主張一切反恐行動都應符合《聯合國憲章》的宗旨和原則及其他公認的國際法準則。作為聯合國安理會常任理事國，中國推動並促進聯合國安理會通過了一系列反恐決議，支持聯合國成立反恐機構。在現實的反恐行動中，聯合國的地位和作用經常遭遇挑戰，阿富汗戰爭、伊拉克戰爭、利比亞戰爭都是這方面典型的負面例子。因此，中國支持聯合國在反恐鬥爭中的主導地位和作用具有重要意義，也是中國推動構建國際恐怖主義治理體系中發揮的重要作用和影響國際恐怖主義治理體系方向的重要貢獻。

作為上合組織發起國和多個地區安全組織的重要成員，為整合區域反恐機制、增強地區反恐力量做出了重要貢獻。在一九九八年舉行的「上海五國」首腦第三次會晤中，中國提出了聯合打擊國際恐怖主義的主張。二〇〇一年六月，中、俄、哈、吉、塔、烏六國元首簽署了《打擊恐怖主義、分裂主義和極端主義上海公約》（Shanghai Convention on Combating Terrorism, Separatism and Extremism），從而在法律意義上揭開了六國聯合反恐的嶄新一頁。這表明在「九·一一」事件和很多國際組織尚未提出和簽署反恐公約之前，上合組織最早並最鮮明地簽署了「反恐公約」，成為一項意義非常重大和極有先見性的重大決策。二〇〇二年中國倡議成立亞歐會議反恐研討會，得到日本、丹麥、德國和西班牙等國家的支持，並獲得第四屆亞歐首腦會議批准。二〇〇三年九月，首屆亞歐會議反恐研討會在北京舉行。二〇〇四年，在德國舉行的第二屆亞歐會議反恐研討會決定更名為「亞歐會議反恐會議」（ASEM Counter-Terrorism Conference）。其後該會議每年在亞歐成員間輪流舉辦，第三至六屆會議分別在印度尼西亞、丹麥、日本、西班牙舉行。亞歐會議各成員通過反恐會議積極交流各自的反恐經驗和實踐，建立了亞歐會議反恐聯絡機制，並在情報交流、人員培訓、加強立法和執法機構間的聯繫等方面開展了合作。二〇〇一年十月，亞太經濟合作組織領導人非正式會議在上海舉行。中國以東道主身份，將反恐問題列入會議議程，推動會議發表了《亞太經濟合作組織領導人反恐聲明》（APEC Leaders Statement on Counter-

Terrorism）。聲明指出：「（『九．一一』事件）這種屠戮生命的行徑和其他一切形式的恐怖行為，不論發生在何時、何地，針對何人，由誰所為，都嚴重威脅著所有人民、所有信仰，以及所有國家的和平、繁榮和安全。恐怖主義對亞太經濟合作組織倡導的自由、開放和繁榮目標，對亞太經濟合作組織各成員信奉的價值觀，也構成直接挑戰。」[5]亞太經濟合作組織領導人發表的七條反恐聲明，對美國在阿富汗進行的反恐戰爭是一個很大的支持，對國際長遠的反恐鬥爭也具有理論意義。中國還建議加強亞信會議能力和機制建設，支持完善亞信會議秘書處職能，在亞信會議框架內建立成員國防務磋商機制及各領域信任措施落實監督行動工作組，深化反恐、經貿、旅遊、環保、人文等領域交流合作，以此推動亞信會議成為覆蓋全亞洲的安全對話合作平台，並在此基礎上探討建立地區安全合作新架構。新的架構意味著新的反恐力量的凝聚，這將對地區反恐架構和國際恐怖主義治理體系具有雙重推動力。

主張對恐怖主義的治理採用綜合手段標本兼治。恐怖主義的產生既是政治、經濟、文化、民族、宗教等各種矛盾的綜合產物，同時又有歷史、文化方面的深刻背景，經濟貧困、社會鴻溝以及各種不公正不合理的現象是滋生恐怖主義的根源。因此，打擊恐怖主義需要標本兼治，僅靠軍事手段遠遠不夠。雖然軍事打擊對恐怖組織一時能起到遏制和削弱的作用，但卻難以將其徹底剷除。在伊拉克、敘利亞、利比亞等地的情況已經表明，借助大規模軍事力量的反恐戰爭反而加劇了恐怖主義威脅，使恐怖分子變得更加激進，給他們創造了接受訓練和獲得經驗的機會。所以，反恐應同促進經濟發展、妥善解決地區衝突相結合；應倡導不同文明、宗教、民族間對話與交流，促進理解寬容，和諧共處；應運用政治、經

[5] 中國人大網，http://www.npc.gov.cn/wxzl/wxzl/2001-12/12/content_281315.htm。根據《上海合作組織反恐怖主義公約》，「恐怖主義」指通過實施或威脅實施暴力和（或）其他犯罪活動，危害國家、社會與個人利益，影響政權機關或國際組織決策，使人們產生恐懼的暴力意識形態和實踐。

濟、外交等手段綜合治理，消除恐怖主義產生的根源。

中國堅持平等、公正的反恐立場，反對搞反恐雙重標準。所謂雙重標準，就是少數西方國家在嚴厲打擊譴責本國內恐怖主義和反西方的國際恐怖主義活動的同時，以「人權保護」為借口，支持、縱容、鼓勵、包庇其他國家的恐怖組織和恐怖活動，甚至把此類恐怖分子稱作「自由戰士」，更有少數國家將恐怖主義作為國際鬥爭的工具，干涉別國內政，破壞別國安全與穩定。這種雙重標準的做法嚴重破壞了國際反恐合作的基礎，打亂國際反恐秩序，影響國際恐怖主義治理機制的完善進程，客觀上縱容了一些恐怖主義活動，甚至導致國際恐怖主義活動愈演愈烈，世界變得更加不安全。長期以來，美國在組建反恐國際聯盟的時候，往往親疏有別，選邊站隊，符合美國利益的就拉進聯盟，不符合其利益的就排除在外。美國還對中國通過的《反恐怖主義法》指指點點，對一些國際通行的反恐規定表達不恰當的意見，表現出了明顯的雙重標準。與之相反，中國歷來主張反恐不應成為服務於本國利益和意識形態的政治工具，更不能淪為干涉他國內政的廉價借口。在反恐問題上搞雙重標準，不僅有違道義原則，使反恐的正義性受到質疑，無助於各國達成反恐共識，而且還會助長恐怖主義勢力的囂張氣焰，最終對國際反恐事業產生負面影響。

在安全觀念和理論領域為推動全面反恐做出了重要貢獻。二十世紀九〇年代以來，中國領導人及時、敏銳地注意到恐怖主義這一當今世界的共同威脅，在領導中國開展國際反恐鬥爭的實踐中提出了一系列正確、豐富、寶貴的反對恐怖主義的重要理念、思想，成為中國在國際反恐鬥爭中做出的重要理論貢獻。中國倡導互信、互利、平等、協作的新安全觀，指出包括恐怖主義在內的非傳統安全對國際和平構成現實威脅。中國國家主席習近平積極倡導共同安全、綜合安全、合作安全、可持續安全的亞洲安全觀，創新安全理念，搭建地區安全合作新架構，努力走出一條共建、共享、共贏的亞洲安全之路。對於恐怖主義這個必須考慮的非傳統安全，必須採取零容忍態度，加強國際和地區合作，加大打擊力度，使各國人民都能夠在安寧祥和的土地上幸福生活。

## 五、中國參與國際恐怖主義治理的政策建議

### (一)強化打擊「三大勢力」的反恐合作局面，努力完善上合組織反恐體系

中國依然面臨著恐怖主義、分裂主義和極端主義「三大勢力」的嚴峻挑戰，尤其是「東突」恐怖主義威脅日益嚴峻。近年來，中國發生了一系列的暴力恐怖事件，如二〇〇九年新疆烏魯木齊「七・五」事件，二〇一三年「四・二三」新疆巴楚暴力恐怖事件，二〇一四年「三・一」雲南昆明火車站暴力恐怖案件。恐怖分子持續從事恐怖襲擊活動的背後，存在著若干深層次原因。其中，「泛伊斯蘭主義」（Pan-Islamism）、「泛突厥主義」（Pan-Turkism）組成的「雙泛」思想、西方敵對勢力的幫助和來自中亞的影響，是目前促使「東突」恐怖勢力從事恐怖活動的主要國際因素。由於宗教、地理和歷史的原因，中亞既是易受「三股勢力」侵害的地區，也是「三股勢力」活躍的地區。中亞地區和中國的「三股

勢力」正是抓住這種聯繫，相互利用和內外呼應，形成了「三股勢力」的聯合，使中亞成了「東突」分子的活動場所之一。他們既把中亞當作隱蔽、訓練和「練膽」的場所，也把它當作進出新疆的通道。中亞有二十多個「東突」組織，它們利用各種手段企圖使中亞成為對新疆進行破壞的前沿。

要加強絲綢之路經濟帶沿線國家之間的合作，杜絕「東突」恐怖勢力利用沿線國家之間的各種便利條件為恐怖活動募集資金。二〇一三年中國開始倡議共同建設絲綢之路經濟帶。在中國和中亞各國的共同努力下，近年來貿易和投資在古絲綢之路上再度活躍。一些「東突」恐怖勢力藉機利用中亞國家和中國簽署的邊境貿易本幣結算協議條款進行洗錢，為恐怖犯罪活動募集基金。一些「東突」組織還控制了中亞的部分貿易活動，它們以對外貿易為幌子，從事非法募集基金活動，為恐怖活動募集資金。例如，中亞國家哈薩克斯坦的金融產業比較發達，而金融監管寬鬆。「東突」組織將那些來自西歐和美國等國的非政府組織捐助的資金，通過哈薩克斯坦的金融機構幾經轉賬處理後，就以一種合法的貿易結算形式進入吉爾吉斯斯坦，資助恐怖組織活動。

因此，中國需要加強上合組織凝聚力，在《打擊恐怖主義、分裂主義和極端主義上海公約》及《上海合作組織反恐怖主義公約》的原則指導下，同各成員國進一步深化合作，立足各國國情，協調出台更加具體的協定，增強區域反恐合作力度。

第一，更加有效地利用上合組織地區反恐怖機構執行委員會平台，建立上合組織成員國邊防部門例行會議機制，定期召開邊防情報交流會，強化「三股勢力」人員持偽假證件或變換身份情況的應對措施和通報機制，加強各成員國邊防部門出入境證件的查驗工作，不斷提高偽假證件的識別率，加強重點領域涉恐活動的情報互通機制，加大打擊力度；促成國際法律文件的落實，更新具有時效性的「三股勢力」犯罪組織及人員名單。推動上合組織成員國邊防部門在互信基礎上，在情報信息和安全措施共享、突發事件處置、防範槍毒滲透等方面加強合作。同時，注重通過辦理典型的合作案件，探索更為有效的區域合作執法模式。在實踐基礎上，逐步將邊防部門執法合作程序、內容等以法律形式固定下來，使各國邊防部門的警務合作規範化、常態化。

第二，建設絲綢之路經濟帶時充分考慮反恐需要，加強與沿線國家的政策溝通和多邊合作，設置防止「東突」恐怖勢力利用絲綢之路經濟帶對中國進行破壞活動的動態機制，及時打擊「東突」勢力，充分發揮絲綢之路經濟帶為中國營造良好政治環境的作用。與此同時，我們要主動與中亞國家開展民族、宗教、文化等方面的全方位交往，廣泛宣傳中國的多元文化，揭露「東突」恐怖勢力的犯罪活動，爭取沿線國家在發展絲綢之路經濟帶過程中加大對「東突」恐怖勢力的打擊力度。在此基礎上，在上海合作組織框架和絲綢之路經濟帶建設中，構建打擊「東突」恐怖勢力的合作機制，杜絕「東突」恐怖勢力的一切滲透途徑，為包括中國在內的整個絲綢之路經濟帶沿線國家創造安全環境，促進絲綢之路經濟帶沿線地區的穩定與發展。

第三，通過中阿合作論壇（China-Arab States Cooperation Forum）、海灣阿拉伯國家合作委員會（Cooperation Council for the Arab States of the Gulf）等機制框架，加強與阿拉伯世界的反恐合作。除了中亞之外，中東也是未來「東突」恐怖勢力與全球「聖戰」合流的重要地域。中東阿拉伯國家之間國情差異較大，對伊斯蘭極端主義的看法也有所不同。隨著中國在中東的利益日益擴展，加上境內「東突」勢力與這些地區的恐怖主義組織聯繫日益緊密，中國需要從應對全球「聖戰」恐怖主義的角度，加強與上述地區國家的反恐合作。從長遠來看，應對全球伊斯蘭極端思潮的發展也應當是中國與阿拉伯、伊斯蘭國家合作的重要內容。

### （二）反對一切形式的恐怖主義，擴大反恐國際合作，挖掘反恐合作深度，增強中國反恐國際合作緊密度

第一，中國要在此前反恐努力的基礎上，更加廣泛地擴大國際反恐統一戰線，在國際反恐合作中加強雙邊、多邊磋商，在互信、互利、平等、合作的基礎上共同應對恐怖主義。同時爭取各種有影響力的非政府組織（包括宗教機構），甚至各國民眾支持打擊恐怖主義的鬥爭，使其成為國際反恐戰線的可靠盟友。

第二，最大程度地取得有關國家對中國反恐執法工作開展的支持，特別是在引渡恐怖分子方面應加強與有關國家的磋商，取得有關國家的支持和配合，擠壓恐怖分子的活動空間。

第三，更加具體地加強與有關國家的反恐技術合作，要與有關國家交流反恐經驗，共享反恐情報，建立有效的國際反恐網絡系統，加強在凍結恐怖組織資產等方面的合作。

### （三）支持聯合國在反恐合作中發揮主導作用，積極完善國際反恐法律體系以及在此基礎上的全球合作機制

《聯合國憲章》明確規定主權國家享有自衛權，這是跨境反恐的國際法依據。但由於國際社會沒有統一標準，聯合國安理會至今未能形成明確的統一授權成員國跨境反恐的決議。同樣，雖然現有國際反恐公約幾乎覆蓋了反恐的所有領域，為打擊國際恐怖主義及促進國際反恐合作奠定了國際法基礎，但是圍繞著《關於國際恐怖主義的全面公約草案》（Draft of Comprehensive Convention on International

Terrorism），至今仍未達成全面協議。西方國家提出「先發制人」的反恐思想，成為國際反恐的實際主導者，其倡導的反恐方式雖然在一定程度上打擊了恐怖組織和恐怖分子，但是難以根治恐怖主義頑疾。

因此，中國應當繼續支持聯合國在反恐合作中發揮主導作用，積極遵守和運用國際法原則，以法律和多邊、雙邊反恐協議為依據開展境外協作性反恐行動，在尊重相互主權與反恐利益的前提下加強國際反恐合作，為完善國際反恐法律體系做出新的、更大的貢獻。同時，中國反恐立法與實踐應立足遵守《聯合國憲章》精神，在聯合國反恐法律框架之內，積極推進國際反恐合作，努力推動國際反恐法律體系的完善。要以《反恐怖主義法》為基礎，制定實施細則，積極構建包括憲法性法律規定、單行法規、行政部門的規章、地方法規以及有關司法解釋、行動指南、執法手冊等在內的配套法律體系。在這一過程中，要注意修改國內立法與國際公約／條約相適應，進一步與國際接軌。中國反恐立法標準等相關問題要與中國香港、澳門地區法律銜接，與上合組織相關法律銜接，與聯合國的反恐戰略相銜接。

### （四）努力加強中國與東南亞、南亞的反恐合作，在構建地區恐怖主義治理體系中發揮更大作用

除了西亞、中亞之外，東南亞和南亞也是恐怖組織密集和恐怖活動多發的地區，深受恐怖主義犯罪的威脅和危害。東南亞地區有印度尼西亞的伊斯蘭祈禱團（Jemaah Islamiyah）、「自由亞齊運動」（Gerakan Aceh Merdeka, GAM），菲律賓的摩洛伊斯蘭解放陣線（Moro Islamic Liberation Front, MILF）、阿布沙耶夫組織（Abu Sayyaf）、新人民軍（Bagong Hukbong Bayan）等，泰國的「北大年獨立運動」（Pattani People's Movement, PPM），緬甸的「羅興亞人分裂勢力」（Rohingya insurgency）

等一系列恐怖組織。南亞地區有阿富汗塔利班、伊斯蘭聖戰運動、伊斯蘭聖戰聯盟、巴基斯坦塔利班與「基地」組織等恐怖組織。近年來，「東突」分裂勢力在與中亞、南亞國家的恐怖主義勢力勾結的同時，與東南亞國家分裂勢力合作的趨勢也進一步上升。一旦這些勢力與武裝組織合流，將給中國周邊地區的安全與穩定帶來極大威脅。而當前中國與大多數東南亞、南亞國家缺乏反恐合作機制，已經存在的合作機制主要是事後的懲罰、補救工作。面臨著共同的恐怖主義威脅，中國與大多數東南亞、南亞國家在反恐合作上存在共識、需要和願望，具有合作的基礎與潛力。因此，中國應當早日推進與大多數東南亞、南亞國家的反恐合作機制建設，完善地區恐怖主義治理體系。

中國可以從國家與國際組織兩個層面開展合作。一方面，中國應當加大與東南亞、南亞國家警察、海關、邊防等機構的合作力度，除了加快刑事合作力度，遏制境內偷渡勢力之外，也應積極推動成立聯合反恐工作小組，最終將中國與西南周邊國家的反恐合作提高到軍事合作的高度。尤其是要加強與周邊合作力度，打擊非法入境，例如聯手打擊假護照製販集團、建立邊防數位化管理系統、協助周邊國家邊檢與國際刑警組織聯網等。另一方面，中國應當加大與東南亞、南亞地區國際組織的合作力度。東盟防長擴大會議機制與南盟恐怖犯罪監察機構是東南亞、南亞地區最重要的反恐合作機構，中國應當積極與其開展合作，並爭取早日加入東盟防長擴大會議機制與南盟恐怖犯罪監察機構。在現有與東南亞國家合作的其他機制中，中國應當重視中國－東盟峰會在反恐中的作用，將反恐議題納入主要議題，並積極推動成立中國－東盟反恐執行委員會（China-ASEAN Counter-Terror Executive Committee）。在現有與南亞國家合作的機制上，中國應推動成立中國－南盟峰會（China-SAARC Summit），或爭取加入南盟，並爭取設立中國－南盟反恐執行委員會。此外，孟中印緬地區合作論壇、中國－南亞智庫論壇（China-South Asia Think Tank Forum）層級較低，建議將這兩個論壇提升至國家層級，並將反恐合作納入協商範圍。只有加快中國與東南亞、南亞國家的反恐合作機制建設，才能夠維護中國與東南亞、南亞國家之間的和平與穩定。

在這一過程中，中國要注重發揮亞洲安全觀的引領作用，使更多的東南亞、南亞國家接受亞洲安全觀倡議，推動亞洲地區在恐怖主義認定和合作上達成共識，謀求亞洲地區的共同安全與綜合安全。

## （五）堅持標本兼治的原則，適時推進全球恐怖主義治理體系與全球經濟

治理與各層次合作機制的對接與呼應，在機制構建中消除國際社會的矛盾，共同剷除恐怖主義的滋生土壤。恐怖主義不僅是一個錯綜複雜的政治和安全問題，也是一個經濟和社會問題。衝突和動盪是恐怖主義滋生的溫床，貧窮和落後是恐怖主義產生的土壤。長期以來，發展中國家在國際體系中處於弱勢地位，而一些西方國家奉行唯我獨尊的優越觀念，信奉文明衝突而阻礙文明交流互鑑，造成了文化、文明與宗教領域的矛盾與碰撞。加上發達國家沒能履行援助發展中國家的責任，進一步影響了發展中國家的增長和世界的均衡發展，由此引發的國際矛盾和衝突成為恐怖主義氾濫的根源。因此，要徹底剷除恐怖主義，在加強反恐合作之外，必須努力緩和地區及國際緊張局勢、改善發展中國家經濟發展狀況，從政治、經濟、文化和社會等方面採取措施，通過標本兼治從根本上遏制和打擊恐怖主義氾濫的勢頭，贏得反恐怖鬥爭的最終勝利。只有推動脆弱地區經濟社會發展，解決了當前國際社會的現實矛盾和衝突，才能解決產生恐怖主義的根源問題。

從大國層面來講，要繼續有針對性地加強對動盪地區的發展援助，通過大國協調、國際組織合作的

方式，增強發展援助的實際效果。從國際層面來講，改革完善全球經濟治理機制、增強國際發展合作力度、提高發展中國家發展能力至關重要。具體而言，中國要與其他國家一起，促進二十國集團在協調世界經濟的同時關注反恐議題，提升發展中國家在國際貨幣基金組織、世界銀行中的代表性和發言權，發揮全球經濟治理機制的作用，穩定敏感地區的經濟環境，推動脆弱地區的經濟社會發展。

二〇一六年一月一日，聯合國通過的《二〇三〇年可持續發展議程》（Transforming our world: the 2030 Agenda for Sustainable Development）正式啟動。新議程涉及可持續發展的三個層面：社會、經濟和環境，以及與和平、正義和高效機構相關的重要方面。中國正在以自身行動和影響力推動二〇三〇年可持續發展議程的實現。二〇一五年九月，中國國家主席習近平參加聯合國發展峰會時指出，中國將設立「南南合作援助基金」，首期提供二十億美元，並將繼續增加對最不發達國家投資；中國將免除對有關最不發達國家、內陸發展中國家、小島嶼發展中國家截至二〇一五年年底到期未還的政府間無息貸款債務，以此支持發展中國家落實二〇三〇年可持續發展議程。同時，中國國家主席習近平還倡議「國際社會要幫助發展中國家加強能力建設，根據它們的實際需求，有針對性地提供支持和幫助……應該及時兌現承諾、履行義務，國際社會應該堅持南北合作主渠道地位，深化南南合作和三方合作，支持私營部門等利益攸關方在夥伴關係中發揮更大作用……各國要加強宏觀經濟政策協調，避免負面溢出效應。區域組織要加快一體化進程，通過域內優勢互補提升整體競爭力。聯合國要繼續發揮領導作用」。

經濟社會發展是消除恐怖主義的根本之策。雖然這個努力方向受到部分發達國家的質疑，但是事實證明，唯有充分的社會經濟發展，才能從根本上消除恐怖主義。因此聯合國在積極完善全球恐怖主義治理體系的同時，也應當引導全球經濟治理和各層次合作機制關注恐怖主義議題，並適當推動機制之間的對接與呼應，使其相得益彰，共同實現人類社會持久和平與長遠發展的「世界夢」。

# 參考文獻

〔1〕James Rosenau. Governance in the Twenty-first Century〔J/OL〕.Global Governance Vol.1(1995):13-14。

〔2〕Oxford University Press. Our Global Neighborhood: The Report of the Commission on Global Governance〔EB/OL〕.http://www.gdrc.org/u-gov/global-neighbourhood/chap1.htm.

〔3〕俞可平。全球治理引論〔J〕。馬克思主義與現實，2002(1): 25。

〔4〕詹姆斯N羅西瑙。沒有政府的治理〔M〕。南昌：江西人民出版社，2001。

〔5〕李東燕。全球治理行為體、機制與議題〔M〕。北京：當代中國出版社，2015。

〔6〕托尼・麥克格魯。走向真正的全球治理〔J〕。馬克思主義與現實，2002(1): 33-42。

〔7〕伏廣存，于桂華，馬鳳崗。近現代國際關係史論綱〔M〕。北京：社會科學文獻出版社，2009: 217。

〔8〕世界知識出版社編輯。國際條約集（1917～1923）〔M〕。北京：世界知識出版社，1961: 266。

〔9〕美國批准IMF份額和治理改革方案〔N〕。人民日報。2015-12-20(3)。

〔10〕「金磚四國」領導人俄羅斯葉卡捷琳堡會晤聯合聲明〔EB/OL〕。人民網，(2009-06-17).http://politics.people.com.cn/GB/1026/9486655.html.

〔11〕陶堅，林宏宇。中國崛起與全球治理〔M〕。北京：世界知識出版社，2014。

〔12〕葉玉。二十國集團峰會六年及中國角色〔A〕。陳東曉，等編。中國與二十國集團〔C〕。上海：上海人民出版社，2015: 8。

〔13〕習近平。習近平談治國理政〔M〕。北京：外文出版社，2014。

〔14〕鄭永年。國際發展格局中的中國模式〔J〕。中國社會科學，2009(5): 20-28。

〔15〕韓珠萍。IMF購買力平價下經濟實力排名：中國第一，法國第九〔EB/OL〕。中國網新聞中心，

(2016-04-14).http://news.china.com.cn/world/2016-04/14/content_38244500.htm.

〔16〕媒體揭秘：中國人為什麼不能當聯合國秘書長〔EB／OL〕。鳳凰資訊，〔2016-04-17〕.http://news.ifeng.com/a/20160417/48487567_0.shtml.

〔17〕李崴。吃透國際標準減少外貿損失〔N〕。江門日報。2011-03-11(A2)。

〔18〕金燦榮。從「中國威脅論」到「中國責任論」〔EB／OL〕。觀點中國，(2010-08-23)〔2016-05-31〕.http://opinion.china.com.cn/opinion_25_1625.html.

〔19〕丁宜。警惕中國非發展中國家的噪音〔EB／OL〕。觀點中國，(2010-09-27)〔2016-05-31〕.http://opinion.china.com.cn/opinion_89_4289.html.

〔20〕賈慶國。全球治理與中國作用〔M〕。北京：新華出版社，2011。

〔21〕溫家寶。關於社會主義初級階段的歷史任務和我國對外政策的幾個問題〔N〕。人民日報，2007-02-27(2)。

〔22〕李克強：中國還有近兩億貧困人口是實實在在的發展中國家〔EB／OL〕。人民網，(2015-03-15).http://lianghui.people.com.cn/2015npc/n/2015/0315/c394537-26695251.html.

〔23〕羅思義。一盤大棋？中國新命運解析〔M〕。南京：江蘇鳳凰文藝出版社，2016。

〔24〕中國「十三五」將擔更大國際責任〔EB／OL〕。網易財經，(2015-11-24).http://money.163.com/15/1124/10/B969FV6U00253B0H.html.

〔25〕敖雲波。中國參與全球治理的外交對策〔M〕。北京：中國書籍出版社，2011。

〔26〕高健。中國模式的爭論與思考〔J〕。政治學研究，2011(3): 72-85。

〔27〕鄭永年。內部多元主義與中國的制度安排〔EB／OL〕。愛思想網，(2016-04-26).http://www.aisixiang.com/data/99018.html.

〔28〕西方媒體出現反思中國模式新動向〔N〕。參考消息。2009-07-07。

〔29〕尹保雲。文明真的沒有高低之分嗎？〔EB／OL〕。騰訊文化，(2016-05-22)http://cul.qq.com/a/20160522/013009.htm.

〔30〕徐浩良。全球治理與中國的責任和貢獻〔J〕。聯合國研究，2014(1): 12-18。

〔31〕祁懷高。中國發展理念的全球共享與國際組織的作用〔J〕。國際觀察，2014(6): 18-29。

〔32〕蔡拓。中國如何參與全球治理〔J〕。國際觀察，2014(1): 1-10。

〔33〕姜躍春。中國的「一帶一路」建設對世界經濟的影響〔C〕//劉古昌。國際問題縱論文集。北京：世界知識出版社，2016: 14-21。

〔34〕習近平：推動全球治理體制更加公正更加合理〔EB／OL〕。新華網，(2015-10-13).http://news.xinhuanet.com/politics/2015-10/13/c_1116812159.htm.

〔35〕羅伯特・基歐漢，約瑟夫・奈。權力與相互依賴〔M〕。北京：北京大學出版社，2002。

〔36〕裴廣江，等。共商合作大計，共襄發展盛舉——國際社會對G20杭州峰會寄予熱切期待〔N〕。人民日報，2016-05-28(3)。

〔37〕趙長峰，左祥雲。國際政治中的議程設置淺析〔J〕。當代世界與社會主義，2013(6): 122-126。

〔38〕龐中英，王瑞平。全球治理：中國的戰略應對〔J〕。國際問題研究，2013(4): 57-68。

〔39〕李計廣。世界貿易組織多哈回合談判與中國的選擇〔J〕。世界經濟與政治，2013(5): 136-154。

〔40〕張磊。「後危機時代」中國深化參與多邊貿易體制及其途徑選擇〔J〕。世界經濟研究，2010(7): 9-14。

〔41〕曹俊金。氣候治理與能源低碳合作：發展、分歧與中國應對〔J〕。國際經濟合作，2016(3): 79-85。

〔42〕龐中英。亞投行——全球治理的中國智慧〔M〕。北京：人民出版社，2016。

〔43〕甄炳禧。從大衰退到新增長——金融危機後美國經濟發展軌跡〔M〕。北京：首都經濟貿易大學出版社，2015。

〔44〕中華人民共和國財政部國際財金合作司。樓繼偉部長出席全球基礎設施論壇首屆會議〔EB/OL〕.(2016-04-22).http://gjs.mof.gov.cn/pindaoliebiao/gongzuodongtai/201604/t20160422_1961585.html.

〔45〕徐惠喜。全球基礎設施建設迎來發展新機遇〔N〕。經濟日報。2015-01-09(9)。

〔46〕鄭先武。大國協調與國際安全治理〔J〕。世界經濟與政治，2010(5): 51。

〔47〕楊潔篪。七十年風雨兼程七十載春華秋實——紀念聯合國成立七十週年〔N〕。人民日報，2015-09-18(10)。

〔48〕趙軍，陳萬里。阿盟斡旋中東地區衝突的績效評估〔J〕。國際觀察。2013(6): 63-70。

〔49〕沈明霞。歐盟艱難的獨立防務之路〔J〕。六盤水師範高等專科學校學報，2004(4): 4-8。

〔50〕劉鴻武，鄧文科。西共體對西非衝突的武裝干預——背景、進程及趨勢〔J〕。亞非縱橫，2014(2): 1-12。

〔51〕李巨軫。略論美洲國家組織的維和機制〔J〕。拉丁美洲研究，2007(5): 64-71。

〔52〕陳志敏。多極世界的治理模式〔J〕。世界經濟與政治，2013(10): 4-23。

〔53〕鄭先武。中國—東盟安全合作的綜合化〔J〕。現代國際關係，2012(3): 51-52。

〔54〕龐中英。一九四五年以來的全球經濟治理及其教訓〔J〕。國際觀察，2011(2): 1-8。

〔55〕Barry Eichengreen. Hegemonic Stability Theories of the International Monetary System〔C〕.CEPR Discussion Papers, 1989.

〔56〕羅伯特・基歐漢。霸權之後世界政治經濟中的合作與紛爭〔M〕。蘇長河，等譯。上海：:上海人民出版社，2006。

〔57〕李因才。結構變遷與治理制度的演化——從G7到G20〔J〕。當代世界社會主義問題，2011(4): 91-103。

〔58〕徐秀軍。新興國家視角下的金磚國家與全球經濟治理體系變革〔J〕。當代世界，2014(8): 11-14。

〔59〕崔志楠，邢悅。從「G7時代」到「G20時代」——國際金融治理機制的變遷〔J〕。世界經濟與政治，2011(1): 134-154。

〔60〕龐中英。1945年以來的全球經濟治理及其教訓〔J〕。國際觀察，2011(2): 1-8。

〔61〕黃薇。全球經濟治理之全球經濟再平衡〔J〕。南開學報：哲學社會科學版，2012(1): 77-88。

〔62〕徐秀軍。新興國家視角下的金磚國家與全球經濟治理體系變革〔J〕。當代世界，2014(8): 11-14。

〔63〕金磚國家領導人第五次會晤德班宣言（全文）〔EB/OL〕。新華網，(2013-03-28).http://news.xinhuanet.com/world/2013-03/28/c_124511982.htm.

〔64〕朱傑進。金磚國家合作機制的轉型〔J〕。國際觀察，2014(3): 59-73。

〔65〕習近平關於全球治理的著名論斷有哪些？〔EB/OL〕。人民網，(2015-11-14).http://politics.people.com.cn/n/2015/1114/c1001劾27816100.html.

〔66〕中國外長王毅：G20應站出來為世界經濟指明方向〔EB/OL〕。新華網，(2016-03-25).http://news.xinhuanet.com/fortune/2016-03/25/c_128833731.htm.

〔67〕周良，苗壯。王毅：「一帶一路」建設取得一系列重要早期收穫〔EB/OL〕。新華網，(2016-05-22).http://news.xinhuanet.com/2016-05/22/c_1118908486.htm.

〔68〕習近平：推動全球治理體制更加公正更加合理〔EB/OL〕。新華網，(2015-10-13).http://news.xinhuanet.com/politics/2015-10/13/c_1116812159.htm.

〔69〕鄧小平。鄧小平文選（第三卷）〔M〕。北京：人民出版社，1993。

〔70〕鄭永年。未來三十年：改革新常態下的關鍵問題〔M〕。北京：中信出版社，2015。

〔71〕陳來。中華文明的核心價值〔M〕。北京：生活•讀書•新知三聯書店，2015。

〔72〕周小川：關於改革國際貨幣體系的思考〔EB/OL〕。新華網，(2009-03-24).http://news.xinhuanet.com/fortune/2009-03/24/content_11060507.htm.

〔73〕姜波克，羅得志。最優貨幣區理論綜述兼述歐元、亞元問題〔J〕。世界經濟文匯，2002(1): 73-80。

〔74〕張雲，劉駿民。從美元本位制到雙本位國際貨幣體系——全球金融失衡和動盪的根源〔J〕。南京社會科學，2010(4): 22-28。

〔75〕李曉。東亞貨幣合作為何遭遇挫折？——兼論人民幣國際化及其對未來東亞貨幣合作的影響〔J〕。國際經濟評論，2011(1):109-128。

〔76〕盛斌，張一平。全球治理中的國際貨幣體系改革——歷史與現實〔J〕。南開學報：哲學社會科學版，2012(1): 60-69。

〔77〕羅伯特・吉爾平。國際關係政治經濟學〔M〕。楊宇光，等譯。上海：上海人民出版社，2006。

〔78〕高海紅。布雷頓森林遺產與國際金融體系重建〔J〕。世界經濟與政治，2015(3): 4-29。

〔79〕毛艷華。「一帶一路」對全球經濟治理的價值與貢獻〔J〕。人民論壇，2015(6): 31-33。

〔80〕高海紅。後危機時期東亞貨幣合作的路線圖〔J〕。國際經濟評論，2011(5): 128-138。

〔81〕于津平。國際貿易新格局與全球貿易治理〔J〕。南開學報：哲學社會科學版，2012，01: 70-76。

〔82〕薄燕。全球氣候變化治理中的中美歐三邊關係〔M〕。上海：上海人民出版社，2012。

〔83〕IEA. World Energy Outlook 2009〔EB/OL〕. http://www.worldenergyoutlook.org/weo2009.

〔84〕李俊峰，王田，祁悅。從巴黎氣候大會成果看「多邊主義下的大國推動模式」〔J〕。世界環境，2016(1): 27-30。

〔85〕莊貴陽，周偉鐸。全球氣候治理模式轉變及中國的貢獻〔J〕。當代世界，2016(1): 44-47。

〔86〕張雲飛。生態型政府：建設生態文明的治理之道〔J〕。中共貴州省委黨校學報，2015(3): 76-82。

〔87〕黃愛寶。論中國特色社會主義生態政治的主要特徵〔J〕。理論探討，2012(5): 23-27。

〔88〕李小雲，唐麗霞，武晉。國際發展援助概論〔M〕。北京：社會科學文獻出版社，2009。

〔89〕儲祥銀。國際經濟合作實務〔M〕。北京：對外經濟貿易大學出版社，2001。

〔90〕孫同全。戰後國際發展援助的發展階段及其特點〔J〕。北京工商大學學報：社會科學版，2008(4): 121-127。
〔91〕李小雲，唐麗霞，武晉。國際發展援助概論〔M〕。北京：社會科學文獻出版社，2009。
〔92〕黃梅波，王璐，李菲瑜。當前國際發展援助體系的特點及發展趨勢〔J〕。國際經濟合作，2007(4): 45-51。
〔93〕李丹。新理念、新模式：中國參與國際發展的貢獻〔J〕。廈門大學學報：哲學社會科學版，2014(4): 55-65。
〔94〕《中國的對外援助》白皮書〔EB/OL〕。新華網，(2011-04-21). http://www.china.com.cn/news/txt/2011-04/21/content_22412457.htm.
〔95〕崔鵬。以無私援助，求共同發展——新中國六十年援外工作紀實〔EB/OL〕。人民網，(2010-08-13). http://world.people.com.cn/GB/119475/12426521.html.
〔96〕倪紅梅，王雷。中國將繼續積極參與國際發展籌資進程〔EB/OL〕。新華網，(2013-10-08).http://news.xinhuanet.com/world/2013-10/08/c_117610127.htm.
〔97〕毛小菁。國際援助格局演變趨勢與中國對外援助的定位〔J〕。國際經濟合作，2010(9):58-60。
〔98〕ITU Cybersecurity Activities.〔EB/OL〕.Toolkit for Cybercrime Legislation.http://www.itu.int/cybersecurity.
〔99〕何躍鷹。互聯網規制研究——基於國家網絡空間安全戰略〔D〕。北京：北京郵電大學，2012。
〔100〕John Arquilla and David F. Ronfeldt.Cyberwar is Coming!〔J〕.Comparative Strategy, 12(2): 141-165.
〔101〕Myriam Dunn Cavelty.Unraveling the Stuxnet Effect: of Much Persistence and Little Change in the Cyber Threats Debate〔J〕.Military and Strategic Affairs, 3(3).
〔102〕沈逸。全球網絡空間治理原則之爭與中國的戰略選擇〔J〕。外交評論，2015(2): 70。
〔103〕李艷。當前國際互聯網治理機制轉型的進程與特點〔J〕。中國信息安全，2011(06): 63。

〔104〕郎平。網絡空間安全：一項新的全球議程〔J〕。國際安全研究，2013，31(1): 132。

〔105〕唐嵐。信息社會世界峰會簡況〔J〕。國際研究參考。2004(3): 1-5。

〔106〕張莉。透視歐盟網絡安全戰略〔N〕。中國電子報，2013-10-22(6)。

〔107〕王孔祥。國際化的「互聯網治理論壇」〔J〕。國外理論動態，2014(3): 110-115。

〔108〕安德烈•博薩，馮銳。多重性跨國犯罪〔J〕。環球法律評論，1992(03): 53-58。

〔109〕劉玉平。知識經濟時代跨國犯罪主要表現形式〔J〕。財經問題研究，1999(6)。

〔110〕王湘林。論全球化背景下的跨國犯罪〔J〕。國際安全研究，2007(1): 35-40。

〔111〕許燕。全球化時代的跨國犯罪與國際警務合作〔J〕。廣州：暨南大學，2005。

〔112〕楊宇冠，張凱。聚合國際司法力量懲治跨國犯罪之全球法律框架——《聯合國打擊跨國有組織犯罪公約》評介〔J〕。信陽師範學院學報：哲學社會科學版，2005，25(1): 14-18。

〔113〕楊海坤。「全球治理」挑戰國家主權〔J〕。領導文萃，2004(7): 81。

〔114〕Jakobi Anja P. Global Networks Against Crime: Using the Financial Action Task Force as a Model?〔J〕. International Journal，2015，70(3).

〔115〕游文玫。試論打擊跨國犯罪的國際合作〔D〕。廣州：暨南大學，2005。

〔116〕Nadelmann Ethan Avran. Cops Across Borders: The Internationalization of U.S. Criminal Law Enforcement〔M〕.Pennsylvania: Pennsylvania State University Press, 1993.

〔117〕本•鮑林，詹姆斯•謝普蒂基，倪鐵。全球警務導論〔J〕。犯罪研究，2014(2): 93-99。

〔118〕閆健。全球治理視野下的失效國家問題〔J〕。社會科學，2015(1): 31-42。

〔119〕彭穎。全球化時代中國針對跨境毒品犯罪問題的國際合作〔D〕。廣州：暨南大學，2010。

〔120〕楊燕。中國參與打擊索馬里海盜行動之研究〔D〕。南京：南京大學，2012。

〔121〕蔣巍。中國與東盟控制跨國犯罪合作機制中存在的問題及對策〔J〕。法制與經濟，2014(2): 46-47。

〔122〕王君祥。中國東盟打擊跨國犯罪刑事合作機制探析〔J〕。河北法學，2008, 26(12): 173-179。

〔123〕魏曉林。中俄毗鄰地區打擊跨國犯罪合作現狀與思考〔J〕。武漢公安幹部學院學報，2003, 27(1): 38-41。

〔124〕李媛媛。上海合作組織框架下區域警務合作研究〔D〕。烏魯木齊：新疆大學，2009。

〔125〕張志傑。各國檢察機關之間的信息交流與司法合作〔J〕。人民檢察，2002(3): 33-35。

〔126〕齊文遠，劉代華。國際犯罪與跨國犯罪研究〔M〕。北京：北京大學出版社，2004。

〔127〕趙秉志，錢毅，赫興旺。跨國跨地區犯罪的懲治與防範〔M〕。北京：中國方正出版社，1996。

〔128〕趙秉志，楊誠。《聯合國打擊跨國有組織犯罪公約》與中國的貫徹研究〔M〕。北京：北京師範大學出版社，2009。

〔129〕何秉松，廖斌。恐怖主義概念比較研究〔J〕。比較法研究，2003(4): 44-54。

〔130〕周琳。東盟區域反恐合作機制的演變與發展〔J〕。東南亞縱橫，2011(3): 70-73。

〔131〕涂華忠，和紅梅。構建中國與東南亞、南亞國家反恐合作機制研究〔J〕。東南亞南亞研究，2014(2): 7-12。

〔132〕亞太經合組織領導人發表反恐聲明〔EB/OL〕。新華網，(2002-10-28)http://news.xinhuanet.com/newscenter/2002-10/28/content_610918.htm.

〔133〕李若菊，楊曉剛。中國反恐的國際視角分析〔J〕。政法學刊，2013(1): 40。

〔134〕趙國軍。「東突」恐怖活動常態化及其治理〔J〕。國際展望，2015(1): 104-117。

〔135〕吳曉芳。全球反恐困境：美國退縮，歐洲無力，發展中國家兩難——訪中國現代國際關係研究院反恐中心主任李偉〔J〕。世界知識，2015(6): 14-17。

〔136〕習近平在聯合國發展峰會上的講話〔EB/OL〕。新華網，(2015-09-27)http://news.xinhuanet.com/politics/2015-09/27/c_1116687809.htm.

國家圖書館出版品預行編目 (CIP) 資料

全球治理的中國角色 / 辛本健著. -- 第一版. --
臺北市：風格司藝術創作坊, 2017.12
面； 公分
ISBN 978-986-94773-7-6(平裝)

1.中國大陸研究 2.戰略 3.國際政治

574.1 106011239

# 全球治理的中國角色

作　　者：辛本健
責任編輯：苗　龍
出　　版：風格司藝術創作坊
http://www.clio.com.tw
總 經 銷：紅螞蟻圖書有限公司
Tel: (02) 2795-3656　Fax: (02) 2795-4100
地址：台北市內湖區舊宗路二段121巷19號
http://www.e-redant.com
出版日期／2017 年 12 月　第一版第一刷
定　　價／400 元